KB033349

사라진 비문을 찾아서

사라진 비문을 찾아서

글씨체로 밝혀낸 광개토태왕비의 진실

ⓒ 김병기, 2005, 2020

초판 1쇄   2005년 5월 30일
증보판 1쇄   2020년 10월 17일

지 은 이   김병기
펴 낸 이   박해진
펴 낸 곳   도서출판 학고재
등   록   2013년 6월 18일 제2013-000186호
주   소   서울시 마포구 새창로 7(도화동) SNU장학빌딩 17층
전   화   02-745-1722(편집) 070-7404-2810(마케팅)
팩   스   02-3210-2775
전자우편   hakgojae@gmail.com
페이스북   www.facebook.com/hakgojae

ISBN   978-89-5625-408-1   03910

• 이 도서의 국립중앙도서관 출판예정도서목록(CIP)은 서지정보유통지원시스템 홈페이지
  (http://seoji.nl.go.kr)와 국가자료종합목록 구축시스템(http://kolis-net.nl.go.kr)에서 이용하실 수
  있습니다.(CIP제어번호 : CIP2020035292)

未卯羊来入貢孚百殘

사라진
비문을 찾아서

김병기 지음

학고재

'100년 비문 전쟁'을 촉발시킨 사코본(本)의 신묘년 기사 부분. "백제와 신라는 예부터 (고구려의) 속민(屬民)이었다. 그래서 줄곧 조공을 해왔다. 그런데 일본이 신묘년에 바다를 건너와 백제와 □□와 신라를 깨부수어 (일본의) 신민(臣民)으로 삼았다 (百殘新羅舊是屬民, 由來朝貢, 而倭以辛卯年, 來渡海破百殘 □□新羅, 以爲臣民)."

차례

이게 증거다
지금도 변조를 계속하고 있지 않은가!

2005년 5월 30일 『사라진 비문을 찾아서』—글씨체로 밝혀낸 광개토태왕비의 진실』이 처음 출간되었을 때 국내 언론 대부분이 크게 보도했다. 신문 기사와 책을 본 사람들로부터 내게 걸려온 전화도 적지 않았다. 그런데 정작 우리나라의 사학계는 아무런 말이 없었다. 『한국일보』에서 나의 저서에 대한 기사를 쓰고 그 아래에 당시 고구려학회 회장이던 서영수와 가진 짧은 인터뷰 기사를 게재했는데 그것이 우리 사학계가 내놓은 반응의 전부였다. 그 인터뷰 기사에서 서영수는 "비문 전체의 내용과 여러 사료에 근거해 당시의 역사적인 정황을 파악한 상태에서 비문 해석에 접근해야지, 글자 한 자 한 자에 의혹을 제기하고 그것을 자기 논리에 맞추어서 풀어가서는 안 된다", "재일 사학자 이진희 씨와 같은 오류를 범하고 있다"라는 비판을 하였다. 당시 『한국일보』 기자가 기사를 통해 전한 바에 의하면 "국내 고구려사 연구자들은 전북대 김병기 교수의 광개토태왕비 신묘년 기사 해석에 대해 대체로 '받아들이기 어렵다'는 반응을 보였다"라는 것이었다.

이 기사를 보면서 가슴이 답답했다. "비문 전체의 내용과 여러 사료에 근거해 당시의 역사적인 정황을 파악한 상태에서 비문 해석에 접근해야지"라는 서영수의 말 때문이다. 이것은 광개토태왕비의 사료적 가치를 무시하는 연구 태도이다. 광개토태왕비를 통해서 당시의 역사적 사실을 밝히려는 게 아니라, 다른 기록을 통해 파악한 역사적 정황을 적용하여 그 정황에 맞춰 광개토태왕비를 판독하고 해석하자는 연구 태도이기 때문이다. 우리에게 광개토태왕 당시의 정황을 파악할 수 있는 자료가 남아 있는 게 무엇이 있는 가?『삼국사기』와『삼국유사』외에 다른 문헌 자료는 사실상 아무것도 없다. 발굴 자료 중에도 광개토태왕비의 신묘년 기사를 풀이하는 데에 도움을 줄 만한 자료는 발견된 게 없다. 그렇다면 무엇을 가지고 당시의 역사적 상황 을 파악하자는 것인가? 결국은『일본서기』를 통하여 당시의 상황을 파악하 자는 의미로밖에 이해할 수 없다. 그렇다고 해서 서영수가 광개토태왕비의 변조를 완전히 부정하고『일본서기』를 신봉하여 임나일본부설이라는 황당 한 주장을 수용하는 연구자라는 뜻은 아니다. 서영수도 일제에 의한 광개 토태왕비의 변조 가능성을 인정하고 나름대로 한 글자 한 글자를 꼼꼼히 살피 고 비문 문맥의 전후 연결 관계를 따져서 신묘년 기사에 대한 새로운 해석을 시도하였다. 그러한 그가 한 글자씩 꼼꼼히 따져 새로운 해석을 한 나의 연 구에 대해서는 "여러 사료에 근거해 당시의 역사적인 정황을 파악한 상태에 서 비문 해석에 접근"하지 않았다며 부정적 비판을 하였다. 그의 비판은 마 치『일본서기』에 기록된 상황에 비추어 광개토태왕비를 판독하고 해석해야 한다는 주장처럼 들렸다. 비를 세울 당시의 생생한 기록인 비가 발견되었으 면 그 비문의 글자를 한 글자 한 글자 꼼꼼하게 판독하고 그렇게 판독한 비 문에 근거하여 당시의 역사적 상황을 파악함으로써 혹 후대에 잘못 기록된 역사가 있다면 그것을 바로잡는 것이 금석학 연구의 목적이자 방법이고 태 도이다. 이와 반대로 후대의 기록에 나타난 정황을 먼저 잘 파악하여 그 정 황에 맞춰 비문을 해석하자는 주장은 본말이 전도되어도 한참 전도된 연구 태도이다. 그런데 서영수는 비문 전체를 충분히 이해하고 분석한 바탕 위에서 진행된 나의 연구에 대해 "당시의 역사적인 정황"에 맞추지 않은 연구라고 단정하고 "글자 한 자 한 자에 의혹을 제기하고 그것을 자기 논리에 맞추어서 풀어가서는 안 된다"라는 비판을 하였다. 이해할 수 없는 비판이다. 금석문 연구에서 무엇보다도 중요한 것은 각 글자에 대한 바른 판독이고, 글자에 대한 바른 판독을 위해서는 "글자 한 자 한 자에 의혹을 제기할" 수밖에 없는데 서영수는 그런 연구 방법을 취해서는 안 된다고 했다. 도대체 금석문 연구를 어떻게 하자는 것인지 도무지 그의 논지를 이해할 수 없다.

그렇다면 서영수 자신의 연구 결과는 어떤가? 그가 전체 비문을 이해하고 당시의 정황을 구체적으로 연구하여 해석했다고 자신하며 내놓은 연구 결과는 과연 수용할 만한 것인가? 이 책의 본문에서 상세히 밝히겠지만 신묘년 기사에 대한 서영수의 해석은 한문의 문법적 상식과는 너무나 큰 차이가 있는 해석이다.

> 백제와 신라는 예부터 속민이었는데도 아직 조공을 바치지 않고, 왜는 신묘년부터 (대왕의 세력권 내에) 함부로 건너오기 시작하였다. 그러므로 대왕은 (대왕과의 맹세를 어긴) 백제와 (그 동조자인) 왜를 공파하고 (대왕에 귀의한) 신라는 복속시켜 신민으로 삼았다.[1]

서영수가 해석을 하면서 괄호를 이용하여 말한 '대왕의 세력권 내에', '대왕과의 맹세를 어긴', '그 동조자인', '대왕에 귀의한' 등은 모두 광개토태왕비의 원문에는 단 한 글자도 보이지 않는 내용이다. 비문에 그런 말이 전혀 새겨져 있지 않은데 서영수는 자신이 파악한 당시의 정황과 비문의 내용을 맞추기 위해 괄호를 이용하여 없는 말을 써 넣는 무리한 해석을 한 것이다. 물론 옛 한문은 생략된 부분이 있어서 해석할 때 더러 문맥을 이어주는 몇 마디를 괄호를 이용하여 넣어주는 경우가 있다. 그러나 서영수의 해석은 그런 정도가 아니라 완전히 없는 말을 작문해 넣은 것이다. '대왕의 세력권 내에', '대왕과의 맹세를 어긴', '그 동조자인', '대왕에 귀의한' 등의 단어와 구절은 어느 한 구절도 생략될 수 없는 하나의 사건들이다. 이런 사건과 사실들을 통째로 생략한 채 글을 썼다면 그런 글은 이미 글이 아니다. 더욱이 선왕의 훈적을 기려 후세에 영원히 전하기 위해 세운 광개토태왕의 비문인데 그처럼 문장을 생략하여 새김으로써 후손들로 하여금 알아보지도 못하게 하는 우를 범했을 리가 없다. 서영수가 당시의 정황에 맞춰 비문을 해석한 어이없는 결과일 뿐이다.

서영수뿐 아니라, 대부분의 다른 연구자들도 아무런 근거 없이 글자를 한 글자씩 살펴보고서 '내가 보기에는 이런 글자로 보이니 이런 해석을 하면 어떨까?'라는 식의 연구 결과를 내놓고 그 연구 결과를 당시의 상황에 억지로 대입하여 설명하는 경우가 많다. 물론 당시의 정황을 파악하여 비문의 해석에 도움을 받는 것은 필요하다. 그러나 비에 새겨진 글자가 가진 본래의 뜻을 파악하려 하지 않고 정황에 맞춰 비문을 자의적으로 해석하려는 태도는 시정되어야 한다.

'정황'을 파악하려면 광개토태왕비가 발견되었을 당시 일제 육군 참모본부가 행한 여러 행위와 오늘날까지 끊임없이 이어지고 있는 일본의 역사 왜곡 정황을 파악하는 편이 훨씬 더 나을 것이다. 일본의 역사 왜곡 정황을 파악하는 것이야말로 진실을 밝히는 가장 객관적인 연구 태도이기 때문이다. 광개토태왕비가 발견될 무렵, 일제의 육군 참모본부는 조선, 즉 대한제국을 병탄하겠다는 정한론을 정당화하기 위해 임나일본부설을 크게 부각시키는 것을 골자로 하는 역사 왜곡을 공격적으로 시도하면서 조선에 관한 여러 자료를 수집하였다.

일제는 조선의 지리에 대한 파악부터 서둘렀다. 경성을 비롯한 조선 각지의 지리에 대해 조사한 책이 발간되었고 청나라 상인들의 활동과 러시아의 남하를 견제하기 위해 육군 참모본부의 군인들을 중심으로 각 지역별 지도도 제작하였다. 육군 참모본부의 군인이 상인이나 기자 등으로 신분을 위장하고 한반도와 만주, 연해주 지역을 답사한 후에 올린 보고서는 그대로 청일전쟁과 러일전쟁을 준비하고 조선에 대한 침략과 지배가능성을 확인하는 자료로 활용되었다.[2] 이런 와중에서 조선의 서원에 대한 연구도 일제의 관학자들이 중심이 되어 '조선의 당쟁사'를 연구할 목적으로 시작하였다. 그리고 그러한 연구를 토대로 일제는 조선을 당쟁을 일삼다가 망한 나라로 규정하면서 식민 지배의 당위성을 강조하는 식민 사학의 틀을 세웠고, 병탄 후에는 우리에게 그런 식민 사학을 주입했다.

일제는 실증사학을 내세워 유물이야말로 객관성을 갖는다고 주장하면서 유물을 근거로 우리의 역사를 실증해야 한다는 논리를 폈다. 그러면서 그들은 우리의 역사유물을 없애기도 하고 변조하기도 했다. 변조한 유물을 들어 실증을 강조하며 유물을 자의적으로 해석함으로써 우리의 역사를 왜곡 날조하였다. 위당 정인보 선생은 일제가 유물을 조작하기 위해 얼마나 혈안이 되었었는지에 대해 다음과 같이 말했다.

교활한 자들은 이에 한 술 더 떠 모조리 숨겨버리고 고쳐버리고 옮겨 놓고 바꾸어 버리는 일을 역사서적에 가하지(근거하지)를 않고 우선은 아무렇게나 논하여 믿건 말건 하게 하여 놓는다. 그런 뒤에 그 논거로 제시할 것을 사방에서 내어놓느라(찾느라) 언덕이고 밭도랑을 방황하면서 속으로는 속임수로 자기네에 이로울 것을 믿고 뽐내니, 심지어는 일부러 묻어주었다가 캐어내기도 하고 일부러 버려두었다가는 남의 눈에 띄게도 하고 또한 일부러 깨끗이 털고 훔쳐서(닦아서) 변독(辨讀: 분간하여 해독함)하고서는 이에 기뻐 날뛰며 "과연 이 땅에서 이 물건이 나왔도다!" 한다. 이것을 본 사람들은 그 길금(吉金: 쇠붙이에 새겨진 문자나 무늬 자료) 정석(貞石: 돌에 새겨진 문자나 무늬 자료)이 연달아 나옴을 보고서는 바로 유식자도(식견이 있는 사람도) 의심치 않는다. 이에 저들은 속으로는 감추고 고치고 옮기고 바꿔놓는 계획이 남모르게 먹혀들어가고, 밖으로는 꼼꼼하게 조심스럽고도 확고하게 연구했다는 명성까지 떨치게 되었으니 지금의 봉니(封泥)니 동종(銅鐘)이니 각석(刻石)이니 와당(瓦當)이니 묘전(墓甎)이니가 모두 이것이다. 나는 그러기에 이렇게 말한다. "저들이 이것이 옳다고 여겨서 하는 짓은 아니다. 어떤 목적이 있어서 할 뿐이다. 생각건대 목적이 있어서 하는 짓이기 때문에 오직 그 목적하는 바를 달성하기를 추구할 뿐이지 옳고 그름은 물을 바가 아니다."라고. 그런 즉, 이제 출토된 물품으로 평양 봉산(鳳山) 신천(信川)이 한군(漢郡: 한나라가 설치한 군의 하나)이었다고 증명하는 것은 그 본말을 어지럽히고 주객을 뒤엎자는 것이니 어찌하랴?**3**

우리의 근대사에서 가장 존경을 받는 국학자의 한 분인 위당 정인보 선생이 일제 강점기에 이런 글을 썼다는 것은 당시에 일제가 얼마나 교활하고 비양심적으로 우리의 역사를 왜곡하고 우리의 유물을 훼손했는지를 충분히 짐작하게 한다. 우리의 역사를 바로잡기 위해서는 바로 일제가 저지른 이러한 역사 왜곡 만행의 정황부터 파악해야 한다. 그래야만 정상적인 상황에서 객관적인 연구를 제대로 할 수 있기 때문이다. 그런데 우리의 현실은 정인보 선생이 저처럼 생생하게 증언한 일제의 역사 왜곡 만행에 대한 정황은 파악하려 들지 않고 광개토태왕비를 세울 당시의 역사적 정황을 『일본서기』라도 활용하여 파악한 다음에 그런 정황에 맞춰 비문을 연구하자는 주장을 하는 연구자들이 늘고 있으니 이런 현상을 어떻게 이해하고 설명해야 할지 모르겠다.

정인보 선생이 고발했듯이 일제가 우리의 역사를 자기네들의 필요에 맞도록 혈안이 되어 왜곡하던 그 시기에 역사 왜곡의 제물이 되어버린 게 바로 광개토태왕비이다. 이 점에 대해서는 재일 사학자 이진희가 이미 정황 증거를 소상하게 밝힌 바 있다. 그런데도 왜 우리 학계는 이런 정황 증거는 외면하고 '일제가 설마 비를 변조까지 했겠어?'라는 태도를 보이면서 관대하기 이를 데 없고, 『일본서기』에 근거하여 광개토태왕 당시의 정황을 파악한 다음에 그 정황에 맞춰 광개토태왕비문을 해석해야 한다는 주장은 왜 그토록 만연해 있는지 참으로 알 수 없는 일이다. 일본은 지금도 임진왜란은 침략 전쟁이 아니었으며 청일전쟁과 러일전쟁도 조선을 돕기 위해 출병한 것일 뿐 조선 침탈의 야욕은 없었고, 일제 강점 35년 동안에도 조선의 근대화를 선도하여 조선을 돕는 역할을 했을 뿐 수탈한 적이 없으며, 독도는 일본 땅이고, 위안부 차출도 없었으며, 강제 징용이나 징병도 하지 않았다는 억지 주장을 해대고 있지 않은가? 나는 일제가 지금도 벌이고 있는 이러한 억지 주장과 그런 억지 주장을 끝까지 관철하려고 고집을 피우는 정황이야말로 우리 역사계가 반드시 제대로 파악해야 할 정황이라고 생각한다. 나는 오늘날도 억지 주장을 일상으로 해대는 일본을 보면서 그들의 선조들 또한 광개토태왕비를 자신들에게 이롭도록 멋대로 변조했을 것이라는 생각을 아니할 수 없다. 일제에 의한 광개토태왕비의 변조는 부정하면서 『일본서기』에 기록된 종종의 정황에 대해서는 별별 추론을 다해가며 사실화(史實化)하려 드는 사람들은 이런 나를 향해 국수주의자라고 비판할지도 모르겠다. 그러면서 『일본서기』에 근거하여 당시의 정황을 파악하는 연구야말로 국민들이 정서적으로 적대시하는 일본의 사료까지도 매우 객관적으로 수용하는 열린 연구 태도이고, 과학적인 연구 방법이라고 또다시 강조할지도 모르겠다. 허술하기 짝이 없는 『일본서기』를 믿는 그들이 만약 나를 국수주의자라고 비판한다면 나는 그들을 아직도 식민 사학의 늪에서 벗어나지 못하고 있다고 비판할 것이다. 그리고 지금이야말로 일제가 강요한 어설픈 실증주의 역사 연구 방법의 덫에서 벗어나야 할 때라고 충고하고 싶다. 앞서 정인보 선생이 지적했듯이 우리의 역사적 유물을 다 뒤헝클어 놓거나 없애버린 후에 역사는 실제의 유물을 근거로 연구해야 한다면서 일제가 부추긴 역사 연구의 방법이 실증주의인데 아직도 일제가 쳐놓은 그 악랄한 '제국주의적 실증주의'를 벗어나지 못하고 있다면 나는 그들을 향해 빨리 실증주의를 버리고 민족사학으로 돌아오라고 말하고 싶다.

『한국일보』에 실린 서영수의 짧은 비판과 기자가 전한 "대체로 받아들이기 어렵다"라는 학계의 반응 때문이었는지 이 책『사라진 비문을 찾아서』는 한국 역사학계의 주목을 받지 못했다. 반면 일반 대중독자들의 반응은 뜨거운 편이었다. 인터넷에는 이 책을 읽은 소감들이 적지 않게 올라왔는데 거의 대부분 크게 공감한다는 내용이었다. 2009년 6월 17일 자『동아일보』는 「2009 책 읽는 대한민국」이라는 기획코너를 통해 '고고학에게 말 걸기' 20선(選) 중에『사라진 비문을 찾아서』를 여섯 번째로 골라 크게 소개하기도 했다. 그러나 학계의 반응은 여전히 묵묵부답이었다.

2017년 11월 어느 날, 방송사 JTBC의 교양 프로그램 「차이나는 클라스」 제작팀은 나와 몇 차례 회의를 통해 '한자 교육이 절실하게 필요하다'는 주제 아래 이 책을 주요 강의 교재로 삼아 한자를 모르면 역사를 잃어버리게 된다는 내용을 강의하는 방송을 하자는 결정을 했다. 12월 8일에 녹화를 하였고 2018년 1월 3일, 새해 첫 방송으로 내보냈다. 반응은 의외로 좋았다. 방송이 나가는 동안 내 이름 '김병기'가 네이버와 다음에서 실시간 검색어 1위에 오르기도 했다. 나는 광개토태왕비문의 변조 사실과 원래 비문의 뜻을 국민들께 알릴 수 있게 되어 적잖이 뿌듯하였다. 인터넷에는 공감한다는 글이 많이 올라왔다.

2018년 1월 7일, 인터넷에 적잖이 흥분한 투의 글이 한편 올라왔다. 글을 올린 사람은 기경량이었고 제목은 「차이나는 클라스」의 "광개토왕비문 변조설" 방송을 비판한다'였다. 내가 한 강의 내용을 조목조목 비판하는 내용이었다. 그가 한 비판의 주안점도 역시 서영수의 비판과 마찬가지로 여러 사료에 근거해 당시의 역사적인 정황을 파악한 상태에서 비문 해석에 접근해야 한다는 것이었다. 그러면서 내가 변조를 증명하고 원래의 글자를 추적하여 확인하는 과정에서 제시한 도판들을 다시 내보이며 격한 비판을 하였다. 그러나 그의 비판은 수용할 만한 게 되지 못했다. 황당한 비판이었기 때문이다.(이에 대해서는 이 책 233~248쪽 참고)

문제는 서영수도, 기경량도 내 연구의 핵심을 보지 않고 서예학적으로 한 글자씩 분석하는 부분에만 집착하여 그에 대한 문제를 제기했다는 데에 있다. 내 연구의 핵심은 글자의 변조를 증명하고 원래의 글자를 찾는 데에도 있지만 그보다 더 중요한 핵심은 신묘년 기사에 나오는 '속민(屬民)'과 '신민(臣民)'이라는 어휘의 차이점을 분명하게 밝힌 데에 있다. 속민과 신민의 분명한 의미 차이에 입각하여 신묘년 기사를 해석하면 고구려가 왜를 신민으로 삼았다는 문장이 될 수밖에 없다는 것이 내 연구의 핵심 내용인 것이다. 나는 그러한 새로운 해석에 근거하여 문리적(文理的)으로 일본의 조공이 타당함을 상정하여, 원래의 비문은 '입공우(入貢于)'였던 것을 일제가 '도해파(渡海破)'로 변조하는 과정을 서예학적으로 증명해 보인 것이다. 그런데 서영수나 기경량은 내가 새로이 발견한 '속민'과 '신민'의 의미 차이에 대해서는 전혀 언급하지 않은 채 '당시의 역사적 정황을 파악하지 않았다'는 억측을 하며 내가 시뮬레이션을 통해 서예학적으로 증명한 부분에 대해서만 비판과 공격을 가한 것이다.

이에, 나는 이 책에 대한 이해를 돕기 위해 증보판을 출간하기로 마음먹었다. 초판에서 설명한 내용을 일부 손질하여 보다 더 정확한 표현이 되게 하였고, '도래(渡來)'와 '래도(來渡)'의 문법 문제를 깊이 있게 분석하여 '래도(來渡)'라는 어휘는 근본적으로 성립할 수 없는 어휘임을 증명함으로써 일제의 변조에 대한 증거를 한 층 더 보강하였으며, 서영수와 기경량의 댓글에 대한 반론을 제시함으로써 내 연구의 타당성을 입증하고자 하였다. 그리고 중국의 연구자 서건신(徐建新)이 사코본 이전의 탁본이라며 PPT를 통해 공개한 탁본에 대해 '가짜'라는 판정도 하였다.

나는 이 증보판의 출간을 계기로 우리 학계가 일제에 의한 광개토태왕비문의 변조 사실을 더 이상 의심하지 않게 되기를 기대한다. 독자 여러분의 애독과 질정을 바란다.

2020년 7월 20일
전북대학교 연구실에서 김병기(金炳基) 識

서문

열쇠는 서예학이다

누가 나에게 전공을 물으면 나는 우선 '중문학'이라고 답한다. 더 구체적인 연구 분야를 물으면 '중국 시·서학'이라고 답한다. '시·서학'이란 생소한 용어에 어리둥절한 표정을 지으면 나는 "시·서학이란 시학(詩學)과 서예학(書藝學)을 합쳐서 부르는 말"이라고 설명한다.

서예는 매우 아름다운 예술이자 더없이 중요한 학문이다. 하지만 우리나라에서는 그 중요성을 제대로 인정받지 못하고 있다. 서예를 깊이 있게 연구한 학자가 적고 서예학을 필요로 하는 분야도 개발되지 못했기 때문이다. 이런 까닭에 '서예'라는 말은 익숙해도 '서예학'이라는 말은 낯설게 들리는 것이 사실이다.

서예학은 서예에 대한 연구 그 자체만으로도 가치 있는 학문이지만 다른 학문 분야, 이를테면 역사학, 문학, 철학 등의 보조 학문으로서도 큰 역할을 한다. 서예학 연구의 주요 자료인 금석문은 역사학뿐 아니라 철학과 문학의 기초 자료가 되기도 한다. 이처럼 다양한 분야에서 활용할 수 있는 금석문을 어느 한 분야에서만 연구한다면 바람직한 성과를 얻을 수 없는 것은 당연하다.

대부분의 옛 학자들은 문학과 철학과 역사를 함께 연구했다. 이른바 '문, 사, 철'을 각기 별개의 학문으로 나누지 않고 함께 연구해야 할 하나의 학문군으로 보았다. 이를 한 몸에 겸비했을 때 비로소 학자로 행세할 수 있었던 것이다. 그런데 이러한 종합적인 학문을 견지했던 학자들이 필기 수단으로 사용한 것이 붓글씨, 즉 서예다. 이런 까닭에 한자 문화권에서 학자로 알려진 사람들은 서예를 잘할 수밖에 없었다. 따라서 이름난 학자치고 글씨를 못 쓰는 사람이 없었고, 이름난 서예가치고 시인이나 문장가, 혹은 철학자나 역사학자가 아닌 사람이 없었다. 그러므로 이들 옛 인물들이 가졌던 종합적인 예술관이나 학문관을 밝혀내려면 이들이 남긴 문학이나 철학, 역사학의 업적과 함께 이들의 서예를 반드시 연구해야 한다.

"글씨는 곧 그 사람이다"라는 말이 있듯이 서예는 바로 그 사람을 표현하는 예술이다. 따라서 학자든 예술가든 그 '사람'을 연구하는 데 서예보다 좋은 자료는 없다고 해도 과언이 아니다. 이런 관점에서 본다면 서예학이 얼마나 중요한 학문인지를 충분히 짐작할 수 있다. 나는 이런 서예학을 부전공으로 택하여 때로는 주전공인 중국 문학 못지않게 연구하기도 하고, 때로는 중국 문학을 연구하는 데 매우 요긴한 하나의 방법으로 사용하기도 했다. 나는 여러 학문적 난제를 만났을 때 서예학을 열쇠로 삼아 조금씩 풀어나간 경우가 참 많다.

"아는 만큼 보이고, 보는 만큼 안다"고 했다. 예술과 연관되어 차원 높은 '안목'을 요구하는 학문에서 이 말은 더욱 의미심장하다. 특히 고서화나 도자기, 불상 등 고미술품을 다루는 분야에서는 이론적 연구보다도 중요한 것이 바로 체험을 통해 쌓은 안목이다. 서예나 그림을 실제로 연마하거나 도자기를 빚어본 경험이 있으면 감식과 감상의 안목이 더욱 높아지는 것은 물론이다.

나는 다행히도 가엄(家嚴: 아버지)의 훈도 아래 일곱 살 적부터 붓을 잡기 시작하여 지금까지 45년 가까이 서예를 계속해왔다. 서예에 관한 한 누구 못지않게 많은 작품을 보아왔고, 또 많은 연마를 해왔다. 그러다 보니 언제부터인가 나는 금석문이든 육필이든 서예 작품에서 보아야 할 것을 대부분 놓치지 않는 안목을 갖게 되었다. 내가 광개토태왕비문을 연구하게 된 것도 역사학이 아니라 바로 이 같은 서예학적인 관찰과 안목에서 비롯했다.

돌아보면 나와 광개토태왕비와의 질긴 인연은 우연하게 시작됐다. 20년 전 유학 시절, 나는 광개토태왕비 탁본을 처음 보고서 비문에 새겨진 글씨의 아름다움에 단번에 매료된 것이다. 그 아름다움을 손으로 느껴보고자 비문 글씨를 그대로 베껴 쓰기를 몇 차례. 그러던 중 어느 대목에 이르러 뭔가 이상하다는 '묘한 의문'을 갖게 되었다. 뭐라 말로 설명하기 힘든 의문이 나를 사로잡았다. 그 의문을 간직한 채 하나씩 해답을 찾아나갔다. 이 책은 그 의문을 해결하기 위해 20년간 매달린 탐구의 결과다.

그간 나는 어느 연구자 못지않게 광개토태왕비에 많은 시간과 관심을 쏟았다. 그러나 나는 광개토태왕비에 대한 진실을 찾는 일을 '연구'라고 생각해본 적이 없다. 전공이 역사학이 아니기 때문에 학문적인 연구라고 생각하지 않은 것이다. 대신 옛 글씨의 아름다움에 빠진 한 사람이 나름의 궁금함을 풀어보려는 개인적인 탐색이라고 여겨왔다. 나는 틈나는 대로 여러 탁본들을 살펴보고, 수시로 베껴 써보면서 서체를 분석하고, 여러 연구자들의 논문을 비교하며 비문을 해석해보기도 했다.

그렇게 10년을 보내다가 드디어 1994년에 비문의 서체 연구를 통해 광개토태왕비의 변조를 객관적으로 증명할 수 있는 가능성을 확인할 수 있었다. 당시에도 학계에서는 광개토태왕비문이 일제에 의해 변조됐으리란 의혹은 많이 있었으나 결정적 물증은 여전히 찾아내지 못한 상태였다. 나는 이때 발견한 '가능성'을 금석문에 관한 학술대회에서 발표함으로써 참석자들의 주목을 받기도 했다.

그 이후에도 나는 광개토태왕비에 대한 탐구를 소걸음처럼 진득하게 이어갔다. 비문이 변조된 물증을 찾아낼 가능성은 어렴풋이 발견했으나 변조를 증명해낼 결정적 단서는 오리무중이었다. 나 스스로 그 해답은 역사학자들의 몫이라고 여기고 있었는지도 모르겠다. 그렇게 수년이 다시 흘렀고, 몇 가지 단상이 머리를 맴돌다가도 언제나 핵심은 나를 비껴가는 것 같았다.

1999년의 어느 가을날이었다. 강의를 하던 중, 갑자기 광개토태왕비의 '신묘년 기사' 부분이 변조됐다는 확실한 단서가 순간적으로 머릿속을 스치고 지나갔다.

'아! 이렇게 하면 변조에 대한 증거도 얼마든지 확보할 수 있겠구나. 그리고 변조되기 전의 비에 본래 새겨져 있던 비문 내용도 유추할 수 있겠구나.'

욕심 같아서는 당장에 논문을 써서 세상에 알리고 싶었다. 하지만 나 자신이 한국 고대사를 전공한 역사학자가 아니라는 자격지심이 발목을 잡았다. 몇 번이고 '다시 생각해보아야 한다'는 말을 되뇌며 펜을 들지 못했다.

그렇게 차일피일 미루면서 4년이 흘러 2003년 하반기가 되었다. 당시는 고구려사를 농단하려는 중국 학계의 불손한 태도가 국내에 알려지기 시작하던 무렵이었다. 이른바 '동북공정(東北工程)'이라는 이름 아래 중국이 이미 상당 기간 동안 고구려와 발해에 대한 모종의 '의도가 있는' 연구를 진행해왔음이 드러나면서 여론이 들끓었다. 고구려와 발해를 중국 역사에 편입시키려는 중국의 의도가 백일하에 드러나고 있었다. 이는 광개토태왕비 문제가 일본과의 고대사 문제뿐 아니라 중국과의 역사 논쟁으로까지 확산되었음을 뜻한다. 우리 역사를 잘 지키라고 조상들이 남긴 비석이 도리어 우리 역사를 빼앗기는 데 이용당하는 어처구니없는 일이 재발하려는 참이었다.

뉴스를 접하면서 나는 가슴이 뛰었다. 우리 역사의 주권을 지키는 작업에 역사학자뿐 아니라 나 같은 주변인도 미력이나마 새로운 성과를 보여줘야 한다는 생각이 들었다. 그러자 나는 용기백배했다. 책장 깊숙이 묻어두었던 자료들을 다시 책상 위에 펼쳐놓고 20년간 쌓은 성과들을 정리하기 시작했다. 나는 연구한 내용의 일부를 우선 2004년 4월 한국고대사학회에서 소략한 논문으로 발표했다. 역사학 주변인의 졸고였지만 많은 사학자가 경청해 주었고 여러 도움말도 주었다.

학술 발표를 마친 후 나는 논문을 바탕으로 몇 달 동안 이 책의 원고에 매달렸다. 원고를 고치고, 다듬고, 보완하기를 수차례. 원고 정리가 거의 끝날 무렵 갑자기 광개토태왕비가 무척이나 보고 싶어졌다. 그래서 마무리하던 원고를 덮어두고 2004년 11월, 광개토태왕비가 있는 중국 집안(集安)으로 한달음에 달려갔다. 탁본으로만 보던 비문을 눈으로 직접 보고 온 뒤에 내 가슴은 더욱 벅차고 뜨거워졌다. 그 감격과 감동을 원고에 담아 마지막 손질을 했다.

당초 이 책에 실린 글의 모본은 학술대회 발표용 논문으로 쓴 것이다. 하지만 우리 국민들이 광개토태왕비에 대해 더 상세히 알아야 한다는 생각에 체재를 바꾸기로 했다. 지금도 서점에서는 일반 독자들이 광개토태왕비에 대해 쉽게 알 수 있도록 소상하게 설명한 책을 찾기 힘들다. 그래서 역사학을 전공하지는 않았지만 내가 광개토태왕비의 진실을 찾아가는 길에서 알게 된 여러 사실들도 함께 담기로 했다. 비문을 둘러싸고 한·중·일 3국이 벌이고 있는 이른바 '100년 전쟁'의 치열한 전사(戰史)에 대해 이진희의 변조설을 중심으로 정리한 것은 그런 취지에서다.

사실 그간 광개토태왕비에 관해 연구한 논문이나 저서들을 다 챙기자면 가히 '헤아리기가 곤란하다'고 할 정도로 많다. 그러므로 나 같은 비전공자가 이러한 자료를 일일이 섭렵한다는 것은 쉬운 일이 아니었다. 많은 시간이 필요했을 뿐 아니라 접근 방식의 차이 때문에 이해하기 곤란한 부분도 적지 않았다. 게다가 나는 일본어 실력이 부족하여 일본 측 자료를 보는 데 많은 어려움을 겪었다. 이러한 까닭에 이 책은 기존의 연구 결과에 대해 소개하는 부분은 주를 붙이거나 여러 학설을 비교하는 번잡함을 피하고 가능한 한 간단하고 평이하게 정리하여 독자들이 쉽게 이해할 수 있도록 했다. 반면에 나의 주장을 내세우는 부분은 쉽게 풀어쓰되 되도록 많은 증거를 들고 또 주도 꼼꼼하게 붙여 본래 집필했던 논문의 성격을 잃지 않으려고 노력했다.

나는 광개토태왕비에 대한 우리 국민들의 온전한 이해가 있을 때에만 광개토태왕비를, 아니 고구려를 지킬 수 있다고 믿는다. 역사는 이긴 자의 것이 아니라 아는 자의 것이다.

오랫동안 심사숙고하여 출간하는 책이지만 두려움이 앞선다. 아무쪼록 나의 모험이 연구자들뿐 아니라 우리 역사의 자존심을 찾으려는 많은 이들에게 조금이나마 도움이 되었으면 하는 바람이다.

2005년 4월
전북대학교 중어중문과 지경람고재(持敬攬古齋)에서
김병기 씀

1장 광개토태왕비 세 번 죽다

상처투성이 비문과의 첫 만남

서기 414년 9월 29일.

통구(通溝)의 하늘은 청명했다. 장수왕은 국내성을 나와 동북쪽으로 10리쯤 떨어진 언덕으로 행차했다. 오늘은 서른여덟의 나이에 세상을 뜬 아버지 영락대왕(永樂大王, 광개토태왕)의 두 번째 기일, 동아시아의 거대한 제국을 이룩한 부친의 묘를 산릉에 옮기고 부왕이 남긴 업적을 영원히 기리기 위한 훈적비를 세우는 날이다.

20척이 넘는 웅장한 비석의 자태는 몇 리 밖에서도 한눈에 들어왔다. 비석의 북쪽으로는 장백산맥의 지맥으로 이어진 준봉들이 겹겹이 펼쳐져 삭풍을 막아주고 있었다. 남쪽을 향해 말을 달리면 단숨에 닿을 압록강에서 습기를 머금은 따뜻한 바람이 불어왔다.

스무 살이 된 장수왕은 만주의 푸른 하늘을 올려다보며 거침없이 중원을 호령하던 아버지를 회상했다. 열여덟 살에 고구려의 열아홉 번째 왕이 된 아버지는 22년 재위 기간 동안 가만히 왕좌에 앉아 일신의 평안을 구하는 날이 하루도 없었다. 그는 기마군의 선봉에 서서 며칠이고 달려야 겨우 다다를 수 있는 까마득한 변경을 동서남북으로 종횡무진 했다. 할아버지 소수림왕

광개토태왕비 전경, 『조선고적도보』, 1915.

이 기틀을 잡은 조국 고구려를 이어받은 그는 몸소 고주몽 시조의 소망이었던 '다물'1의 뜻을 받들고자 박차를 가했다. 길지 않은 재위 기간 동안 고조선 때부터 점령해온 동북아시아 대륙의 북부를 되찾아 경영하는 데 자신의 모든 것을 바친 것이다.

아버지의 용맹은 동서남북 어디에나 이르지 않은 곳이 없었다. 서쪽으로는 철 산지인 요동을 확보했고, 더 나아가 만주의 서쪽 끝인 시라무렌강까지 달려가 초원의 실크로드를 장악하여 서역과 활발한 교역의 물꼬를 텄다. 동쪽으로는 연해주 일원까지, 북쪽으로는 송화강(松花江) 유역 북만주까지 통치 영역을 넓혔다. 남으로는 백제를 밀어내고 곡창 지대인 한강 유역을 차지했고, 멀리 낙동강 유역까지 진출해 왜구를 토멸하기도 했다. 이렇게 영토를 넓힌 사실을 칭송하여 '광개토경(廣開土境)'이라 했다.

장수왕은 선왕의 업적이 단지 더 넓은 영토를 갖고 싶은 욕심에서 비롯한 것이 아니었음을 잘 알고 있었다. 고구려는 출발부터 단일 부족이 아니라 여러 민족이 모인 제국의 성격이 강했다. 당시 변방에서는 세력이 강해진 종족들이 독립 국가를 세웠다가 복속되기를 반복했다. 선왕은 영토를 넓히고 여러 종족들을 복속시켜 고구려의 통치 아래 이들 변방을 효율적으로 경영하고자 노력했다. 이러한 경영을 통해 안정된 국경 지대를 확보함으로써 중국에 대한 외교적 우세를 지키고자 애썼다.

장수왕이 등극할 즈음 고구려는 여러 세후국을 거느린 명실상부한 제국으로 발돋움했다. 북연, 동부여, 백제, 신라, 가라(가야) 등이 앞다투어 조공을 바쳤다. 부친이 개척한 거대한 제국을 물려받은 장수왕은 막중한 책임감을 느꼈다. 선왕이 거둔 영광을 후대에 이어가는 것이 자신의 소임이라 다짐하며 아버지를 잃은 슬픔을 달랬다. 장수왕은 그 의지의 표현으로 선왕의 기일에 맞춰 가장 큰 비석을 세움으로써 위대한 업적을 역사에 길이 남기고 싶었다. 선왕이 고대했던 광대한 제국의 꿈을 자신은 물론 후대 사람들도 영원히 기억해야 한다고 생각했다. 그러자면 선왕의 훈적비는 지금까지 어디서도 보지 못한 거대한 역사적 상징물이 되어야 했다. 이에 장수왕은 우선 거대한 크기의 자연석을 마련했고, 비를 세울 곳은 대(大)고구려 제국의 중심인 국내성에서 멀지 않은 낮은 구릉으로 정했다.

장수왕은 비문에 새길 문구에 대해 오랫동안 고심했다. 역사에 영원히 남길 기록물인 만큼 어느 한 글자도 소홀함이 없어야 했다. 고민 끝에 선왕의 업적은 특별히 꾸미지 않고 사실만을 정확히 기록하는 것으로 가닥을 잡았다. 후대에 가면 업적에 대한 평가는 달라질 수도 있겠지만 남긴 업적의 사실(史實)만큼은 영원히 변할 수도 없고 또 변해서도 안 된다고 생각했기 때문이다. 이렇게 가닥을 잡은 장수왕은 먼저 선조들로부터 전해 내려온 고구려 건국의 내용을 간단히 밝힌 다음, 부왕의 업적을 연대순으로 차근차근 적기로 했다.

장수왕은 아버지를 하늘에서 내려온 영웅으로 신격화하거나, 그에 대한 존경심을 화려한 문장으로 표현하려 하지 않았다. 부왕의 치적에 대한 찬사는 "그의 은정과 혜택이 하늘에 가득 찼고, 위엄과 무공이 사해에 떨쳤으며, 옳지 못한 자들을 없애고 생업을 편안케 하니, 나라는 부강하고 백성들은 넉넉하며 오곡은 풍성하게 무르익었다"라는 몇 글자면 충분했다. 부친 무덤의 이름(묘호廟號 혹은 능호陵號)은 땅의 경계를 넓게 열었고 온 나라에 평안을 가져다준 위대한 왕이란 뜻에서 우선 '광개토경평안호태왕(廣開土境平安好太王)'이라고 하고, 태왕이 묻힌 지역이 '국강상(國岡上)'이므로 그것을 앞에 덧붙여 '국강상광개토경평안호태왕(國岡上廣開土境平安好太王)'이라 했다.

　장수왕은 후대에 길이 남을 선왕의 업적을 비문에 적으면서 아버지가 이룩한 남방 진출에 대해 특별히 소상히 남기고 싶었다. 그래서 백잔(百殘, 당시의 고구려가 백제를 낮추어 부른 이름) 정벌과 신라에 대한 복속 정책, 그리고 그 과정에서 왜를 토벌한 것 등에 대해 좀 더 자세하게 기록했다. 정복한 땅의 넓이로 업적을 따지자면 만주와 연해주 등 북방 정벌의 성과가 더 높았음을 모르는 바 아니었다. 그러나 북방보다는 한반도를 향한 남진에 더 큰 의미를 부여했던 선왕의 뜻을 아들 장수왕은 잘 이해하고 있었다. 아버지 광개토태왕이 벌인 정복 사업은 결코 광대한 땅을 차지하여 자신의 욕심을 채우고자 한 침략 전쟁이 아니었다. 선왕은 비록 휘하에 북방의 여러 종족들을 거느리면서도 같은 말을 쓰고 있는 한 핏줄의 민족이 진정으로 하나가 되어 제국의 중심으로 우뚝 서야 한다고 항상 생각해왔다. 그리하여 같은 민족끼리 서로 지배하고 지배당하는 관계가 아니라, 형과 동생 사이로 더불어 살아야 한다고 생각했다. 장수왕도 같은 생각이었다. 고구려, 백제, 신라, 세 나라로 갈라져 있는 민족의 통일을 이룩하는 것이야말로 일찍 승하한 선왕의 유훈을 잇는 길이라 믿었다.

　장수왕은 자신의 초발심을 아흔 살이 넘게 지켰다. 78년의 재위 기간 중

꾸준히 영토를 넓혀 남으로는 아산만에서 동쪽의 죽령에 이르렀고, 북서쪽으로는 요하(遼河) 유역까지 진출하였으며, 오늘날 동만주 지방의 대부분을 차지했다. 우리나라 역사상 최대의 제국을 건설한 것이다. 아울러 왕위에 오른 지 15년이 되던 427년에는 귀족들의 반대를 무릅쓰고 전격적으로 평양으로 도읍을 옮겨 민족 통일의 기틀을 잡아나갔다. 그러나 안타깝게도 민족 통일을 통해 동아시아의 거대한 제국을 이루겠다는 광개토태왕의 취지는 장수왕이 죽은 뒤부터 시들해지기 시작했다.

6세기를 넘어 7세기 중엽에 들어와 고구려는 국내외적으로 많은 어려움에 처하면서 국력이 쇠하기 시작한다. 612년 중국의 패권을 쥔 수나라가 고구려를 침공해왔다. 다행히 을지문덕 장군의 지략으로 격퇴하기는 했지만, 이어 등장한 당나라가 신라와 연합하여 백제를 깨부순 다음 고구려를 압박해오자 고구려는 고립무원의 처지에 빠지게 된다. 고구려와 연합하던 북의 돌궐은 분열됐고, 백제는 이미 무너졌으며, 왜에는 친신라 정권이 들어섰다. 고구려는 나당 연합군과 10년 가까이 크고 작은 전쟁을 벌이면서 국가 경제가 피폐해질 대로 피폐해진다. 여기에 분열을 거듭하던 귀족 세력의 동요까지 겹쳐 외세에 맞설 만한 저항 전선을 구축하지 못한 채 돌이킬 수 없는 지경에 이르게 된다. 668년 고구려는 결국 나당 연합군에게 마지막 성문을 열어줌으로써 지상에서 사라지게 되었다.

고구려가 멸망하고 8년 뒤인 676년, 신라는 함께 고구려를 쳤던 당나라를 몰아냄으로써 형식적인 삼국통일을 이룩했다. 그러나 고구려의 광활한 영토가 빠져버린 통일은 그리 영광스러운 것이 못 되었다. 한반도의 반쪽만을 차지한 통일이라는 한계를 안고 태어난 통일신라는 한때 광개토태왕이 자기네 영토에 침입한 가야와 왜를 무찔러주었다는 사실을 상기하고 싶지 않았을 것이다. 오히려 동족인데도 고구려에 대한 범국민적 적개심을 고취해야 할 필요를 절실히 느꼈을 것이다. 그러나 아무리 애를 써봐도 이민족의 힘을 빌려 동족의 숨통을 끊은 허물을 지울 수는 없었다. 스스로 생각해도 부끄러움과 아쉬움을 느낄 수밖에 없었을 것이다. 태생적으로 이러한 한계를 지닌 통일신라는 고구려를 한민족의 역사에서 의도적으로 지워갈 수밖에 없었다. 그뿐만 아니라, 지리적으로 한반도의 반쪽만 차지한 까닭에 고구려의 옛 유적을 관리할 생각도 능력도 없었다. 그렇게 해서 우리 민족 역사상 가장 강한 제국을 건설했던 고구려의 역사는 차츰 망각의 저편으로 사라지게 되었다.

2004년 11월 2일.

중국 심양(沈陽) 공항 활주로에는 하얀 눈이 덮여 있었다. 승무원 말로는 첫눈이 내렸다고 한다. 비행기의 트랩을 내리려니 매서운 바람이 목을 파고들었다. 입국 심사를 마치고 공항을 나오자 한국에서 예약한 현지 안내원이 기다리고 있었다. 오후 두 시를 넘어서고 있었다. 오늘 안으로 광개토태왕비가 있는 집안까지 가야 한다는 생각에 곧장 차에 올랐다. 집안까지 쉬지 않고 달려도 일곱 시간은 걸린다. 안내원은 해가 지기 전에 많은 길을 가야 위험한 야간 운전을 줄일 수 있다며 서둘러 차를 몰기 시작했다. 다행히 심양시를 벗어나자 눈은 말끔히 녹아 있었다.

예상보다 먼 길이었다. 밤 열 시가 되어서야 집안에 도착했다. 호텔로 들어가기 전에 나는 우선 압록강부터 보고 싶었다. 어둠이 내린 강가에 섰다. 북방의 밤바람이 제법 매웠지만 나는 한기를 느끼지 못했다. 도리어 시원하고 상큼해서, 품에 안을 수만 있다면 폭 안아보고 싶은 바람이었다.

다음 날 아침을 먹는 둥 마는 둥 하고 다시 압록강가로 달려갔다. 국내성에 도읍을 정하고 만주 벌판을 호령하던 고구려 백성들의 젖줄인 압록강이 1000년, 2000년의 세월에도 변함없이 도도히 흐르고 있었다. 강가엔 방망이를 두드려가며 빨래를 하고 있는 아낙네들이 있었다. 왁자지껄한 중국 여인

압록강변에 선 필자.

네들의 수다 속에서 목소리 하나가 섞여 들려왔다.

"빨리 가자."

젊은 아가씨의 목소리였다. 모녀로 보이는 두 여인이 압록강 물에 말끔히 빤 옷을 담은 플라스틱 대야를 이고 자리에서 일어났다. 아! 거기엔 지금도 고구려의 후손이 살고 있었다.

압록강가를 떠난 차는 10여 분 만에 클로버 잎이 뒤덮인 초원의 한편에 있는 주차장에 멈춰 섰다. 건너편에 정자처럼 보이는 건물이 눈에 들어왔다. 정자의 유리창 안으로 커다란 돌기둥이 서 있는 것이 먼발치에서도 뚜렷하게 보였다. 바로 광개토태왕비였다.

주차장 옆, 옹색한 선물가게에서는 한국 가수의 노랫소리가 음질이 고르지 못한 확성기를 타고 흘러나왔다.

"손 대면 토~옥 하고 터질 것만 같은 그대…."

노래 가사가 두방망이질을 해대는 내 심장의 상태를 말하는 것 같았다. 가슴이 터질 것만 같았다. 지난 20년간 늘 광개토태왕비를 생각하며 살아온 내가 광개토태왕비와 처음 만나게 되는 순간이었다. 오랫동안 흠모하던 짝 사랑의 첫사랑과 처음으로 만나는 순간이 이러할까. 그러고 보면 나도 참 무심했다. 찾아와도 진작 찾아왔어야 할 곳이었다. '연구'라는 명분을 내세웠더라면 수십 번을 왔어도 오히려 부족한 그런 곳이었다.

　나는 지난 20년 동안 다른 연구자들이 거의 관심을 갖지 않는 방향에서 홀로 광개토태왕비를 바라보며 살았다. 나만이 느끼는 새로움을 발견해 들뜨기도 했고, 때로는 희열에 빠지기도 했으며, 또 때로는 경악을 금치 못하기도 했다. 애당초 연구를 목적으로 하지 않은 광개토태왕비에 대한 관심은 국내외에서 발간된 탁본과 앞선 연구자들의 문헌을 면밀히 살펴보는 것만으로도 충분했다. 그래서 나는 광개토태왕비 현장을 답사한다고 해도 얻을 수 있는 것은 별로 없다고 생각해왔다. 나는 이미 세상에 알려진 탁본만으로도 광개토태왕비에 대한 의문을 풀 수 있었고, 나의 지적 호기심도 충분히 채울 수 있었다.

　따라서 갑자기 그토록 광개토태왕비를 내 눈으로 직접 보고 싶었던 이유는 연구의 단서와 증거를 찾기 위한 것은 아니었다. 굳이 말하자면 순전히 정서적인 이끌림 때문이었다. 한번 직접 보고 쓰다듬고 싶은 참을 수 없는 감정이 일었던 것이다. 1600년의 세월 동안 그 자리에 서서 묵묵히 겪어낸 수난과 풍상을 위로하고 싶었다. 광개토태왕비의 상속자이면서도 내팽개치듯이 방치해온 것을 사죄하고 싶었다.

　마침내 광개토태왕비 앞에 섰을 때 나는 뜻 모를 비감에 사로잡혔다. 1600년 고령을 용케도 견뎌왔건만 이제는 지쳤다는 듯, 비면에는 많은 상처가 나 있었다. 게다가 만주 벌판에 늠름하게 우뚝 서 있어야 할 광개토태왕비는 중국이 만들어놓은 방탄 유리창 속에 갇혀 있었다. 그 옛날 요동 벌판을 호령

오른쪽 한갓진 농가 앞에 광개토태왕비의 모습이 보인다. 1637년 청국과 조선이 맺은 봉금제 조약으로 이 지역 일대는 오랫동안 무인지대로 남아 있었다. 『역사지리』, 1914.

하던 광개토태왕도 갇혀 있었다. 아니, 고구려 역사 전부가 옹색한 유리창 속에 갇혀 있었다.

어디 그뿐인가. 유리 감옥에 갇힌 광개토태왕비를 지키고 있는 것은 검둥개 두 마리였다. 개 두 마리, 이것은 은유가 아니라 사실이다. 광개토태왕비각의 사방에 놓인 네 개의 개집. 그중 두 개의 개집에는 개가 들어앉아 감시라도 하듯 내방객들을 힐끔 쳐다보고 있었다. 광개토태왕비를 개들이 지키도록 한 것은 중국 정부의 조치일까? 신성한 그곳을 수호하는 역할을 두 마리 개가 분담하고 있는 현실이 가슴 아프게 다가왔다. 어쩌다 이 지경이 되었을까?

삿된 감정을 애써 털고서 광개토태왕비를 쳐다봤다. 다섯 시간이나 유리창에 얼굴을 대고서 보고 또 보았다. 옥에 갇힌 아들을 면회하러 온 어머니가 자식 얼굴을 조금이라도 가까이 보려는 마음이 그러할까. 가로막힌 유리창에 비벼대듯 얼굴을 들이대고 광개토태왕비를 한 줄 한 줄 읽어 내려갔다. 머릿속에 인화되어 있는 많은 탁본들의 자형과 한 자 한 자 비교해 보았다. 코에서 새어나온 날숨으로 유리창은 곧 뿌옇게 변했다. 그러면 손수건으로 닦고 보고, 또 닦고 보고….

광개토태왕비! 서기 414년에 세운 이 비석은 높이가 6.39미터에 이르는 거대한 자연석으로 만들었다. 위와 아래 면이 약간 넓고 허리가 약간 좁아서 보기에 따라서는 잘록한 모양새를 하고 있다. 밑면의 너비는 제1면(동남 방향)이 1.48미터이고, 제2면(서남 방향)이 1.35미터이며, 제3면(서북 방향)은 2미터이고, 제4면(동북 방향)은 1.46미터이다. 세계적으로도 유례를 찾아볼 수 없을 만한 이 거대한 비석은 화강암으로 된 좌대(座臺) 위에 세워졌다. 자연적으로 서 있던 돌이 아닌 것은 분명한데, 이렇게 거대한 바위덩어리를 어떻게 세웠을지 눈으로 직접 보니 더욱 신비스러웠다.[2]

비석의 각 면에는 탁본에서 본 것처럼 행의 줄을 맞추기 위한 사잇줄(계선 界線)이 쳐져 있다. 이 사잇줄에 맞춰서 1행에 보통 41자씩, 네 면을 돌아가며 모두 44행에 글씨가 새겨졌다. 음각한 비문의 글자가 모두 1,775자에 이른다. 중국 학자들의 조사에 따르면, 이 중에서 이미 풍화되고 훼손되어 판독이 힘든 글자가 141자라 한다. 글자 하나의 크기는 가로나 세로가 보통 12센티미터 정도로 접시만 하며, 큰 글자는 한 변이 16센티미터에 이른다.[3]

비문의 내용은 크게 세 부분으로 나뉜다. 제1부에는 고구려 건국 신화와 광개토태왕의 행적을 간단히 적었다. 제2부에는 광개토태왕이 비려(碑麗)와 백제를 토벌하고 신라를 구했으며 왜구를 패주하게 하고 동부여 등을 토벌한 사실과 함께 획득한 성 및 촌락과 인마(人馬)의 규모와 수를 적었다. 제3부에는 광개토태왕이 생전에 내린 교언(敎言)에 근거하여 광개토태왕릉을 지키는 책임을 다할 백성들(수묘연호守墓烟戶)의 출신과 가구 수 등을 적었다. 이런 내용이 간결하면서도 명료한 문장과 웅장하면서도 정겹고, 질박하면서도 화려하며 다채로운 아름다움이 흐르는 글씨체로 새겨져 있다.

　1600년이란 긴 세월 동안 광개토태왕비는 묵묵히 한자리를 지키고 서 있었다. 그러나 내가 본 지금의 광개토태왕비는 어딘가 지쳐 있는 듯했다. 중국에서 만들어놓은 유리 감옥 덕에 만주의 삭풍은 덜 타겠지만 추워 보였다. 바람이 불고 눈이 내려서 추운 것이 아니다. 고구려 멸망 이후 오랜 세월 동안 후손들에게 버림받은 섭섭함 때문에 그런 것이다. 버려지고 잊힌 세월은 광개토태왕비를 만신창이로 비틀거리게 했다. 그리고 긴 망각의 잠에서 깨어나자마자 치욕의 시절이 뒤이었으니, 우리 민족의 패기의 상징으로 세워진 비석이 망각과 변조와 왜곡으로 세 번이나 죽임을 당하는 수모를 겪어야 했던 것이다.

광개토태왕비 세 번 죽다

광개토태왕비는 세 번 죽었다.

첫 번째 죽음은 부끄럽게도 우리가 저지른 것이다. 1000년이 넘도록 우리 민족의 기억에서 광개토태왕비가 사라지도록 방치한 탓이다. '반쪽' 통일을 이룩한 통일신라 시대에 고구려의 역사서가 대부분 유실되었기 때문에 고구려의 영화는 역사서에 남지 못하고 구전되다가 서서히 잊혀갔다. 광개토태왕비 역시 마찬가지다.

우리 고대사에 대한 유일한 정사(正史)로 꼽히는 김부식의 『삼국사기』(1145) 가운데 「고구려본기」를 보면 광개토태왕에 대한 기록은 빈약하기 짝이 없다. 백제와 싸워 항복을 받았다는 언급도, 신라를 침입한 왜와 가야의 대군을 격파했다는 기록도 찾을 수 없다. 그저 요동과 만주를 놓고 중국이나 주변의 유목 민족과 자주 싸웠다는 언급이 고작이다. 우리의 대표적인 사서가 고구려를 인식하는 수준이 이러했으니 광개토태왕비는 고려 시대 이후부터는 그 존재 자체가 잊히는 지경에 이르고 만 것이다. 조선 시대에는 압록강 중류 북쪽에 거대한 석비가 존재한다는 이야기가 전해왔지만, 그것이 광개토태왕비라는 사실은 까맣게 모른 채 북방 어느 종족의 왕의 것이라고 짐작했을 뿐이다. 이렇게 만주를 호령했던 조상들이 남긴 자랑스러운 역사를 수습하지 못한 채 1000년이 넘도록 방치하고 있었던 것이다.

광개토태왕비가 맞은 두 번째 죽음은 일제의 소행이다. 일제 강점기에 일본은 조선의 국토만이 아니라 역사마저 빼앗아가려고 혈안이 되어 있었다. 급기야 4~5세기경 한반도에 일본 정부가 있었다는 '임나일본부설'이라는 황당한 얘기를 사실로 강변하면서 먼 역사 속의 백제와 신라마저 빼앗아갔다. 그리고 우리에게 이런 식의 설명을 늘어놓았다.

"이미 4세기에서 6세기에 이르는 시기에 백제와 신라는 일본의 신민(臣民)이었다. 당시 조선 반도는 이미 일본의 영토였던 것이다. 그러니 지금 다시 일본이 조선을 합병하는 것은 너무도 당연한 일이 아닌가? 원래 일본 땅이었던 땅이 다시 일본 땅이 되고 원래 일본 백성이었던 백성이 다시 일본 백성이 되는 것이니, 조선 백성들은 한일합병을 당연한 일로 받아들이도록 하라."

기가 막힐 노릇이었다. 게다가 한술 더 떠서 일제는 광개토태왕비문을 내밀면서 목소리를 더 높였다.

"봐라! 고구려 광개토태왕비에 새겨진 비문을. 여기에 분명히 이렇게 새겨져 있지 않느냐? 391년에 일본이 바다를 건너와 백제와 신라를 깨부수고 그들을 일본의 신민으로 삼았다고 말이다."

도저히 믿을 수 없는 말이었다. 그러나 일제가 내놓은 광개토태왕비의 탁본을 자세히 살펴보면 분명히 그렇게 기록되어 있다. 일본이 제시한 탁본은 광개토태왕비의 탁본이 확실했고 그 탁본에는 분명히 '391년에 일본이 바다를 건너와 백제와 신라를 깨부수고 그들(백제와 신라)을 일본의 신민으로 삼았다'고 쓰여 있다. 우리는 비문의 문장을 그렇게 해석하면 안 된다며 새로운 해석을 제시했으나 전혀 말이 먹히지 않았다. 우리는 꼼짝없이 우리 역사를 그네들에게 내줄 수밖에 없었다. 백제와 신라가 일본의 신민이었다는 점

晋

好大王碑

中華書局
碑帖名品録

중국 중화서국에서 1985년 출간한 광개토태왕비 탁본
집. 표제가 '진 호대왕비'로 되어 있다. 이는 중국이 광
개토태왕비를 진(晉)나라의 유물로 간주하고 있음을
말해준다.

을 결코 인정할 수 없지만, 우리 선조가 세워놓은 광개토태왕비라는 확실한 증거 앞에서 막무가내로 부정할 수만도 없는 상황이 되어버린 것이다.

이제 광개토태왕비는 중국의 책략으로 세 번째 죽음을 맞고 있다. 2004년 7월 1일 중국 소주(蘇州)에서 열린 유네스코 세계유산위원회(WHC) 제28차 회의에서는 북한의 '고구려 고분군'과 함께 중국에서 신청한 '고구려 수도, 귀족과 왕족의 무덤'을 동시에 세계유산으로 등재하기로 결정하였다. 엄연히 우리 문화유산인 고구려의 수도와 그곳에 산재해 있는 고구려 왕족과 귀족의 무덤이 우리가 아닌 중국의 신청으로 세계적인 문화유산으로 인정받은 것이다. 혹자는 비록 중국이 주도했다는 점이 아쉽기는 하나 우리 문화유산을 세계적으로 인정받게 한 중국의 노력에 오히려 감사해야 할 거라고 생각할지도 모르겠다.

하지만 그것은 순진한 생각일 뿐이다. 사실 중국의 속셈은 다른 데에 있다. 『인민일보(人民日報)』와 『신화통신(新華通信)』 등 중국의 관영 언론들은 고구려 유적이 세계유산에 등재된 소식을 전하면서 "고구려는 중국 고대 변방의 소수민족 정권이었다"라고 주장하고 나섰다. 『인민일보』는 "기원전 37년에 부여 사람 주몽이 서한(西漢)의 현도군 고구려현(縣)에서 건국한 고구려는 한나라와 당나라 때 중국 동북의 소수민족 정권이었다"라고 보도했다. 『신화통신』은 "고구려는 역대 중국 왕조와 예속 관계를 맺어왔으며 중원(中原) 왕조의 제약과 관할 아래 있었던 지방 정권"이라면서 "고구려는 정치, 문화 등 각 방면에서 중원 왕조의 강한 영향을 받았다"라고 했다. 『신화통신』은 특히 "고구려가 민족적 특색을 지닌 문화를 창조했으나 중기 이후에는 중원 문화의 영향을 매우 깊게 받았다"면서 "견고한 산성, 웅장한 능묘, 휘황찬란한 고분 벽화는 중국 문화의 주요 구성 성분"이라고 강조했다. 한편 대부분의 중국 언론들은 북한의 신청으로 북한 지역에 남아 있는 고구려 유적이 세계유산으로 등재된 사실에 대해서는 눈을 감았다.[4] 정말 어이없는 보도가 아닐 수 없다. 엄연한 독립국으로서 만주 벌판은 물론 중원까지 세력을 확장해갔던 고구려를 중국에 예속된 동북 지방의 소수민족 국가로 규정하다니 말이다.

우리는 그간 일본의 역사 왜곡에 항의만 했을 뿐 결과적으로는 하나도 제대로 바로잡지 못했다. 그런데 일본의 우익 관료들은 지금도 심심찮게 망언을 하면서 우리의 감정을 자극하고 있다. 이런 상황에서 우리는 이제 중국의 역사 왜곡이란 문제에 부딪치게 된 것이다. 일본은 일본대로 호시탐탐 우리 역사를 훔칠 생각을 하고 있고, 중국은 중국대로 이른바 '동북공정(東北工程)'이라는 기치 아래 고구려와 발해를 중국 역사에 편입시키려 하고 있는 것이다.

혹시 이런 우려가 과장처럼 들릴 수도 있다. 하지만 우리 역사의 주인 자리를 일제에 내준 35년의 세월을 한번 생각해보자. 나라를 되찾은 지 75년이 되었지만 아직도 우리는 그때 입은 정신적 상처를 제대로 치유하지 못하고 있다. 일제 잔재의 청산을 두고서도 국론이 갈리고 심지어는 친일 세력들이 다시 고개를 들고 친일을 합리화하는 참담한 모습을 보이고 있다. 오늘날 우리가 겪고 있는 이런 현실의 근본 원인이 바로 우리 역사를 우리 스스로 지키지 못한 데에 있지 않고 어디에 있으랴.

경제적인 어려움만이 어려움인 것은 아니다. 경제적인 시련보다 더 큰 시련은 역사를 왜곡당하고 빼앗기는 것이다. 역사를 잃어버리고 나면 '나' 혹은 '우리'라고 해야 할 그 무엇이 남아 있겠는가?

이런 점에서 광개토태왕비는 우리에게 의미심장한 역사적 상징물이다. 광개토태왕비를 역사의 망각과 왜곡의 늪에서 구해내는 것은 단지 우리의 자랑스러운 문화유산 하나를 되찾는 일에 그치지 않는다. 이는 우리 역사를 우리 스스로 지킬 수 있느냐 없느냐를 판단하는 시금석과도 같다.

그렇다면 광개토태왕비를 어떻게 구해낼 것인가? 무엇보다도 '제대로 아는 것'에서 시작해야 한다. 혹자는 "모든 역사는 승자의 역사"라고 하지만, 나는 "역사는 이긴 자의 것이 아니라 아는 자의 것"이라고 말하고 싶다. 알아야 한다. 제대로 알아야 제대로 지킬 수 있다. 광개토태왕비에 대해 제대로 아는 것, 그것이 세 번의 죽음에서 광개토태왕비, 그리고 고구려를 살려내는 길이고 나아가 우리 민족의 정체성을 살리는 길이다.

일본은 정부가 나서서 역사적으로나 국제법적으로나 독도가 일본 영토라고 주장하고 있고, 중국은 '동북공정'이라는 이름의 역사 왜곡 사업을 국가적인 사업으로 추진하고 있는 마당이다. 우리라고 제대로 역사를 보고 제대로 알자고 하는 취지의 역사 교육을 강화하지 않을 이유가 없다.

이 책은 광개토태왕비의 회생에 조금이나마 보탬이 되고자 하는 소망을 표현했다. 구체적으로는 두 번째 죽음, 즉 우리가 모르는 사이에 일제가 광개토태왕비의 비문을 변조함으로써 광개토태왕과 그 비를 처참하게 훼손했다는 사실을 밝히는 데 있다. 나아가 온몸이 상처투성이인 비문을 광개토태왕과 장수왕의 취지대로 온전히 되살려보는 것도 중요한 목적이다. 나는 이러한 시도를 통해 첫 번째 죽음과 세 번째 죽음 속의 광개토태왕비도 살려낼 수 있다고 믿는다. 광개토태왕비가 겪어온 험난한 풍파의 자취를 돌아보면

서 무관심 속에 버림받았던 광개토태왕비를 우리 품 안에 안을 수 있다면 일
본이 '역사 왜곡'으로, 중국이 '동북공정'이라는 이름으로 벌여온 '광개토태
왕비 죽이기' 시도는 그리 쉽게 행해지지 못할 것이기 때문이다.

일본 제일의 국보

지금까지 과연 어느 나라가 광개토태왕비를 가장 아끼고 사랑해왔을까? 창피한 일이지만 이 질문에 대한 답은 일본이라고 할 수 있다. 광개토태왕비가 발견된 이래 지금까지 가장 뜨거운 관심을 가지고 광개토태왕비를 국보급 유물로 대접하고 있는 나라가 일본임을 부정하기는 어렵다.

그렇다면 일본이 그렇게 광개토태왕비를 애지중지해온 이유는 뭘까. 앞서 이야기한 것처럼 그 비문에 고대 일본이 한반도에 대규모 군사를 보내서 지배했다는 임나일본부설을 증명하는 확고하고도 유일한 기록이 새겨져 있기 때문이다. 일본은 광개토태왕비를 이용하여 임나일본부설을 증명하고, 그렇게 증명한 임나일본부설을 근거로 자신들의 침략 전쟁을 정당화하는 이데올로기를 내세웠다. 그들은 광개토태왕비를 그들만의 역사와 이데올로기를 위한 '국보급' 도구로 활용한 것이다.

그러나 앞으로 살펴보겠지만 과거의 일제가, 그리고 현재의 일본 사학계가 여전히 광개토태왕비에 새겨진 것이라며 제시하는 기록의 일부는 결코 사실이 아니다. 그것은 일제가 쥐도 새도 모르게 비문을 변조하고, 변조된 비문을 토대로 유포한 날조의 기록이다.

그러나 일본은 변조를 인정하기는커녕 지금까지도 사실을 왜곡하고 진실을 은폐하고 있다. 그렇기 때문에 한국과 일본의 사학계는 아직도 논쟁을 계속하고 있다. 1880년대부터 시작된 싸움이니 이미 100년이 넘었다. 그래서 학계에서는 광개토태왕비문 변조에 얽힌 이 역사 다툼을 일러 흔히 '100년 전쟁'이라고 부른다. 이 '100년 전쟁'의 전황에 대해서는 이 책의 마지막 장에서 상세히 살펴보기로 하자.

혹자는 반문할지도 모른다. 누가 아무리 뭐라고 해도 광개토태왕비는 우리 선조의 유산임이 분명한데 그렇게 싸울 필요가 있느냐고. 본래 우리 것인데 누가 욕심을 낸다고 해서 그것이 남의 것이 될 수 있겠느냐고 말이다. 말인즉 맞는 말이다. 그러나 현실은 그렇게 팔짱 끼고 앉아서 안이하게 대처해도 될 만큼 호락호락하지 않다.

일본이 왜 그토록 광개토태왕비에 집착하고 있는지 차분히 생각해보자. 일본의 비문 변조는 단지 역사적 사료에 대한 조작을 통해 일본의 국가적 자존심을 세우는 일에 그치지 않는다. 일본의 일부 학자들이 구석기 시대의 유물을 조작하는 등 세계적으로 유례를 찾기 힘든 사료 조작을 획책하고, 또 그러한 조작의 결과를 주도면밀하게 이용하려고 하는 데에는 나름대로 이유가 있다. 역사 왜곡은 일본의 현실적인 요구와 관련 있다. 과거의 역사를 이용하여 우리의 현재와 미래를 빼앗고자 하는 의도가 숨어 있는 것이다. 일본이 역사 왜곡을 중단하지 않는 한 그들의 침략 야욕은 아직도 살아 있다고 보아야 한다. 따라서 일본의 역사 왜곡은 결코 일본의 문제가 아니라 바로 우리의 문제이다.

일본이 광개토태왕비를 얼마나 중요한 사료로 여기고 있는지에 대한 단적인 예를 들어보자. 일본은 거대한 광개토태왕비 자체를 일본으로 가져가려고 했었다. 더욱이 그런 불손한 반출 시도가 일본 군부가 꾸민 공작에서 비롯한 것이 아니라 일본 학계의 전면적인 계획 아래 이뤄졌다는 점이 놀랍다.

1905년의 일이다. 당시 일본 사학계에서 동양사 연구의 대가로 꼽히던 시라토리 구라키치(白鳥庫吉) 학습원 교수가 광개토태왕비 반출 계획을 꾸민 핵심 인물이다. 그가 말한 내용을 살펴보자.

이 비문이 유명한 것은 조선 남부에 치우쳐 있는 신라·백제·임나 3국이 일본의 신민(臣民)이었음을 명백히 쓰고 있기 때문이다. … 물론 일본 역사에도 이 3국이 일본에 조공했다든지, 혹은 속국이 되었다든지 하는 기록이 있긴 하지만 대부분은 소위 전설이며 역사상의 가치가 적다. 그런데 이 비문은 당시의 정황을 파악하는 데 가장 신뢰할 수 있는 유물이다. 이 비문으로 말미암아 일본이 조선 남부를 지배한 것을 확실히 알 수 있게 된 것이다. … 다만 이 비문에는 일본에 재미없는 사실도 적혀 있다. 당시 일본은 삼한반도 남부를 지배했지만 북부의 고구려와는 대립하고 있었던 것이다. 고구려라고 하면 마치 지금의 러시아와 같은 존재로서 일본이 반도 남부에 세력을 얻으려 하면 고구려가 이를 좌절시키곤 했다. … 그 관계는 마치 일본이 지금 조선을 제압하려면 북쪽의 러시아를 치지 않으면 안 되는 것과 조금도 다를 바 없다. 일본은 조선에서 세력을 구축하려는 희망 때문에 지나(支那, 청나라)와 싸우고, 지금 러시아와 싸우는 것처럼 과거에도 정치적 관계 때문에 고구려와 싸움을 벌인 것이다. … 그런데 일본은 고구려에 패한 후부터 세력을 떨치지 못하였다. 일본이 대륙의 전쟁에서 패하게 된다면 다시 대륙에 진출하기는 쉽지 않다. 이번 전쟁에서도 꼭 러시아를 이기지 않으면 안 된다.(『시라토리 구라키치 전집』 제5권)**5**

시라토리는 우선 일본의 역사 기록이 "대부분은 소위 전설이며 역사상의 가치가 적은데" 광개토태왕비의 발견으로 임나일본부설을 확신할 수 있게 되었다고 쾌재를 불렀다. 일본이 『일본서기』의 불완전성을 광개토태왕비문을 통해 보완하려 한 정황을 알 수 있는 대목이다. 그래서 그들은 광개토태왕비를 그렇게 애지중지한 것이다. 뿐만 아니라, 광개토태왕비를 당시 청나라와 러시아를 상대로 하는 일본의 침략 전쟁을 합리화하는 중요한 근거로 이용하고 있다. 이렇게 중요한 국보급 유물이니 만큼 영국이 이집트를 침략하여 파라오의 귀한 유물을 대거 가져와서 전리품인 양 대영박물관에 전시한 것과 마찬가지로 일본도 광개토태왕비를 가져다가 일본에 세움으로써 '대일본제국'의 자긍심을 높이고자 했다. 그래서 시라토리는 1905년에 이미 "이 비는 우리 역사에 중요한 자료를 제공할 것이다. 나는 이 비를 일본으로 가지고 와서 박물관이나 공원에 세운다면 실로 재미있을 것이라고 생각한다. 영국이나 독일, 프랑스 같으면 몇만 원을 들여서라도 반드시 자기 나라로 가져왔을 것이 틀림없다"[6]라고 주장했다.

시라토리의 이러한 소망은 곧바로 행동으로 옮겨졌다. 1906년 러일전쟁이 끝난 뒤 비석 반출 계획이 구체화되어 시라토리가 현지를 찾아가서 비석을 일본으로 옮기는 일에 대해 집안 지역을 관장하던 일본 군부와 논의하기도 했다. 그리하여 당시 군부는 광개토태왕비를 일본으로 운반하려고 압록강 하구까지 군함을 돌려 준비를 갖추고 있었다고 한다. 그러나 이 계획은 실현되지 못했다. 그 이유에 대해 당시 비 반출 계획에 관여했던 한 퇴역 중장은 "비석이 커서 운반이 곤란했고, 비문의 글자가 손상될 우려가 있어서 중지했다"라고 증언했고, 시라토리 또한 "조선 것을 일본으로 가지고 오면 물의를 일으키게 될 것이라는 이유도 있었다"라고 실토했다.

그러나 광개토태왕비문 변조설을 최초로 제기한 재일 사학자 이진희(李進熙)는 비 반출 중단에 대한 시라토리의 주장이 사실을 왜곡한 것이라고 일갈했다. 이진희는 당시 집안현 지사인 오광국(吳光國)이 남긴 기록을 증거로 제시했다. 이 문서에 따르면 1907년 5월 일본군 제57연대장 오자와 도쿠헤이(小澤德平) 대좌가 오광국을 찾아와서 광개토태왕비를 일본 제국박물관에 진열하고 싶으니 일본에 팔라고 했다. 이에 대해 오광국은 이 비는 민간의 것이라 팔 수 없고 너무 무거워서 운반할 수 없을 것이라며 거절했다. 그러자 오자와 연대장은 비석의 무게는 문제 되지 않으며 침몰한다 해도 끌어올릴 수 있으므로 병력을 동원하면 이 비석을 쉽게 가져갈 수 있을 것이라고 했다. 이에, 오광국은 일본군이 비를 반출하려고 용의주도하게 준비하고 있음을 간파하고 "이 비를 그렇게 좋아한다면 탁본 몇 장을 보낼 수는 있다"라고 하며 거절 의사를 분명히 밝혔다고 한다. 결국 협상은 결렬됐고 일본의 의도는 수포로 돌아갔지만 오광국은 차후 일본군이 비를 반출하려 할 것이 틀림없다고 판단하고서 곧바로 비를 사들이고 그곳에 정자를 세워 보호했다고 적고 있다.[7]

시라토리 외에 광개토태왕비의 반출을 주도한 상부의 실질적인 인물이 과연 누구인지는 분명하지 않다. 다만 확실한 것은 여기에도 일본제국 참모본부의 검은 그림자가 보인다는 점이다. 비의 반출 문제를 협상하기 위해 집안현 지사인 오광국을 찾아간 일본제국 제57연대장 오자와 도쿠헤이 대좌는 1885년 일본군 참모본부에 들어간 뒤 청나라 각지를 돌며 스파이로 활동한 군인이니 말이다.[8]

이후에도 일제는 광개토태왕비 반출 계획을 포기하지 않고 호시탐탐 기회를 노린 것 같다. 10년 뒤인 1917년에는 다케우치 에이키(竹內榮喜) 중좌가 현지를 방문하여 "능비(陵碑)를 검토했다"라는 기록이 있다. 다케우치 중좌 역시 참모본부에서 근무한 경력이 있는 인물이다. 그는 최초로 일본에 광개토태왕비문을 가지고 온 사코 가게노부(酒匂景信)에 대한 정보를 갖고 있었으며, 사코가 가지고 온 쌍구가묵본(雙鉤加墨本, 실제로는 아직 가묵하지 않은 상태의 쌍구본이다. 이에 대해서는 뒤에서 상세히 밝히기로 한다)의 정확한 글자 수를 비롯해서 비문 연구 문제까지 정통한 인물이었다. 1917년이면 일본에서 광개토태왕비 연구가 대략 결론이 난 시기다. 이때 새삼스럽게 광개토태왕비에 정통한 고급 군인이 현지에 파견되어 능비 그 자체를 검토할 이유는 무엇일까. 비를 일본으로 빼돌리는 것 외에 다른 이유는 생각하기 힘들다.

일제는 광개토태왕비문을 점점 더 대담하게 왜곡하여 침략 전쟁을 정당화하는 이데올로기 정립의 도구로 활용했다. 특히 청나라, 러시아와의 싸움에서 거푸 이긴 뒤에는 이성을 잃고 역사를 왜곡하려 했다. 그 대표적인 예가 1922년 새로이 발견되었다고 소동을 벌이며 출간한 『남연서(南淵書)』라는 위서(僞書) 사건이다. 당시의 출간 경위에 대한 설명에 따르면 서기 608년 중국 수나라로 유학을 갔던 미나미부치 쇼안(南淵請安)이라는 유학생이 쓴 것을 발견하여 출간했다고 한다. 그러나 그것은 새빨간 거짓말이다. 이 책은 일본 우익의 거물인 곤도 세이쿄(權藤成卿)가 몰래 지어낸 가짜 책이다. 그러면서도 뻔뻔스럽게 이 책이 일본의 대표적 역사서인 『일본서기』나 『고사기』

곤도 세이쿄의 『남연서』. 표시 부분에 광개토태왕비문 신묘년 기사가 실려 있다. 비문에 판독되지 않는 두 글자가 '협항(脅降: 협박하여 항복하게 하다)'으로 되어 있다.

보다 오래된 문헌이라고 선전한 것이다.

당시는 1917년 10월 러시아에서 사회주의 혁명에 성공한 뒤여서 1918년부터는 일본에서도 노동자 계급이 세력화하는 조짐이 보이기 시작했고, 이 듬해인 1919년에는 한국에서 3·1운동이 벌어지면서 일본 우익들이 커다란 위기감을 느끼고 있던 무렵이었다. 곤도 세이쿄는 1900년 결성된 우익 정치 단체인 흑룡회(黑龍會)의 두뇌 역할을 한 인물이다. 흑룡회는 일본의 가쓰라 다로(桂太郎) 총리에게 "조선을 1억 5천만 엔에 일본에 팔겠다"라고 호언했던 송병준(宋秉畯)을 비롯해 이용구(李容九) 등 친일 인사를 앞세워 만든 일진회(一進會)와 함께 이토 히로부미(伊藤博文)의 조선 병탄 프로젝트를 배후에서 공작한 단체이다.

그렇다면 광개토태왕비는 『남연서』와 무슨 관계가 있는 것일까? 곤도는 『남연서』를 진짜처럼 보이게 하려고 광개토태왕비를 활용했다. 그는 608년 『남연서』의 원작자인 미나미부치가 수나라에서 유학을 마치고 귀국하는 길에 집안에 들러 베껴온 것이라며 광개토태왕비문을 실었던 것이다. 1900년 대 이후에나 뜬 것으로 보이는 광개토태왕비 탁본을 608년에 만든 것으로 둔갑시켜서 말이다. 곤도가 이렇게까지 역사를 날조하려고 한 것은 일본 정부로 하여금 시베리아 출병을 본격적으로 추진하도록 다그치고, 조선총독부로 하여금 한국인의 만주 이민 정책을 밀어붙여 일본 산하에 한국·만주·몽골·연해주를 포함한 '대고려국(大高麗國)'을 만들려는 구상을 역사적으로 뒷받침하기 위해서였다. 물론 이 책은 출간된 직후 일본 역사학자들조차 위서임을 간파하고 묵살함으로써 한바탕 해프닝에 그쳤다. 하지만 이러한 해프닝을 통해 우리는 일본이 광개토태왕비를 얼마나 악랄하게 이용하려 했는지를 다시 한 번 확인할 수 있다.

일제의 침략 야욕이 극에 달하던 1930년 이후에도 줄곧 광개토태왕비는 만주 침략을 합리화시켜주는 보물이었다. 일본의 대표적인 고고학자 중 한

명인 후지타 료사쿠(藤田亮策)는 광개토태왕비를 일컬어 "우리 일본국의 대륙 정책이 1500년 전에 얼마나 당당한 것이었는지를 보여주고, 신라·백제를 우리 속국이었다고 밝히는 등 최고(最古)의 근본 자료로서 국사(國史)의 둘도 없는 보석 같은 자료일 뿐만 아니라, 동아시아 고대사의 보배로서 만주국(일본이 세운 정권)은 이 비를 제일의 국보로 지정해야 할 것이다"[9]라고 주장했다. 소름 돋는 이야기다.

광개토태왕비에 대한 이런 파렴치한 태도와 행위가 일제 강점기에만 있었던 것으로 믿고 싶지만 현실은 전혀 그렇지 않다. 일본의 역사 왜곡 야욕은 아직도 사그라들지 않았다. 아시아 전체를 황국 신민으로 만들겠다는 그들의 침략욕이 원자폭탄으로 좌절되었고, 형식적으로는 연합군이 내민 항복 문서에 참담한 모습으로 서명을 했지만 그들의 야욕은 아직도 엄연히 잔재하고 있다. 최근 아베 정권은 일본을 다시 전쟁을 할 수 있는 나라로 만들기 위해 헌법을 고치는 일을 집요하게 추진하고 있으며 '임나일본부설'을 다시 주장함으로써 한반도를 그들의 역사에 편입시키려는 시도를 끊임없이 자행하고 있다.

실제로 일본은 역사 왜곡을 통한 한반도 병탄 프로젝트에 대한 망상을 여전히 버리지 않고 있다. 역사 교과서 왜곡, 독도 영유권 주장, 심심치 않게 터져 나오는 정치인들의 망언, 총리의 야스쿠니 신사 참배, 공영 방송사의 한국 관련 다큐멘터리에 대한 부당한 검열…. 그뿐만 아니라, 틈만 나면 자위대를 해외로 파병하는 구체적인 행동을 통해서도 그런 망상과 속셈을 드러내고 있다. 어쩌면 패전하여 항복하는 순간에도 항복은 그저 형식이었을 뿐 내심 갖고 있던 침략 야욕을 그대로 간직하고 있었는지도 모른다. 그런 까닭에 패전과 항복의 충격이 어느 정도 무뎌진 1950~60년대를 거치면서 일본 학계에서는 변조된 광개토태왕비의 내용을 근거로 자의적으로 지어낸 고대사를 '널리 통용되는 정설'이란 뜻에서 '통설'이라 부르며 당연한 사실(史實)로 굳혀간 것이다. 게다가 '통설'을 학술적인 차원에서만 다루는 게 아니라 정부 차원에서 '교육'을 통해 더욱 공고히 다져나가기 시작했음은 더 말할 나위가 없다.

1963년에 있었던 '교과서 재판 사건'은 전형적인 예다. 이 사건은 일본 문부성이 이에나가 사부로(家永三郞) 당시 도쿄교육대학 교수가 쓴 일본사 교과서에 대해 검정 불합격 판정을 내린 것이 발단이 됐다. 일본 고대사에서 신주 모시듯 해온 『고사기』와 『일본서기』의 내용이 신화에 가깝지 역사적 사실로는 볼 수 없다는 점을 강조했다는 것이 불합격 판정을 내린 주요 이유였다. 일본의 여론은 이런 문부성의 조치가 신화 교육을 부활시키는 것이라며 논란을 불러일으켰다. 일본 정부의 이러한 조치에 대해 이에나가 교수는 정부가 교과서를 검정하는 것 자체가 위헌이라며 대법원에 소송을 제기했지만 일본 정부의 태도는 변하지 않았다. 그런데 우리가 주목해야 할 점은 이에나가가 쓴 고교 교과서마저도 한반도에 대한 '출병과 지배'를 분명한 사실로 단정하고 있다는 점이다. 그가 쓴 교과서의 한 구절을 보자.

4세기에 들어오자 야마토 정권은 조선 반도에 진출하여 아직 소국가 상태에 있던 변한(弁韓)을 영토로 하고, 이곳에 임나일본부를 두었으며, 391년에는 또다시 군대를 보내 백제와 신라도 복속시켰다. 조선 반도 남부에 지배력을 구축한 야마토 정권은 조선의 부와 문화를 흡수하여 군사력과 경제력을 강화했는데, 이로 인해 국내 통일이 현저하게 촉진되었다. … 조선 반도의 북부에서 만주에 걸친 지역에는 일찍부터 퉁구스족이 세운 고구려라는 나라가 있었는데, 후에 낙랑군 땅을 병합하여 세력이 강해졌다. 391년 일본의 조선 출병은 지금도 중국 동북부에 남아 있는 고구려 광개토태왕비에 쓰여 있는데, 이에 따르면 일본군은 조선 반도 중부까지 북상하여 신라를 구하기 위해 남

진한 광개토왕의 군대와 싸웠다.[10]

여기서 볼 수 있듯이 일본 학자들은 교과서에서까지 고대 일본이 한반도 남부를 지배했고, 대규모 군사를 파병해서 '퉁구스족이 세운' 고구려라는 나라와도 맞서 싸웠다는 '통설'의 증거로 광개토태왕비문을 전가의 보도처럼 사용하고 있다. 참으로 어이없고 억울한 일이 아닐 수 없다.

그러나 1970년대 중반에 접어들면서 재일 사학자 이진희와 몇몇 양심적인 일본 학자들이 비문 변조설을 주장하자 일부 교과서에서 서술이 다소 신중해지는 면을 보이기도 했다. 이에나가가 1977년에 개정한 교과서에서는 '조선 반도에의 진출'이란 항목이 '조선 반도와의 교섭'으로 바뀌면서 임나일본부의 지배와 391년의 출병, 그리고 신라와 백제의 복속 등에 대한 내용을 없앴다. 그리고 임나일본부에 대해서는 "임나는 종래 널리 통용되던 설에 따르면 소국가의 상태로 마한 땅에 있었으며 왜의 지배 기관이 설치되어 있던 곳이라고 하였으나, 최근에는 이와 달리 생각하는 견해도 나오고 있다"라고 보충했다.

그러나 일본 역사학자들이 모두 이에나가처럼 신중한 역사 서술을 하는 것은 아니다. 이노우에 미쓰사다(井上光貞) 등 도쿄대 역사학과 교수들이 주축이 되어 1981년 편찬한 검인정 고등학교 교과서를 보면 '통설'의 영향력은 아직도 강하게 작용하고 있음을 볼 수 있다.

> 야마토 정권은 4세기 후반부터 5세기 초에 걸쳐 발달된 생산 기술이나 철 자원을 획득하기 위해 조선 반도에 진출하고, 또한 소국가 상태에 있던 반도 남부의 변한 제국을 세력 아래에 두고 다스렸다. 그것이 임나이다. 야마토 조정은 그 위에 백제, 신라를 제압하는 한편 고구려와 싸웠다. 그간의 사정은 고구려 호태왕의 비문에 기록되어 있다.[11]

또, 이 책에서는 광개토태왕비문을 이렇게 설명하고 있다.

비문에는 "백제[百殘]와 신라는 '구시속민(舊是屬民, 예부터 속민)'이었고 '유래조공(由來朝貢, 줄곧 조공을 해왔다)'하였다. 그리하여 왜는 신묘년(辛卯年, 391)부터 이쪽에서 해(海: 바다)를 도(渡: 건너서) 백제, □□, 신라를 파하여 이를 신민(臣民)으로 만들었다"고 하여, 일본의 조선 반도 진출을 전하고 있다.[12]

변조된 것이 분명한 신묘년 기사를 마치 사실인 것처럼 단정하여 학생들에게 주지시키고 있음을 다시 한 번 확인할 수 있다. 이런 조작된 역사가 국사 교과서에 사실로 등장하면서 어린 학생들로 하여금 일제 침략을 정당한 것으로 인식하게 할 뿐 아니라, 조선과 한국에 대한 왜곡된 인식을 심어주고 있다. 그리고 이렇게 형성된 한국인에 대한 왜곡된 차별 의식이 현실로 나타나기도 했다. 일본 정부는 재일 동포를 외국인 취급하여 지문 날인을 강요했고, 잘못된 애국주의에 물든 학생들은 조총련계 조선학교에 다니는 여학생의 치마저고리를 칼로 찢어 물의를 일으키기도 했다. 그리고 지금도 이른바 '혐한론자'들이 한국을 비하하는 발언과 시위를 계속하고 있다.

광개토태왕비 변조의 망령은 지금도 여전히 일본을 사로잡고 있다. 특히 일본이 최근 급속히 우경화하는 분위기에서 광개토태왕비는 일제 강점기 못지않게 왜곡되고 있다. 일본 극우파가 중심이 된 '새 역사 교과서를 만드는 모임'이 주도하여 2001년 후소샤(扶桑社)에서 발간한 중학교 역사 교과서인 『새로운 역사 교과서』는 역사의 시곗바늘을 거꾸로 돌려놓은 대표적인 사례다. 특히 2001년 검정을 신청했던 판본에는 한·일 고대사와 관련하여 일제 강점기의 '정한론(征韓論)'과 궤를 같이하는 조작된 역사를 버젓이 실어 놓았다.

고구려는 반도 남부의 신라와 백제를 압박하고 있었다. 백제는 야마토 조정에 구원을 요청했다. 일본 열도 사람들은 전부터 철을 찾아 한반도 남부와 교류하고 있었다. 그래서 4세기 후반에 야마토 조정은 바다를 건너 조선으로 출병했다. 야마토 조정은 반도 남부의 임나(가라)라는 곳에서 세력권을 형성했다. 후일 일본의 역사서에서 여기에 둔 일본 거점을 임나일본부라 불렀다. … 고구려는 남하 정책을 취했다. 바다를 건넌 야마토 조정의 군대는 백제와 신라를 도와 고구려와 격렬하게 싸웠다. 414년에 세워진 고구려 광개토태왕비문에 4세기 말부터 5세기 초의 사건으로 이 사실이 기록되어 있다. 고구려는 백제의 수도 한성을 공략하여 반도 남부를 석권하였다. 그러나 백제와 임나를 기반으로 한 일본군의 저항에 부딪쳐 정복은 이루지 못하였다.(37~38쪽)

여기서는 허황한 임나일본부설을 기조로 일본군이 고구려와 맞서 이길 만큼 강력했다는 점을 부각하며 고대사를 자기네들 입맛대로 왜곡하고 있다. 그 증거물로 광개토태왕비문을 들고 있으나 이는 광개토태왕비에 기록된 기본적인 사실조차 인정하지 않은 채 무조건 왜곡하려 한 대표적인 사례이다. 광개토태왕비문에는 신라의 지원 요청으로 고구려군이 나서서 왜군을 격퇴했다는 사실이 분명하게 기록되어 있는데 그 점마저 무시한 것이다. 우리 정부의 수정 요구가 있자 일본 정부는 이 부분에 대해서는 어쩔 수 없이 자체 정정 결정을 내렸다. 그렇지만 더 근본적인 문제인 임나일본부의 존재에 대해 일본 정부는 "일본 학계에서는 한반도 남부에 어떠한 형태로든 일본의 영향력이 미쳤다는 것을 폭넓게 인정하고 있다"라면서 "한국 정부는 이에 대해 정정을 요구해서는 안 된다"라고 밝혔다.

일본 문부성은 이런 기본적인 사실조차 극단적으로 왜곡하거나 조작한 우익 교과서를 2001년 3월 검정에서 통과시켰다. 한국과 중국 정부가 강력하게 항의했지만 일본의 총리, 관방장관, 문부과학상 등이 모두 '재수정 불가' 방침을 천명하며 모르쇠로 일관했다. 그러나 당시 일본 시민단체에서 교과서 불채택 운동이 일어나는 등 여론이 악화되면서 이 교과서는 일선 중학교에서는 전체의 0.04퍼센트인 532부밖에 사용되지 않았다. 하지만 일반 서점을 통해서는 40만 부나 팔리는 일이 벌어졌다.

그로부터 4년이 지난 2005년 4월, 한·일 정부가 '나가자 미래로, 다 같이 세계로'란 표어를 내걸고 '한·일 우정의 해 2005'로 정한 시기에 다시 역사 교과서 왜곡 파문이 일었다. 이미 고이즈미 일본 총리의 신사 참배를 통해 일본 사회의 우경화가 극단으로 치닫는 상황임이 알려진 터에 이번에는 교과서를 통해 자신들의 영토욕을 적나라하게 드러냈다. 일본 문부성이 사실상 전면에 나서서 '독도는 일본 땅'이라는 주장을 교과서에 분명하게 기술하도록 요구한 것이다. 이로 인해 대부분의 교과서가 독도를 '일본 영토'라고 기술하게 되었다. 2001년과는 완전히 다른 양상이다. 더 많은 사람들이 더 적극적으로 교과서 왜곡을 부추기고 있는 것이다.

2005년 일본 교과서 검정에 관한 내용 중에서 독도 문제가 더 큰 관심을 끌다 보니 고대사 부분은 상대적으로 부각되지 못했지만, 후소샤 판 역사 교과서의 고대사 부분은 2001년 검정본의 내용이 그대로 남아 있거나 강화되어 있다. 주목할 것은 왜곡의 행태가 더욱 교묘해졌다는 점이다. 앞서 인용한 고대사 내용이 포함된 부분의 소제목을 2001년 판에서는 '조선 반도의 동향과 일본'이라고 했는데 2005년판에서는 '야마토 조정과 동아시아(大和朝廷と東アジア)'라고 바꿈으로써 야마토 정권의 위세가 동아시아에 영향력을 끼쳤을 만큼 대단했다는 식으로 과대 포장했다. 그리고 소항목으로는 '백제를 도와 고구려와 싸우다'라는 제목을 달아 일본의 임나 지배와 출병을 확실하게 서술하고 있다. 또 '신라의 대두와 임나의 멸망'이란 항목을 새로이 설정해 임나에 대한 설명을 늘렸고, 거기다 한반도 지도를 넣어 임나의 영역

4世紀末の
朝鮮半島

↑高句麗の広開土王(好太王)碑 高さ6.4m。

7
大和朝廷と
東アジア

♣5世紀から6世紀にかけ
て，大和朝廷は，朝鮮半島
や中国の国々と，どのよう
なかかわりをもったのだろ
うか。

❶現在の平壌(ピョンヤン)
付近を中心とした地域。

❷現在のソウル。

**百済を助け
高句麗と戦う**　古代の朝鮮半島の国々や日本は，中国の動向
によって大きく左右された。220年に漢がほ
ろんでからの約400年間，中国では，多数の小国に分かれたり，
南北に分かれたりして争う内乱の時代が続き，周辺諸国におよ
ほす影響力が弱まった。

　このすきをついて，朝鮮半島北部の高句麗が急速に強大にな
った。高句麗は，4世紀の初めに，朝鮮半島内にあった中国領
土の楽浪郡を攻めほろぼし，4世紀末には半島南部の百済をも
攻撃しようとした。百済は大和朝廷に助けを求めた。日本列島
の人々はもともと，貴重な鉄の資源を求めて半島南部と深い交
流をもっていたので，大和朝廷は海を渡って朝鮮に出兵した。
このとき，大和朝廷は，半島南部の任那(加羅)という地に拠点
を築いたと考えられる。

　大和朝廷の軍勢は，百済を助けて，高句麗とはげしく戦った。
高句麗の広開土王(好太王)の碑文には，そのことが記されてい
る。高句麗は，百済の首都漢城を攻め落とそうとしたが，百済と，任
那を拠点とした大和朝廷の軍勢の抵抗にあって，半島南部の征
服は果たせなかった。

**倭の五王に
よる朝貢**　5世紀中ごろ，中国では漢民族の南朝と，遊牧
民族の北朝に分かれて争う南北朝時代をむかえ

32

2005년 판 후소샤 역사 교과서. '백제를 도와 고구려와 싸우다'라는 소제목 아래 임나 지배와 출병을 사실로 굳히고 있다.

을 가야와 마한(오늘날의 전라도 지역)으로 확대해 구체적으로 표시하였는데, 이것 역시 존재하지 않았던 임나일본부를 '사실'로 만들고 그 세력 범위를 넓히려는 고도의 술책이다. 변조된 광개토태왕비문을 증거로 일본의 한반도 지배와 출정을 기정사실화하려는 일본 우익의 시도는 아베 정권이 들어선 다음부터는 완전히 '굳히기' 단계로 들어선 인상이다. 한·일역사공동위원회에서 2014년에 임나일본부설에 대해 완전히 부정한 것은 아니지만 일단 '근거 없음'으로 합의했음에도 아베 정권은 임나일본부설을 다시 부추기며 2015년에만 임나일본부설을 정설로 인정하는 역사 교과서를 8종이나 발행했다. 역사 왜곡에 대해 반성하기는커녕 아베 정권은 2020년 현재에도 여전히 임나일본부설이 사실임을 주장하고 있다.

수난의 자취

고구려가 멸망한 지 1200여 년이 지난 후, 광개토태왕비는 망각의 저편에서 불현듯이 귀환했다. 1889년 6월, '아세아협회'라는 일본 관변 단체가 기관지인 『회여록(會餘錄)』 제5집에 이 비의 존재를 알리고 비문을 실어 출간한 것이다. 극적인 귀환이기는 했으나 이 위대한 고구려의 귀환을 정작 후손들은 뜨겁게 반길 수 없었다. 너무나도 황당한 모습으로 나타났기 때문이다. 더욱 착잡한 것은 이 극적인 사건이 일본의 자존심을 세워주는 증거로 선전된 점이다. 일본이 얼토당토않게 광개토태왕비를 자기들의 국보로 대접하기 시작한 것은 바로 이때부터다.

『회여록』 제5집! 이 책은 광개토태왕비를 둘러싸고 100년 이상 계속될 이른바 '100년 전쟁'이라는 역사 전쟁의 시작을 알리는 조용한 통첩이었다. 『회여록』 제5집은 겉으로는 별로 특별하게 보일 것이 없다. 비의 탁본을 바탕에 깔고서 그 위에 쓴 '회여록(會餘錄)'이라는 제호 밑에 '고구려고비문(高句麗古碑文)', '동(同)비출토기(碑出土記)', '동(同)고비고(古碑考)', '동(同)고비석문(古碑釋文)'이란 목차가 자그맣게 적혀 있다. 이러한 표지로 보아 이 책에는 고구려 시대 비석의 탁본과 이 비석의 출토 과정에 대한 설명 및 비문

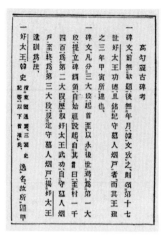

『회여록』에 실린 논문 「고구려고비고」(왼쪽)와 『회여록』의 출간을 알린 광고(오른쪽).

내용에 대한 분석, 그리고 비문 해석 등이 실려 있음을 짐작할 수 있다. 여기서 말하는 '고구려의 옛 비석'이 바로 '국강상광개토경평안호태왕(國岡上廣開土境平安好太王)', 즉 광개토태왕의 비다. 그러니까 이 책은 최초로 고구려 광개토태왕비의 전문을 탁본 형태로 공개한 책이다. 아울러 이 비가 어떻게 재발견되었으며, 어떤 내용이 새겨져 있는지도 설명하고 있다. 광개토태왕비는 비가 세워진 지 1500년, 고구려가 멸망한 지 1200년이 지난 후에야 우리 민족의 손이 아니라 일본이 출간한 『회여록』이라는 책을 통해 망각의 저편에서 역사의 이편으로 돌아온 것이다.

　광개토태왕비에 대한 종합적인 논문을 실음으로써 세상을 깜짝 놀라게 한 때문인지 학계에서는 광개토태왕비를 최초로 세상에 알린 것이 『회여록』이라는 것을 대부분 정설로 간주하고 있다. 그러나 재일 사학자 이진희에 따르면, 『회여록』 제5집이 발간되기 8개월 전인 1888년 11월에 발간된 『여란사화(如蘭社話)』 제8권에 무라오카(邨岡良弼)란 사람이 쓴 「고구려고비(高句麗古碑)」라는 논문이 광개토태왕비에 관한 최초의 글이라고 한다. 여기서 무라오카는 "이 비는 조선국 압록강 북쪽 통구 땅에 있으며, 근년에 땅속에서

『환영지(寰瀛誌)』(1822년에 만든 백과사전, 왼쪽)와 『해동지도』 중 「조선여진분계도(朝鮮女眞分界圖)」(18세기 중반에 만든 전국지도, 오른쪽)에 나타난 광개토태왕릉.

파낸 것이다"라고 적음으로써 광개토태왕비의 존재를 밝혔다.

『여란사화』가 됐든『회여록』이 됐든 간에 일본에서 이 책들이 발표되기 전에 공식적으로 광개토태왕비를 세상에 알린 문건은 없다. 일본에서 이런 자료가 나오기 전에는 광개토태왕비를 발견한 중국 회인현(懷仁縣: 오늘날의 집안현) 현지의 관리와 몇몇 중국 금석학자들만이 이 비석의 존재를 알고 있었다고 할 수 있다. 안타깝게도 이 비의 가장 확실한 직계 상속자인 조선에서는 그 존재조차 제대로 파악하지 못하고 있었다. 있었다면 "압록강 북쪽에 거대한 비 하나가 있다"라는 정도의 이야기가 극히 일부 사람들에게 구전되고 있을 뿐이었다.

현재 문헌을 통해 확인할 수 있는 이 '거대한 비'에 대한 기록 중 가장 오래된 것은 세종대왕 때 편찬한『용비어천가』(1445)이다.『용비어천가』제39장의 주에 "집안 지역에 대금황제성(大金皇帝城)이라고 불리는 오래된 성터가 있으며, 그곳에서 북쪽으로 7리 떨어진 곳에 비석이 있다"라는 속설이 기록되어 있다. 조선 왕조는 개국 초기에 압록강 건너 집안 지역에 숨어 살던 여진족이 국경 지대를 가끔 침범하자 15세기 중엽 이후 집안 등 압록강 북쪽 지역을 수시로 정찰해 지도를 만들었다. 이때 만든 지도에도 분명 비석을 직접 보고 기록한 흔적이 있으나 금나라의 '황성(皇城)'으로 보았던지 '황제비', '황제릉' 등으로 표기했다. 직접 눈으로 비를 보고서도 고구려의 유적임을 파악하지 못한 것이다. 아마 당시 비석 주변에 수풀이 우거지고 비면에 이끼가 끼어 있어서 비문을 제대로 판독하지 못했기 때문일 것이다.

그 후 우리 조상 중에 광개토태왕비를 알아본 사람은 찾기 힘들다. 17세기 후반에 이르러 조선에서 실학사상이 꽃을 피워 우리 역사와 지리에 대한 광범위한 실증적 연구가 이루어졌지만 이 광개토태왕비의 실체를 파악할 기회는 여전히 없었다. 전국 방방곡곡을 현장 답사하여 『대동여지도』를 만든 고산자(古山子) 김정호(金正浩)도 광개토태왕비의 실체를 확인하지 못했다. 김정호는 통구 등 국경 지역의 방위 시설까지 답사해서 소상한 기록을 남겼지만, 집안 지역의 고구려 유적에 대해서는 속설로 전해오던 대로 '황성(皇城)'과 '황묘(皇墓)'의 위치만 표시했을 뿐 광개토태왕비의 존재를 밝히지 못했다. 일제가 『회여록』을 발간하여 이 비가 고구려 광개토태왕의 비임을 세상에 알리기까지 우리 민족은 내내 그것을 무관심한 채 방치해둔 것이다.

이런 상황에서 『회여록』을 본 당시 우리 학계의 반응은 어땠을까? 반가웠을까, 놀랐을까, 부끄러웠을까? 어느 한 단어로는 도저히 표현할 수 없는 참으로 묘한 심정이었을 것이다. 일본 학자들이 풀이한 비문 내용을 보고는 경악과 분노와 억울함을 금할 수 없었을 것이다. 일본 육군대학 교수였던 요코이 다타나오(橫井忠直)의 이름으로 내놓은 비문 해석은 도저히 납득할 수 없는 것이었다. 일본이 4세기 말에 우리를 지배하고, 우리를 구하려 출병까지 했다니, 일본이 396년에 보병과 기병 5만을 보내서 (조선 반도 중부까지 북상해) 신라를 (고구려로부터) 구원했다니, 이게 도대체 무슨 말인가. 모두 일제가 날조한 새빨간 거짓말이라고 항변할 수도 없었다. 그들이 증거로 제시한 위조된 광개토태왕비 탁본 외에는 반박할 만한 다른 증거가 없었으니 말이다.

어디 이뿐인가? 이보다 더 중요한 대목은 바로 신묘년(391) 기사의 내용이다. 일본이 비문에 구두점을 찍고서 내놓은 해석은 이러했다.

百殘新羅舊是屬民, 由來朝貢, 而倭以辛卯年, 來渡海破百殘□□新羅, 以爲臣民.

백제와 신라는 예부터 (고구려의) 속민(屬民)이었다. 그래서 줄곧 조공을 해왔다. 그런데 일본이 신묘년에 바다를 건너와 백제와 □□와 신라를 깨부수어 (일본의) 신민(臣民)으로 삼았다.

실로 엄청난 일이 아닐 수 없다. 광개토태왕 당시 고구려의 남쪽에서 찬란한 문화를 이루면서 발전한 백제와 신라가 일본의 침략을 받아 그들의 발 아래 머리를 조아리는 백성이 되었다니, 말이나 될법한 얘기인가? 그러나 비문에는 분명 그렇게 써 있었다. 일본이나 중국도 아니고 바로 우리 선조가 세운 비석에 새겨져 있는 기록이 그러하니 우리는 항변조차 제대로 할 수 없는 처지가 되고 말았다. 속이 끓어올랐겠지만 방법이 없었다. 다만, "광개토태왕의 치적을 적은 비에 왜 뜬금없이 일본의 전과(戰果)를 기록했겠느냐"라는 정도의 초보적이고 원론적인 반론만 제기할 수 있을 뿐이었다.

일제는 광개토태왕비를 철저히 이용했다. 당시 호시탐탐 조선을 노리던 일제가 역사적 사료보다 허구에 가까운 서술로 정평이 난 『일본서기』(720년 편찬)에 등장하는 소위 '임나일본부'의 증거로 광개토태왕비를 인용하였음은 앞서 살핀 바와 같다. 조선에서는 당연히 임나일본부를 어불성설이라며 부정해왔지만, 이 임나일본부를 증명할 수 있는 기록이 바로 조선의 선대가 만든 광개토태왕비에도 분명히 남아 있다는 것이 일본 학계의 주장이었다.

일제로서는 조선 침탈의 역사적 명분을 확실하게 얻은 셈이다. 그 옛날 4세기에도 그랬듯이 조선은 일본의 지배를 받아도 된다는 명분을 일본은 광개토태왕비에서 얻은 것이다.

그렇다면 당시 우리 학자들의 대응은 어떠했을까? 참으로 미미한 대응에 그쳤는데, 당시 상황으로는 그럴 수밖에 없었다. 『회여록』이 나오고 몇 해 뒤인 1905년에 민족 사학자인 단재 신채호가 논설위원으로 있던 『황성신문(皇城新聞)』에서 이토 히로부미가 내한하기 열흘 전인 10월 31일 자부터 5회에 걸쳐 일제의 비문 해석이 역사적 사실과 맞지 않는다는 논설을 연재한 정도가 대응의 전부라고 할 수 있다.

우리 역사학자들이 나서서 역사적 사실을 조목조목 들어가며 일제의 임나일본부설을 반박했더라도 당시로서는 말이 먹혀들 리 없었다. 일본이 제시한 광개토태왕비 탁본은 우리에게 치명적인 것이었다. 다른 획기적인 증거를 찾아내지 못하는 한 일본의 주장을 무조건 터무니없다고 무시할 수만은 없는 상황이 되어버린 것이다.

시간이 한참 흐른 후 일제 강점기 말기에 이르러 광개토태왕비문의 해석을 두고 일본의 주장에 맞서 그나마 논리적인 반박을 할 생각을 한 인물은 위당(爲堂) 정인보(鄭寅普)가 유일하다. 1930년대 말에 쓴 논문(발표는 1955년)에서 정인보는 신묘년 기사 해석의 문제를 거론했다. 그의 논지는 일본 관학자들의 주장처럼 왜가 신묘년에 바다를 건너와 고구려의 속민이었던 백제와 신라를 격파하고 신민으로 삼았다면 어찌하여 광개토왕이 왜를 가만 놔두었겠냐는 것이다. 광개토태왕비문에는 신묘년 이후 병자년에 백제만을 파했다는 기록이 있을 뿐 왜를 정벌했다는 언급은 없다는 점을 근거로 든 것이다. 그러므로 '바다를 건너와 깨부쉈다[渡海破]'는 비문 내용에서 '깨부순' 주체는 왜가 아니라 고구려라고 주장했다. 다시 말하자면, 왜가 바다를 건너와 백제와 신라를 깨부순 것이 아니라 고구려가 바다를 건너서 왜를 깨부쉈다는 것이다.

　아무도 나서지 못하고 또 나설 수도 없는 상황에서 가뭄 속의 단비만큼이나 귀하게 등장한 정인보의 주장은 훗날 광개토태왕비 연구에 적지 않은 영향을 주었다. 그러나 실제 탁본에 대한 면밀한 연구를 하지 못한 그는 이미 풀이해놓은 문장에 대해 문법과 문장 구조상의 문제만을 토대로 그러한 주장을 제기하는 데 그칠 수밖에 없었다. 그는 비문의 탁본 내용이 과연 진실한 것인지 아닌지에 대한 의구심까지 가질 수는 없었던 것이다.

　광개토태왕비문에 대한 우리나라의 연구 실정은 광복 이후부터 1960년대를 지나면서도 달라지지 않았다. 앞서 살펴본 바와 같이 제2차 세계대전 패전에도 불구하고 일본은 광개토태왕비에 대한 자신들의 주장을 이른바 '통설'로 밀어붙였다. 특히 역사 교과서를 통해 고대 조선 반도에 대한 '지배와 출병'을 기정사실화해나갔다. 그러던 중 1963년부터 북한의 역사학자 박시형(朴時亨)과 김석형(金錫亨)이 집안 현지에서 광개토태왕비를 조사하고 1966년에 그 결과를 발표했다. 이들은 비문에 남아 있는 글자가 일본이 『회여록』에 실은 탁본 내용과 거의 같은 것으로 보았다. 특히 문제가 된 신묘년 기사도 『회여록』의 기록과 같은 것으로 파악했다. 다만 정인보의 해석을 바탕으로 다소 발전적인 해석을 내놓았다. 그러나 『회여록』에 실린 탁본을 신줏단지처럼 모시는 일본의 주류 사학계는 이에 대해 콧방귀도 뀌지 않고 무시하는 분위기였다.

　1972년, 이해는 광개토태왕비문 전쟁에 새로운 전기가 마련된 해다. 재일 사학자 이진희가 『사상(思想)』 5월호에 실은 「광개토왕릉비문의 수수께끼」라는 글이 일본에서 뜨거운 논쟁을 불러일으킨 것이다. 이 글에서 이진희는 광개토태왕비문 탁본에는 조작이 의심되는 부분이 많고, 이러한 조작에는 일제의 군부가 조직적으로 개입한 의혹이 있다는 점을 여러 문헌 자료를 근

이진희와 그의 비문 변조설을 보도한『요미우리신문』의 기사(1972년 4월 23일 자 도쿄 판).

거로 제기했다.

그는 특히 신묘년 기사 중 핵심적인 몇 글자에 석회를 입혀서 원래 글자와 완전히 다른 글자로 만들어 탁본을 떴다는 의혹을 강하게 제기했다. 그는 치밀하게 증거 자료를 제시하면서 비면에 대한 과학적인 조사가 필요하며 임나일본부설도 전면적으로 재검토되어야 한다고 역설했다. 이 내용은 1972년 4월 22일 자『요미우리신문』(간사이 판關西版)에 '광개토태왕비문 바꿔치기?: 육군이 위조하여 가져오다'라는 제목으로 대서특필될 만큼 여론의 관심을 받았다. 그해 10월, 이진희는 이 같은 자신의 주장을 정리하여 한 권의 책으로 묶은『광개토태왕비 연구』를 일본에서 출간했다. 그는 이 책에 자신이 수집한 7종의 대표적인 광개토태왕비 탁본과 각 시기 비면의 그림 등을 첨부했다.[13]

이진희가 제기한 비문 변조설이 일본 역사학계에 커다란 파문을 일으켰음은 물론이다. 일부 양심적인 사학자들은 그의 주장을 경청했지만 대부분의 일본 사학자들은 이진희에게 집중 공격을 퍼부었다. 이진희는 고군분투했다. 그가 홀로 일본 사학계와 맞서는 동안 연구 기반이 약한 한국과 북한은 이진희에게 아무런 도움도 줄 수 없었다. 혈혈단신, 적진에서의 외로운 싸움이 길어지면서 차츰 이진희에게는 패전의 그늘이 드리워지기 시작했다. 애초부터 혼자의 힘으로는 감당하기 힘든 싸움이었던 것이다.

그러던 중, 1984년에 왕건군(王健群)이란 중국 학자가 몇 년간 비문을 조사한 결과를 토대로 '비문 변조는 없었다'는 주장을 하고 나섰다. 오랫동안 현지 조사를 통해 비석을 연구했다지만 이 중국 학자의 주장에는 실로 많은 문제점이 있었다.(이 책 제5장 참고) 그러나 일본 언론들은 이를 대대적으로 보도하고 나섰다. 일본 학계가 더욱 거세게 이진희의 변조설을 부정하고 나섰음은 물론이다. 그로부터 10년 뒤인 1994년, 이번에는 중국 학자 서건신(徐建新)이 원석탁본이란 것을 들고 나와 이진희의 변조설에 흠집을 냈다. 이에 대해서도 일본 언론이 호들갑을 떨었음은 물론이다. 두 중국 학자 모두 이진희가 내세운 주장의 핵심을 뒤집지는 못했지만 이들의 주장으로 말미암아 이진희의 변조설이 궁지에 몰려 입지가 더욱 좁아진 것은 사실이다. 고군분투하며 분명한 반론을 폈지만 안타깝게도 이진희의 주장은 차츰 메아리를 잃어가게 되었다. 광개토태왕비를 두고 이진희와 일본, 중국 학자들 간에 벌어진 치열한 논쟁에 대해서는 제5장에서 상세히 설명하겠다.

그렇다면, 일제 강점기에는 일제 강점기니까 그랬다손 치더라도 광복 이후에도 우리나라 학계는 왜 일본의 광개토태왕비 변조와 왜곡에 대해 제대로 대응 한 번 못했을까? 첫 번째 이유는 냉전 체제 아래서 반공 이데올로기에 빠져 있었던 우리로서는 광개토태왕비가 있는 집안 땅에 발을 들여놓을 수 없었다는 데 있다. 1980년대 초까지만 해도 우리에게 중국은 엄연한 공산 국가인 '중공(中共)'이었다. '죽(竹)의 장막' 너머 중공과 전혀 교류가 없었던 우리는 광개토태왕비가 있는 집안 땅에 가볼 생각은커녕 광개토태왕비에 대해 제대로 아는 것 자체가 쉽지 않았다. 국내에서 광개토태왕비 탁본 같은 중국 측의 자료를 구해보는 것 역시 불가능했다. 이런 상태에서 우리가 제대로 된 연구 성과를 보여줄 수 없었음은 당연한 일이다. 두 번째 이유는 광복 후 우리 역사학계가 고고학에 뿌리를 둔 실증사학을 중시하는 분위기였다는 데서 찾을 수 있다. 유물을 실제로 확인하는 학풍을 중시하는 분위기였기 때문에 광개토태왕비의 실물을 확인하지 않고서는 다른 관련 자료들에 대해서도 제대로 연구를 진척시킬 수 없었던 것이다. 이래저래 우리는 광개토태왕비 연구에 거의 손을 놓고 있을 수밖에 없었다. 그러는 사이에 광개토태왕비는 마치 일본의 유물인 양 일본 학계의 주된 연구 대상이 되어버렸다.

베일에 싸인 사코본

광개토태왕비에 대한 논란의 중심에는 바로 『회여록』에 실린 탁본이 있다. 지금까지 제작 연도가 확인된 것으로는 최초의 탁본에 해당한다. 일제가 광개토태왕비에 모종의 변조를 시작할 때 사용한 원본으로 추정되는 이 탁본은 지금까지 일본이 고대사를 아전인수 격으로 해석하는 데 움직일 수 없는 증거로서 결정적인 역할을 하고 있다. 지금 광개토태왕비는 비면이 크게 훼손되어 원래 글자를 제대로 판독하기 힘들다. 이런 상황에서 일본이 '최초 제작'이라고 내세우는 이 탁본이야말로 광개토태왕비의 변조 범죄를 밝히는 데 핵심적인 물증이다.

일본에서는 이 탁본을 흔히 '사코 가게노부 장래본(將來本)'이라 한다. 사코 가게노부라는 일본군 대위**14**가 1880년대 초(이진희의 설에 의하면 1883년)에 일본으로 처음 가져왔다 하여 그렇게 이름 붙였다. '장래'라는 단어에는 '미래'라는 뜻도 있지만 '가지고 오다'라는 뜻도 있기 때문이다.

흔히 '사코본'이라고 부르는 이 탁본은 엄밀히 말하면 탁본이 아니다. '쌍구가묵(雙鉤加墨)'이라는 방법으로 만든 것이기 때문이다. 그렇다면 사코는 과연 누구이며, '쌍구가묵'이란 말은 또 무슨 뜻일까? 광개토태왕비의 변조를 증명하기 전에 우선 사코가 누구인지, '쌍구가묵'이 무슨 뜻인지 알 필요가 있다.

사코 가게노부의 정체에 대해서는 처음부터 알려진 것이 없었다. 이상한 일이다. 만주의 집안에서 광개토태왕비 탁본을 최초로 일본으로 가지고 온 인물인 사코 가게노부는 일본제국의 입장에서 보면 그야말로 고대 한일 관계사와 일본 고대사 연구에 가장 중요한 증거를 확보해준 일등 공신이다. 그런데도 육군 참모본부에서 비공개로 광개토태왕비 탁본에 대한 연구가 진행되는 동안 그의 이름은 전혀 등장하지 않았다. 왜 그의 정체가 베일에 가려져 있어야 했을까? 당시 비문 해석에 동원된 많은 사람들 중에서 참모본부 편찬과원이었던 요코이 다타나오라는 인물만이 그의 이름을 알고 있었던 듯하다. 요코이는 1891년에 관련 논문에서 사코를 '육군 참모본부의 직원[吏員]'으로 소개했고, 1898년에는 '육군 포병 대위 사코'라고 기록했다.

그러다가 베일에 싸여 있던 '아무개'인 사코의 실체가 드러난 것은 어느 퇴역 육군중장이 학회에서 발표 중에 '육군 포병 대위 사코 가게노부'라고 언급하면서부터다. 그리고 1933년에는 다른 퇴역 육군 소장의 입을 통해 '참모본부원 사코 포병 대위'라는 말이 나왔다고 한다.[15] 그러나 그 후 그에 대한 정보는 더 이상 공개된 것이 없다. 1970년대 초가 될 때까지 40여 년간 그의 본명이 무엇인지, 소속이 어디였는지, 어떻게 비문을 입수했는지 등에 관한 보도는 일절 없었다. 사코는 그저 '아무개'라는 호칭으로 일본 관학계를 유령처럼 떠돌고 있었던 것이다.

일본 학계가 조성한 '침묵 속의 담합'이라고밖에 볼 수 없는 이런 사정은 1971년 일본의 양심적 지성인 나카쓰카 아키라(中塚明) 나라(奈良)여자대학교 교수에 의해 드러났다. 그는 당초 육군 포병 소위였던 사코 가게노부가 1880년 5월에 참모본부 편찬과에서 일했다는 사실을 처음 밝혀냈다. 그리고 그는 당시 참모본부가 10여 명의 장교를 주재 무관 및 어학 유학생이라는 명목으로 청나라에 파견하여 스파이 짓을 시켰는데 그 스파이 군인 중의 한 사람으로 사코를 지목했다. 비문을 가져온 지 80여 년이 지나서야 비로소 '비문 전달자'의 실체가 한 꺼풀 베일을 벗은 것이다.

여기서 우리는 당시 일본 육군 참모본부와 그 부속 기관인 편찬과의 역할에 대해 유념할 필요가 있다. 1878년에 설치한 참모본부의 주요 업무는 조선과 청나라에 관한 정보, 특히 지리 정보를 수집하여 상세한 군사 지도를 만드는 것이었다. 참모본부를 처음 만들던 당시 일본은 오키나와 귀속 문제를 둘러싸고 청나라와 마찰을 빚으면서 점차 대외 침략 정책의 분위기를 고조시키던 참이었다. 이런 분위기 속에서 음성적으로 은밀하게 침략 전쟁을 준비하던 곳이 바로 육군 참모본부다. 그들은 관변 학자들을 동원해 일본과 조선은 조상이 같다는 '일선동조론(日鮮同祖論)' 같은 침략 이데올로기를 만들어내기도 하고, 조선과 청나라를 정복하기 위한 구체적인 정지 작업도 벌였다. 이 같은 침략 공작의 일환으로 참모본부는 1879년 10여 명의 장교를 비밀리에 청나라에 보내 군사 전략적인 차원에서 청나라의 군비와 지리를 조사하게 했다. 이듬해에는 어학생(語學生)이란 명목으로 10여 명의 참모본부 군인을 청나라에 위장 파견했고, 조선에도 군인을 보내 자료를 수집하여 『조선지지(朝鮮地誌)』를 편찬하기도 했다. 이들은 한마디로 스파이였다. 사코 가게노부는 청나라에 파견된 이들 스파이 중 한 사람이었던 것이다.[16]

그러나 일본 학계는 사코에 관한 이런 사실들이 밝혀지기 전까지는 그가 1883년 집안현에서 '우연히' 광개토태왕비의 비문 탁본을 입수하여 처음으로 일본군 참모본부로 가져왔다고 일관되게 주장해왔다. 이런 까닭에 그들은 단순히 '가져왔다'는 사실만을 강조하기 위해 '장래(將來)'라는 말을 붙여 자기들끼리 '사코 가게노부 장래본(酒匂景信 將來本)'이라고 불러온 것이다. '장래본'이란 표현을 통해 사코는 광개토태왕비에 대해 아무 일도 하지 않았고 그저 우연한 기회에 단순히 현지에서 탁본을 가져오는 역할만 했다는 점

NHK의 추적으로 밝혀진 사코 가게노부의 모습. 아래는 메이지 13년(1880)과 메이지 16년(1883)에 일본 육군성이 사코 가게노부에게 발급한 사령장이다.

을 사실화하고 싶었던 것이다. 일본 학자들은 이런 눈가림식 정황을 만들어 놓고 '자신들은 장래본을 토대로 객관적 관점에서 학술적으로 연구했을 뿐'이란 점을 강조하고 싶었던 것이다.

비록 사코의 구체적인 활동은 확인할 수 없지만 일제 스파이의 손에 처음으로 광개토태왕비에 관한 정보가 입수되었다는 사실만으로도 우리는 불쾌하기 짝이 없다. 그가 정말 현지에서 우연히 얻은 탁본을 일본으로 전하기만 했는지, 아니면 일부러 인부를 동원하여 쌍구본을 만들었는지조차도 명확하게 알 수 없다. 어쨌든 그가 첩보 활동 중에 입수한 광개토태왕비문을 세밀하게 관찰했을 것은 불문가지이고, 그 비문에 한일 고대사에 관한 중요한 내용이 담겨 있다는 것도 파악했을 것임은 쉽게 짐작할 수 있을 것이다. 그렇다면 목숨을 걸고 적국의 땅에서 정보를 수집하던 스파이로서 참모본부에 이런 사실을 긴급하게 연락하지 않았을 리 없다. 이런 정황만 따져 봐도 그가 집안에서 광개토태왕비 탁본을 입수한 과정을 단지 '우연히'라는 한 마디로 말할 수는 없을 것이다.

'우연'은 그에게는 심각한 의미를 지니는 '정보'로 변할 수밖에 없다. 설령 그것이 광개토태왕비의 탁본인 줄을 몰랐다고 하더라도 '구체적인 역사를 담은 자료'일 것이라는 생각을 어찌 못 했겠는가?

사코의 보고와 함께 광개토태왕비 탁본을 손에 넣은 참모본부의 태도는 어떠했을까? 물론 비문을 검토했을 것이다. 처음엔 내용을 모두 정확하게 파악하지는 못했다고 하더라도 비문에 '광개토'라는 세 글자가 분명하게 새겨져 있으므로 그것만 보고서도 그것이 광개토태왕비라는 점을 쉽게 확인할 수 있었을 것이다. 광개토태왕비인 것을 안 이상 그것이 역사적으로 얼마나 중요한 유물인지도 곧바로 간파했을 것이다. 특히 비문 중에서 왜가 등장하는 신묘년 기사의 원문은 대동아공영의 정당성을 주장하던 자신들에게 치명적인 아킬레스건이 될 수 있다는 것도 눈치챘을 것이다. 사태의 심각성 사코의 쌍구가묵본 제1면. 글자들이 선명한 것은 각각의 종이에 비문의 윤곽을 베껴 그린 후 글자 바깥 부분을 먹으로 칠했기 때문이다.

을 절감한 일본 군부가 가만히 손을 놓고 있었을까? 그랬을 리가 없다. 곧바로 '작업'에 들어갔을 것이다. 여기서부터 광개토태왕비 비문 조작의 역사가 본격적으로 시작되는 것이다.

사코 가게노부 자신이 사람을 동원하여 탁본을 제작했는지, 아니면 중국의 현지인들이 제작해놓은 것을 구해서 일본으로 보냈는지는 별로 중요하지 않다. 스파이 신분인 그는 탁본을 입수하여 일본의 학계나 언론에 즉시 공개한 것이 아니었다. 그는 전쟁과 조선 식민화의 명분을 찾고 있던 참모본부에 극비리에 탁본을 전했다. 그것을 전달받은 참모본부는 오랫동안 사코의 신분을 밝히지 않았음은 물론, 6~7년 동안 일절 자료를 공개하지 않은 채 극비리에 연구 작업을 진행했다. 이런 과정이 의심스러운 것이다. 이런 정황은 무엇을 의미할까? 비문 변조 작업에 대한 상상이 자연스레 펼쳐진다.

이제 사코 가게노부가 가져왔다는 쌍구가묵본에 대해 알아보자. 우리는 습관적으로 사코 가게노부가 일본군 참모본부에 가져온 것을 탁본의 성격상 '쌍구가묵본'이라고 부르지만 그것을 가져올 당시에는 '쌍구본'이었다. 그런데 앞서 나는 쌍구가묵본은 엄밀히 말하면 탁본이라고 할 수 없다고 했다. 왜 그럴까? 그 이유를 알려면 '쌍구본'과 '쌍구가묵본'이 무슨 뜻인지에 대해 알 필요가 있다.

'쌍구(雙鉤)'란 '한 쌍, 즉 두 개의 선으로 그린다'는 뜻이다. '구(鉤)'는 본래 갈고리라는 뜻이지만 '갈고리 같은 선을 끌어서 그린다'는 뜻도 지니게 되었다. '가묵(加墨)'이란 '먹을 가하다', 즉 먹을 칠했다는 뜻이다. 비면에 새겨진 글자의 윤곽만 따라 베끼듯이 그리면 그 모양이 두 개의 갈고리 같은 선으로 나타난다. 이것이 쌍구본이다. 나중에 먹으로 글자 외의 바탕 면을 칠하면 바탕은 검고 글자 부위만 희게 되는데, 이렇게 먹칠을 하여 마치 전체를 직접 뜬 탁본처럼 보이게 하는 것을 쌍구가묵이라 하고, 이런 기법으로 만든 탁본을 '쌍구가묵본'이라고 한다. 쌍구가묵본은 '먼저 윤곽[廓]을 그리고 윤

쌍구본(왼쪽)과 쌍구가묵본(오른쪽)의 예.

곽선 바깥쪽 부분을 먹물[墨水]로 채워넣었다[塡]'는 뜻에서 '묵수곽전본(墨水廓塡本)'이라 부르기도 한다.

여기서 잠시 이해를 돕기 위해 탁본을 만드는 몇 가지 방법을 간략하게 살펴보자. 가장 대표적이며 정확한 것이 '원석정탁본(原石精拓本)'이다. 원래의 비석[原石]을 정밀하게[精] 뜬 탁본이란 뜻이다. 줄여서 '정탁본'이라고도 하고, 진짜 탁본이라는 뜻에서 '진탁본(眞拓本)'이라고도 부른다.

원석정탁본을 만들려면 상당한 정성과 기술이 필요하지만, 과정 자체는 그리 복잡하지 않다. 비면에 종이를 대고 솜방망이에 입자가 고운 먹을 묻혀서 톡톡 두드리면 글자의 음각된 부분은 먹이 묻지 않고 나머지 바탕에만 먹이 배게 된다. 이렇게 해서 뜬 탁본에는 비석에 새긴 원래 글자가 그대로 나타난다. 물론 이 과정에서 탁본을 더 정밀하게 뜨기 위해 쓰는 방법은 탁본하는 사람에 따라 더러 차이가 있을 수 있다. 이를테면 종이를 비면에 붙일 때 물이나 약간의 풀기가 있는 물을 어느 정도 어떻게 뿌리느냐, 먹물을 묻히는 솜방망이를 어떤 재료로 어떻게 만드느냐 하는 것 등이다. 그러나 원석에서 직접 떠낸다는 점에서는 다를 바가 없다. 이때 종이는 먹물에 젖어도 쉽게 찢어지지 않는 질긴 종이를 써야 하고, 먹은 입자가 고운 양질의 먹을 사용해야 함은 물론이다.

그런데 물자가 귀했던 옛날에는 좋은 먹을 구하기가 쉽지 않았다. 따라서 여의치 않을 때는 먹 대신 석탄가루를 사용하기도 했고, 때로는 솥 밑에 붙은 그을음을 긁어낸 숯검정을 아교와 물에 섞어 먹물처럼 사용하기도 했다. 이런 탁본은 거친 숯검정 때문에 오래 지나면 탁본을 잡은 손에 검정이 묻어난다. 좋은 먹을 사용한 것보다 글자가 거칠게 떠지는 것은 당연하다. 따라서 이런 탁본은 거친[粗] 탁본이라는 뜻에서 '조탁본(粗拓本)'이라고 한다.

탁본을 한꺼번에 여러 장 만들 필요가 있을 때도 있다. 이럴 때는 정탁본이나 조탁본을 만드는 방법을 그대로 사용하는데, 다만 종이를 여러 겹 대서 한꺼번에 탁본을 뜬다. 원래는 종이를 한 장만 대고 먹물을 솜방망이에 묻혀 두드려야 하지만 이렇게 할 경우 자칫 먹물이 많이 묻어 종이가 찢어지기도 하기 때문에 이를 방지하기 위해 일부러 종이를 두세 장 겹쳐 대기도 한다. 그렇게 하면 맨 바깥쪽 종이는 먹물이 가장 잘 묻어 선명하게 되고, 그 뒤에 댄 종이에는 차츰 먹물이 엷게 묻어 겉장에 비해 글자가 희미하게 찍혀 나온다. 원래는 먹물이 진하게 묻은 맨 바깥쪽 것만을 '정탁본'으로 쓰지만 안에 덧대서 만든 것도 분명히 탁본은 탁본이다. 이렇게 안쪽 종이에 찍힌 부본을 일러 속[襯]에 찍힌 탁본이란 뜻에서 '친탁본(襯拓本)'이라고 한다.

이외에도 정탁본이나 친탁본을 책상머리에서 그대로 본떠 그려서 여러 장의 탁본을 만드는 경우도 있다. 이때는 비면에서 직접 뜬 정탁본을 저본으로 삼아 그 위에 종이를 대고 글자의 윤곽을 따라 베낀[鉤] 다음 바탕 면에 먹을 칠해 넣어 실제의 탁본과 비슷하게 만든다. 이렇게 한 것을 '구륵본(鉤

勒本)'이라고 한다. 이 경우에는 어떤 정탁본을 원본으로 삼았는지를 분명하게 밝히는 것이 원칙이다.

이상에서 살펴본 탁본 중에서 가장 믿을 만한 것은 역시 정탁본이고, 그다음은 조탁본이다. 조탁본도 원석에서 직접 떴다는 점에서는 정탁본과 다를 바 없지만 재료가 조악하여 글자의 윤곽선이 뭉개지거나 희미해지는 경우가 더러 있어 잘못 읽을 위험이 있기 때문에 정탁본보다 아래로 친 것이다. 조탁본 다음으로 믿을 만한 것은 구륵본이다. 구륵본은 정탁본을 저본으로 삼기 때문에 제대로 작업하면 정탁본과 다를 바 없다. 그러나 원석의 풍화가 심하여 정탁본 자체가 희미할 경우에는 글자의 윤곽선이 뚜렷하지 않기 때문에 베껴 그리는 과정에서 제작자의 자의적인 판독이 개입될 수 있다. 그뿐만 아니라 제작자가 필요한 부분에 원석을 무시하고 다른 글자를 그려 넣을 수도 있다. 그래서 구륵본의 신뢰도는 정탁본이나 조탁본보다 떨어진다.

여러 탁본 중에서 가장 믿을 수 없는 것이 쌍구가묵본이다. 쌍구가묵본은 원석을 보면서 글자 부분만 그려서 뜨는 방법을 사용하기 때문에 애당초 잘못 그릴 수도 있고, 고의적으로 특정 부분의 글자를 다르게 그려 넣을 수도 있다. 게다가 아예 글자를 그려 넣지 않고 빈칸으로 두었다가 나중에 다른 글자로 바꿔 그려 넣을 수도 있다. 그래서 쌍구가묵본은 말인즉 탁본이라고는 하지만 엄밀하게 말하면 탁본이 아니다. 겉모습만 탁본처럼 생겼을 뿐 실제로 원석에 직접 종이를 대고 원석대로 탁본한 것이 아니기 때문이다.

그러므로 금석학 연구자들은 쌍구가묵본의 가치를 거의 인정하지 않는다. 중국의 대표적 금석학자 섭창치(葉昌熾)는 광개토태왕비의 쌍구가묵본에 대해 "이끼가 끼어 필획이 메워진 부분과 비면이 고르지 못하여 우묵하게 팬 곳은 탁본이 제대로 되지 않으므로 탁본한 사람이 제멋대로 그려 넣어 원래의 모습이 아닌 경우가 왕왕 있었다"[17]라고 언급했다. 나진옥(羅振玉) 역시 "이 광개토태왕비는 좋은 탁본을 구하기가 매우 어렵다. 모호해서 알아보기 어려운 곳은 대부분 쌍구로 그린 뒤 먹을 칠해서 원래의 모습을 왜곡했다"[18] 라며 쌍구가묵본의 폐해를 지적했다.

　그런데 탁본과 관련하여 또 한 가지 유념할 점이 있다. 그것은 정탁본이나 조탁본이라고 해도 100퍼센트 다 믿을 수는 없다는 점이다. 이게 무슨 말인가? 원석에서 그대로 채탁한 것인데 그마저도 온전히 믿을 수 없다는 것은 무슨 뜻인가?

　이는 원석에 새겨진 글자 자체를 조작할 수도 있다는 의미다. 이미 원석 자체가 조작되어 있다면 아무리 정밀하게 뜬 탁본이라도 무슨 쓸모가 있겠는가. 그런데 실제로 이런 일들이 종종 일어난다. 불순한 의도를 가지고 원석을 깎아내고 다른 글자를 새겨 넣을 수도 있고, 본래 새겨져 있는 글자의 일부분을 석회로 메워서 원문 자체를 바꿀 수도 있다. 오래된 비는 풍화로 비면이 고르지 못하고, 특히 원석이 처음부터 비면을 고르게 다듬지 않은 자연석일 경우 울퉁불퉁 굴곡이 있는 비면을 세밀히 탁본하기가 곤란한 경우가 많다. 이런 경우는 비면에 음각으로 새겨진 글자 주위에 석회를 발라 글자 외의 바탕 면을 고르게 한 다음 탁본을 하는데, 이처럼 석회를 바른 후에 뜬 탁본을 '석회탁본'이라고 한다. 따라서 석회탁본도 원석에서 직접 뜬 정탁본은 정탁본이다. 그러나 이런 석회탁본은 석회 칠을 하는 과정에서 고의로 원래의 글자를 변

석회가 도포된 흔적이 군데군데 보이는 광개토태왕비.

조할 수도 있고 심지어는 원래의 글자를 깎아내고 다른 글자를 새겨 넣을 수도 있다. 설령 고의가 아니라 하더라도 잘못 읽어 본의 아니게 변조가 이루어질 수도 있다. 그래서 원석정탁본이라고 해도 다 믿을 수는 없는 것이다. 이처럼 원석에 석회를 칠할 경우, 나중에 원석이 치명적인 훼손을 입게 됨은 물론이다. 일단 석회를 칠하면 그 석회는 돌처럼 단단히 굳어서 비석에 달라붙게 된다. 처음에는 석회가 하얗기 때문에 구분이 되지만 얼마 지나지 않아 먼지가 끼어 퇴색하면 원석과 석회 칠을 한 부분을 분간하기 어렵다. 이렇게 되면 비는 복구 불능의 손상을 입게 되는 것이다.

이보다 더 심각한 문제는 석회가 비를 맞으면서 조금씩 녹아 흘러내리다 결국 떨어져 나가는데, 이때 원석의 돌을 물고 떨어진다는 점이다. 따라서 원석은 가능한 한 손대지 말고 원래의 모습 그대로 보존해야 한다. 특히 광개토태왕비처럼 오랜 풍화로 글자의 윤곽만 희미하게 남아 있는 비석이라면 이런 석회 칠을 해서는 절대 안 된다. 원래의 비문을 영원히 알아보지 못

앞쪽 사진의 부분.

하게 하는 폐해를 낳을 수 있기 때문이다.

그러나 불행히도 우리 광개토태왕비는 지금 최악의 상태에 있다. 일제가 비면에 온통 석회를 칠해버렸는데 지금은 이미 석회가 원석과 한 몸으로 굳어진 데다 심하게 퇴색하여 원석과 석회를 분간할 수 없게 되어버렸다. 게다가 석회가 조금씩 떨어져 나가면서 비면의 글자들이 심각하게 훼멸되고 있다. 참으로 통탄할 일이 아닐 수 없다.

우리를 더 슬프게 하는 것은 일본이 엉터리 학설인 임나일본부설을 증명하기 위해 자료로 채택한 탁본이 바로 가장 신뢰도가 떨어지는 쌍구가묵본이라는 점이다. 이 쌍구가묵본은 앞서 잠시 언급했듯이 사코가 일본으로 가져갈 당시에는 가묵되지 않은 쌍구본이었다. 스파이 입장에서 쌍구본을 얻었는데 어느 세월에 일일이 가묵을 한 뒤 일본으로 가져갔겠는가? 그리고 이 사코본은 한 장의 큰 종이에 한 면을 통째로 쌍구하여 그린 것이 아니라 작은 종이에 몇 글자씩 나누어 그린 것이기 때문에 그 종이들을 다 이어 붙인 뒤에나 빈 바탕 면에 먹물 덧칠, 즉 가묵이 가능해진다. 사코가 일본으로 가져간 것은 원래 '쌍구본'이고, 그 쌍구본 낱장을 잇는 '작업'을 마친 뒤 가묵하여 『회여록』에 탁본을 발표할 때는 쌍구가묵본의 형태를 갖추게 된 것이다. 사코가 가져간 것이 쌍구가묵본도 아닌 쌍구본이었으니 변조하기가 얼마나 쉬웠겠는가? 일제는 쌍구본으로 일단 비문을 조작하여 변조하고, 쌍구본에 대한 변조를 마친 뒤에는 원석에 손을 대어 비문을 변조한 다음, 쌍구본은 가묵하여 쌍구가묵본으로 만들고 그것을 마치 정탁본인 양 소중히 다루며 제국박물관에 진열한 것이다. 이처럼 탁본답지 않은 탁본인 쌍구가묵본을 토대로 연구하여 백제와 신라가 일본의 지배를 받았다는 학설을 들고 나와 지금까지 그것을 '통설'로 주장하고 있으니, 그러한 현실이 우리를 더욱 슬프게 한다.

전후 사정이 이러한데도 우리는 진실을 규명할 수 있는 증거가 부족하여 일본의 광개토태왕비 변조를 제대로 공박하지 못하고 있다. 광개토태왕비는 이미 석회 칠이 가해져서 원래의 모습을 잃었고, 아무리 찾아봐도 사코가 가져왔다는 쌍구가묵본(실제로는 쌍구본이나 여기서는 '쌍구가묵본'이라는 용어를 그대로 사용하기로 한다)보다 앞선 시기에 채탁한 탁본은 없으니 일본의 비문 변조를 증명할 길이 막막한 것이다. 시대적인 정황과 간접적인 물증과 심증으로 봐서는 변조한 것이 틀림없지만, 이를 증명할 결정적인 증거를 찾지 못한 탓에 일본의 역사 왜곡을 강력하게 공박할 수 없으니 거듭 통탄할 일이다.

하지만 완전 범죄란 없다. 범죄자는 어디엔가 범죄의 흔적을 남기게 되어 있다. 일본이 변조된 사코본을 증거로 우리 역사를 왜곡했다면 우리는 역으로 일본이 사용한 그 사코본을 치밀하게 탐구함으로써 그 안에서 변조의 증거를 찾을 수 있을 것이다. 어느 구석엔가 변조의 증거가 남아 있을 테니 말이다. 이제 미증유의 역사 조작 음모를 백일하에 드러낼 탐문을 본격적으로 시작해보자.

변조의 조짐을 느끼던 날

나는 어릴 적 유학자인 아버지를 훈장님으로 모시고 한문 공부를 했다. 일곱 살 때 천자문을 다 읽었고, 초등학교 때 『사자소학』을 외우고 『명심보감』을 읽었다. 요즈음에는 한문 공부를 매우 어렵게 생각하지만, 당시만 해도 그 정도의 한문 공부를 하는 어린이가 적지 않았을뿐더러 시키는 어른도 많았다. 한문을 일상적인 것으로 대했을 뿐 '어렵다'며 호들갑을 떨지는 않았던 것이다.

어렸을 적부터 한문을 많이 배운 나는 자연스럽게 서예도 배우게 되었다. 열여섯 살에 결혼하신 아버지는 6년간 처가에 머물면서 처조부이신 유재 송기면 선생, 빙부 소정 송수용 선생, 처계부로서 후에 한국 서예계의 거목이 된 강암 송성용 선생 같은 분들께 서예를 익히셨다. 자식들에게도 당연히 그것을 전수해야 한다고 생각하셨던지 경제적으로 궁핍하여 겨울철 아궁이에 불을 때기 힘든 형편임에도 자식들에게 지필묵은 반드시 마련해주셨다. 이런 환경 속에서 일찍부터 서예의 매력에 빠진 나는 중문학을 전공하면서도 늘 옛날 명필들이 남긴 필적을 따라 쓰기를 즐겼다. 우리나라 명필은 물론이고, 중국의 명필 글씨와 고대의 탁본 등을 가까이하면서 각 자

홍콩 광아사에서 펴낸 『호태왕각석(好太王刻石)』.

체와 서체의 글자들이 지닌 아름다움과 그런 글씨를 쓴 사람의 정신세계를 들여다보려는 노력을 게을리 하지 않았다. 그러다가 20대 후반에 광개토태왕비문을 처음 만나게 되었다.

그 전까지 나는 광개토태왕비에 관한 논쟁에 대해 알지 못했다. 그저 고구려 유적 중에 그런 비석이 있다는 정도를 아는 수준에서 벗어나지 못했던 것이다. 그런데 1982년 어느 날 광개토태왕비에 관심을 갖게 된 계기가 참으로 우연히 찾아왔다. 당시 나는 대만에 있는 대학의 중어중문학연구소에서 시와 서예를 공부하면서 2년째 유학 중이었다.

어느 날 타이베이 시내의 한 서점을 둘러보던 참이었다. 홍콩의 광아사(廣雅社)라는 출판사에서 나온 『호태왕각석(好太王刻石)』이라는 책이 눈에 띄었다. 책장을 넘겨보니 그 책은 광개토태왕 비문의 탁본집이었다.

앞표지에 써 있는 '호태왕각석'이라는 제자(題字) 아래에는 "경오년 여름에 처음으로 책자로 꾸미기를 마쳤으며, 심양(瀋陽) 사람 유충(劉忠)이 책 이름을 썼다(庚午夏初裝竟 瀋陽劉忠自署)"라고 적혀 있었다. 표지를 넘기자 출간 경위에 대한 간단한 설명이 있었다.

고구려 호태왕비(분서分書로 새겨져 있으며 높이는 2장丈 남짓하고 넓이는 4척 정도이며 사면에 빙 둘러 새겨져 있음)는 봉천(奉天) 회인현(오늘날의 요녕遼

寧, 즉 고구려의 옛 도읍지) 압록강 북쪽에 있다. 광서 원년(光緖 元年, 1875년. 당시의 금석학자인 섭창치의 『어석(語石)』에는 1880년으로 되어 있음)에 중국 의 동부를 개척해가는 과정에서 처음으로 이 비가 발견되었는데, 오랜 풍상 을 겪은 데다 동부를 개척하는 과정에서 지른 들불로 많은 부분이 손상을 입 었다. 광서 연간 초기에 이운종(李雲從)이 탁본 기술자들을 데리고 가서 많은 어려움 끝에 수개월의 시간을 들여 비로소 탁본 50부를 떠서 돌아왔다. 이때 부터 국내외 각지의 사람들이 이처럼 위대한 문화유산이 있는 줄 알게 되었 으며, 이 비를 찾아가 탁본을 하는 사람들이 점차 늘게 되었다. 이 비의 글자 는 크기가 접시만 하며 예서라고도 할 수 있고, 해서라고도 할 수 있는 서체 다. 글자의 구조가 기이하고 웅장하여 색다른 옛 맛을 풍기기 때문에 한나라 때의 비나 당나라 때의 비와는 크게 다른 점이 있다. 이 책은 '예원진상사(藝 苑眞賞社)'본을 근거로 간행했으며, 서예를 연마하는 사람들에게 자료로 제 공하는 바이니, 적게나마 도움이 되었으면 하는 바람이다.

　이러한 간단한 설명 외에 이 책에는 출판 연도나 발행인, 전화번호 등 어 떤 것도 표기되어 있지 않았다. '광아사'라는 출판사 이름만 달랑 적혀 있을 뿐이었다. 이 책의 저본이라는 '예원진상사'본 탁본이 어떤 경위로 얻은 탁 본인지, 누구의 소장본인지에 대해서도 아무런 언급이 없었다.[1]

　대만의 한 서점에서 이 책을 처음 펼쳐본 순간, 나는 가슴이 뛰었다. 광개 토태왕비에 새겨진 글씨가 너무나도 아름다웠기 때문이다. 그것은 정말 형 언하기 어려운 아름다움이었다. 질박하고 튼튼하면서도 이면에는 화려한 문화의 힘이 들어 있고, 예스러우면서도 현대적인 참신함이 느껴지며, 강한 것 같으면서도 한없이 부드러운, 그런 이중 삼중의 두터운 매력이 가슴으로 밀려왔다. '서예미의 종합적 표현'이라고 해야 할까? 여러 가지 미적 요소가 때로는 대립적이면서도 융합적으로, 때로는 독립적이면서 상호 의존적으로 묘한 조화를 이루고 있었다. 그러면서도 틀이 정해져 있는 것은 아니어서 전체적인 분위기는 매우 자유분방했다. 또한 각 필획들이 꼭 있어야 할 자리에 갖추어야 할 모습을 다 갖추고서 의젓이 앉아 있었다. 글자의 모양새가 정말 기가 막힐 정도로 아름다웠다. 오랫동안 중국과 한국의 여러 서예 유적들을 보아왔지만 광개토태왕비처럼 아름다운 서체는 보지 못했다.

하지만 그때만 해도 나는 광개토태왕비의 사료적 가치에 대해서는 문외한이었다. 그저 첫눈에 광개토태왕비의 서예적 아름다움에 푹 빠졌을 뿐이었다. 나는 학업이 아무리 바쁘더라도 비문을 임서(臨書)해보지 않고는 견딜 수 없었다. 광개토태왕비를 처음 본 순간 느낀 아름다움을 화선지 위에 꼭 재현해보고 싶었다. 가벼운 주머니를 털어 책을 사가지고 왔다. 곧바로 임서를 시작했음은 물론이다.

한 글자, 두 글자, 한 장, 두 장…. 몇 장을 임서해가는 사이에 어느덧 내가 느낀 아름다움이 하나둘씩 붓끝을 타고 형상화되기 시작했다. 임서의 맥을 찾은 것이다. 지휘자가 음악의 전체적인 흐름을 장악하여 자기 나름대로 해석을 마치고 나면 유려한 연주를 이끌어낼 수 있듯이 서예도 한번 글자의 흐름을 파악하고 나면 그 흐름을 따라 붓이 절로 움직이기 시작한다. 마치 물의 흐름에 따라 배가 떠가듯이 말이다. 따라서 한번 리듬을 타고 나면 임서는 여느 창작 못지않게 즐거운 일이 된다. 그 리듬에 몸과 붓을 맡기면 내 머릿속으로 해석한 아름다움이 실타래에서 실을 풀어내듯 화선지 위에 글씨로 펼쳐지니 말이다.

그런데 이게 웬일인가. 임서에 한참 몰입해 있는데 비문의 어느 부분에 이르자 갑자기 붓이 멈칫하더니 콱 막히는 것이었다. 일찍이 없던 일이었다. 지금까지 써오던 리듬과는 다른 리듬의 글자를 만나서 잠시 붓이 당황하여 어쩔 줄 모른 것이다. 피아니스트 옆에서 악보를 넘겨주던 사람이 실수로 악보를 두 장 넘겼을 때 피아니스트가 느끼는 황당함과 비슷한 느낌이라고나

할까? '어! 이게 아닌데…' 하는 묘한 당혹감에 휩싸였다. 참으로 이상한 일이었다.

'혹시 내가 순간적으로 방심했나?'

묘한 기분을 지우려 애쓰면서 정신을 가다듬고 계속 비문을 베껴 써내려 갔다. 몇 글자를 써내려가다 보니 어느새 당혹스러움은 사라지고 다시 본래의 리듬을 되찾았다. 그렇게 며칠에 걸쳐 광개토태왕비 전체를 한 번 다 임서한 뒤에는 당혹스러운 일이 있었다는 사실조차 잊어버렸다.

얼마 뒤 나는 두 번째 임서를 시작했다. 한 번의 임서로 제법 익숙해진 터라 처음보다 더 신명나게 글씨가 써졌다. 그런데 이게 또 웬일인가. 어느 부분에 이르자 저번처럼 다른 흐름이 느껴지면서 붓놀림이 '턱' 하니 막혔다. 한 번도 아니고 두 번씩이나…. 정말 이상한 생각에 그 부분을 유심히 살펴보았다. 첫 번째 임서할 때 왠지 모를 막힘을 느낀 바로 그 부분이었다.

'참, 모를 일이네….'

고개를 갸웃거렸지만 그냥 지나칠 수밖에 없었다. 그땐 왜 그런 일이 일어나는지 따져볼 생각을 하지 못했다. 나는 그저 글씨에 매료되어 베껴 썼을 뿐 비문의 내용을 찬찬히 살펴볼 생각은 전혀 못 했다. 과중한 학업과 고단한 생활에 치이던 유학생에게 그럴 만한 마음의 여유가 없었던 것이다. 그렇게 두 번을 임서한 뒤로는 가끔 책장을 넘기며 눈으로 글씨를 따라 쓰는 '눈임서'만 했다. 그렇게 2년의 세월이 흘렀다.

유학을 마치고 귀국한 나는 1984년 3월, 한 대학에 자리를 잡았다. 바로 그해에 광개토태왕비 논쟁에 새로운 전기가 될 사건이 일어났다. 중국 길림성(吉林省) 문물고고연구소(文物考古研究所) 소장인 왕건군이 장기간의 현지 조사를 했다면서 광개토태왕비에 관한 연구 논문을 발표한 것이다. 여기서 왕건군은 재일 사학자 이진희가 주장한 광개토태왕비문 변조설을 제3국의 입장에서 부정하고 나섰다. 이진희가 강력한 반론을 펼친 것은 물론이다. 그

이진희의 기고가 실린 『중앙일보』 기사. 중국 학자 왕건군의 '비문 변조는 없었다'는 주장을 반박했다.

해 12월 19일 자 『중앙일보』는 이진희가 기고한 반박문을 크게 보도했다. 학계의 워낙 큰 쟁점이니만큼 언론에서도 비교적 상세하게 보도했고 이로 인해 일반인들도 광개토태왕비를 새롭게 인식할 수 있게 되었다.

그때 나도 그런 일반인의 한 사람으로서 기사를 유심히 보았다. 이 논쟁에서 누구의 말이 맞는지 판단할 수는 없었지만, 단지 우리 동포 학자 이진희가 논쟁에서 이기기를 바라는 마음뿐이었다. 여전히 나는 광개토태왕비에 대해서는 글씨의 아름다움에만 관심이 있었지 그 외의 다른 면에 대해서는 문외한이자 방관자였던 것이다.

그러나 내가 광개토태왕비와 결정적인 만남을 갖기까지는 그리 오랜 시간이 걸리지 않았다. 1985년 5월쯤으로 기억한다. 어느 날 교정을 걷다 보니 특강을 안내하는 현수막이 눈에 띄었다. 내가 재직하고 있던 대학의 역사교육과에서 이진희를 초청해 광개토태왕비문 변조에 대한 특강을 마련한 것이다. '도대체 무슨 내용이기에 비문을 두고 학자들이 그리들 치열하게 다

투나?' 하는 생각에 한번 가보기로 마음을 먹었다. 특강이 열리던 날, 강의실로 가는 길에 나는 무심코 연전에 임서했던 광개토태왕비 탁본집을 가지고 갔다.

일제가 어떻게 광개토태왕비문을 변조했는가에 대한 이진희의 흥미로운 이야기를 들으면서 나는 심 봉사가 눈을 뜨는 듯한 경험을 했다. 새롭기도 하고 놀랍기도 했다. 마음 밑바닥에서 뜨거운 무엇인가를 느끼게 하는 묘한 경험이었다. 나는 그 자리에서 한일 고대사 연구의 쟁점이 바로 광개토태왕비문 중 이른바 '신묘년 기사' 부분이며, 그 해석을 두고 왜 치열한 논쟁이 벌어지고 있는지를 명확하게 알게 되었다.

그런데 특강 중에 한 대목에서 나는 아득한 현기증과 함께 전율을 느꼈다. 이진희가 신묘년 기사에 나오는 '來渡海破(래도해파)' 네 글자가 일본군 참모본부에 의해 변조되었다는 주장을 하는 대목에서였다.

'혹시?'

나는 가지고 간 탁본집을 그 자리에서 서둘러 펼쳐 보았다. 그 순간, 눈앞으로 튀어나오는 글자 셋이 있었으니, 그렇다, 그가 일제에 의해 변조되었다고 한 '來渡海破' 중에서 '渡海破' 세 글자가 바로 몇 해 전 내가 임서하면서 붓이 막히는 느낌이 든 그 부분이었다. 가슴이 마구 뛰었다. 그 자리에서 이진희가 변조의 증거물로 제시한 여러 가지 문헌의 내용은 제대로 귀에 들어오지 않았다. 내 생각은 어느새 내가 임서하던 무렵으로 치닫고 있었다. 그리고 다시 한 번 직감적으로 뭔가를 느꼈다. 그 직감은 이진희와 같은 역사학자가 느낄 수 있는 '감'과는 다른 것이었다. 오랫동안 서예를 연마해왔고, 또 서예를 연구해온 사람으로서 느끼는, 뭐라 꼬집어 설명할 수 없는 육감 같은 것이라고 해야 할까?

오랫동안 서예를 가까이 한 사람이라면 서예 작품을 한 번만 봐도 글씨의 흐름은 물론 각 필획을 표현할 때의 붓의 움직임까지 대강 파악할 수 있다.

광개토왕비 전경, 『조선고적도보』, 1915.

석비를 먹으로 떠낸 탁본이든, 종이 위에 직접 쓴 진적(眞蹟)이든 그런 흐름을 파악할 수 있기는 마찬가지다. 아무리 오래된 서예 작품이라고 해도 글자의 형태만 남아 있다면 글쓴이가 어떻게 붓을 놀렸는지, 어디서 힘을 줬는지를 눈에 선하게 그려볼 수 있다. 설령 다소 심하게 손상되었다 하더라도 글씨의 흐름과 붓의 움직임을 파악하기란 그리 어려운 일이 아니다. 몇 장만 넘겨보면 '감'이 오기 때문이다. 일단 감이 오면 머릿속에서 붓의 움직임이 선연히 그려지는 것은 당연한 일이다. 그날 나는 이러한 '감'으로 광개토태왕비를 다시 보게 되었다. 비문 탁본 중에서 '渡海破' 세 글자에 문제가 있다는 직감은 그렇게 나를 찾아왔다. 1600년의 시간을 뛰어넘어 비문을 쓴 누군가와 까마득한 후손인 내가 운명적인 조우를 하게 된 순간이었다.

그날 이후 나는 광개토태왕비에 더 많은 관심을 갖게 되었다. 의문이 꼬리에 꼬리를 물었다. 과연 일제는 광개토태왕비를 변조했을까? 그 증거는 어디에 남아 있을까? 변조했다면 어디를 어떻게 바꾼 것일까? 그리고 변조되기 전의 본래 글자는 과연 무엇이었을까? 일제가 세상에 알리고 싶지 않았던 비문의 원래 뜻은 과연 무엇이었을까?

나는 그 해답을 찾기로 결심했다. 그리고 온갖 풍상을 겪으며 수많은 사연을 안고서도 말없이 서 있는, 저 거대한 석비를 향해 서서히 말을 걸기 시작했다.

고구려 글씨의 매력

광개토태왕비의 서체는 백번 강조해도 부족할 만큼 아름답다. 광개토태왕비는 소중한 사적 자료이기 이전에 뛰어난 예술 작품이다. 광개토태왕비의 글씨는 순전한 고구려의 글씨다. 중국의 글씨와는 판이한 글씨인 것이다.

나는 그 아름다움에 이끌려 그 글씨를 수백 번 보고 또 보았다. 틈나는 대로 베껴 써본 것도 스무 번이 넘는다. 그러면서 깨달은 사실은 비문의 변조를 둘러싸고 벌어진 100년간의 논쟁을 풀 열쇠가 바로 광개토태왕비 글씨의 자체(字體)와 서체(書體)에 있다는 것이었다. 지금까지 아무도 사용하지 않은 방법인 서예학이라는 학문을 이용하면 변조의 증거를 찾을 수 있다는 확신을 갖게 된 것이다. 확신을 가진 이상 머뭇거릴 이유가 없었다. 시간만 나면 변조의 증거를 찾기에 골몰했다. 마침내 서예학적 측면에서 광개토태왕비의 글자 모양을 분석함으로써 비문이 누군가에 의해 변조됐다는 증거를 찾아냈다. 그리고 한 걸음 더 나아가 변조되기 전의 본래 글자가 무엇이었는지도 추적해낼 수 있게 되었다.

이제 나는 독자 여러분과 함께 광개토태왕비의 글씨체를 토대로 비문 변조 과정을 짚어보고자 한다. 이에 앞서 우리가 준비해야 할 것이 하나 있다.

비문 변조 현장에서 증거물들을 해독해낼 만한 최소한의 사전 지식이다. 생생한 역사 조작의 현장을 놓치지 않기 위해서는 서예에 대한 몇 가지 전문 용어를 알아야 할 필요가 있다.

서예 전시장을 찾는 관람객은 대부분 '체'에 관심이 많다. 따라서 전시장에서 이들이 가장 많이 하는 질문은 "이런 글씨를 무슨 체라고 합니까?"라는 것이다. 그럴 때마다 나는 이렇게 반문하는 것으로 설명을 시작한다.

"체는 크게 두 가지로 나눌 수 있습니다. 하나는 자체이고, 다른 하나는 서체입니다. 지금 물으시는 체는 자체와 서체 중 어느 쪽을 말씀하시는 것입니까?"

대부분의 사람들은 서예 작품의 '체'를 자체와 서체로 나눈다는 사실에 어리둥절해 한다. 분명 자체와 서체는 서로 다른 개념이다. 그런데 서예를 좀 안다는 분들도 둘을 한데 묶어서 설명하거나 서로의 차이점을 가리지 않고 혼용하다 보니 종종 혼란을 가져온다.

우선 자체란 무엇일까? 한 마디로 말하면 글자의 모양으로 구분한 것이 자체이다. 한자는 발생 초기부터 지금까지 글자의 모양이 변해왔다. 그 과정에서 필획의 가감이나 곡직(曲直) 등의 변화로 인하여 글자의 기본 구조에 차이가 생기게 됐다. 이런 차이를 기준으로 분류한 모양새를 자체라고 한다. 전서체, 예서체, 해서체, 행서체, 초서체 등 흔히 5체라고 분류한 것이 바로 그것이다.

이 중에서 시기적으로 가장 오래된 것이 전서체다. 이는 크게 대전체(大篆體)와 소전체(小篆體)로 나뉜다. 우선 소전체부터 살펴보자.

기원전 8세기부터 기원전 5세기 중엽까지 고대 중국은 지역별로 각 제후국들이 저마다 권력을 강화하여 독자적인 노선을 걸었다. 300년간 계속된 이 '춘추 시대'에는 분립한 각 나라가 독자적인 문화를 발전시켜나갔다. 이런 제후국들이 이합집산을 계속한 끝에 진, 초, 연, 제, 조, 위, 한 등 흔히 '전

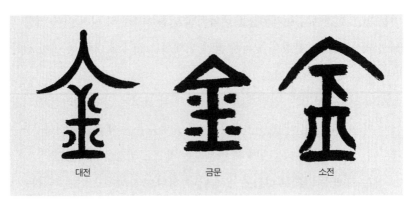

그림1. '금(金)' 자로 본 전서의 종류.

국 칠웅(戰國七雄)'이라 불리는 일곱 나라로 갈라져 130여 년간 치열한 전쟁
을 벌인다. 이 시기를 '전국 시대'라고 한다. 이 전국 시대를 마감하고 기원전
221년 중국 대륙을 처음으로 통일한 것이 바로 '진시황', 즉 진나라의 시황제
이다.

통일 국가가 성립되기 전 춘추 전국 시대 수백 년간, 한자의 모양이 지역
별로 제각각 변한 것은 당연한 일이다. 그러다 보니 문자 모양이 사뭇 달라
져서 서로 소통하는 데 적지 않은 문제가 생겼다. 진시황은 실질적인 통일
국가를 이루기 위해 무엇보다도 문자부터 통일해야겠다고 생각했다. 그리
하여 당시의 승상인 이사(李斯)의 주청을 받아들여 일종의 맞춤법 통일안과
같이 통일된 문자를 정리하여 반포하기에 이르렀다. 이것을 전서 중에서도
소전체라고 한다. 대전체는 이 소전체에 대한 상대 개념으로, 소전체 이전에
있었던 문자를 뭉뚱그려 부르는 이름이다.[2]

전서체는 글씨라는 인상과 함께 그림이라는 인상도 준다. 아직 상형문자
의 요소가 많이 남아 있어서 필획이 곡선으로 이루어진 것이 대부분이고 글
자의 구조도 상당히 복잡하기 때문이다. 그러므로 비록 글씨체가 통일되었
다고는 하나 전서체는 일상생활에서 사용하기에는 불편한 점이 많았다. 따

라서 중앙 정부의 공식 문서가 아닌 경우에는 일종의 속기성 문자가 조금씩 사용되었다. 춘추 시대 말에서 전국 시대 초기에 이미 곡선을 직선으로 바꾸고 구조를 단순화하여 쉽고 빠르게 쓸 수 있게 한 자체가 나타났는데, 이것이 바로 예서체의 출발이다.

이렇게 만들어진 예서체는 진시황 집정 후기에 들어서면서 더욱 많이 사용되었다. 진시황은 만리장성을 쌓고 전국으로 통하는 도로망을 건설하는 등 굵직한 토목 사업을 일으켰는데, 그런 대형 사업에는 복잡한 행정 수요가 따를 수밖에 없었다. 그래서 행정 업무의 편리를 위해 소전체보다 훨씬 간편한 예서체의 사용이 늘게 된 것이다.

사람은 한번 편리함을 맛본 뒤에는 다시 이전으로 돌아가기가 쉽지 않다. 진나라가 망하고 한나라가 들어선 이후로는 예서체가 공식 문자로 자리 잡게 되었다. 민간의 문서뿐 아니라 정부의 공식 문서나 비에 새기는 글도 거의 다 예서체로 바뀐 것이다.

예서체도 시간이 지나면서 조금씩 변해갔다. 한나라 초기에는 실용성을 강조해서 삐침획, 즉 도획(挑劃)과 같은 장식이 거의 없이 질박하게 쓴 것들이 많다. 이러한 예서를 '고예체(古隸體)'라 하는데, 서한 시대에 유행한 예서체라는 뜻에서 '서한예서체(西漢隸書體)'라고도 한다. 점차 예서체가 유행하면서 자형에 예술성과 장식성을 가미하기 시작했다. 동한 시대에 이르러서는 자형이 상당히 변하면서 장식성이 더욱 돋보이는 예서체가 나타나는데, 이를 '팔분(八分)'이라고 하고 '동한예서체(東漢隸書體)'라고도 한다. 서한예서체에 비해 동한예서체에는 두드러진 특징이 보이는데, 그것은 삐치며 치켜 올리는 필획, 즉 도획이 있다는 점이다. 바로 이 도획이라는 개념을 특별히 기억하자. 광개토태왕비의 서체에서 설명하겠지만, 이런 삐침 필획의 유무는 서예학적 분석에서 중요한 단서가 되기 때문이다.

세월이 흐를수록 사람들은 더욱 편리함을 추구한다. 한나라 이후, 예서체

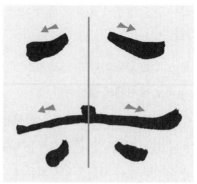

그림2. 도획(점선 부분). 동한예서체의 가장 큰 특징이 다.

그림3. 도획이 뚜렷한 팔분. 동한예서체는 가운데 실선을 대칭축으로 '팔(八)' 자 형태로 나누어진 모양이라는 뜻에서 '팔분'이라고 한다.

를 표준 자체로 쓰면서도 한편으로는 글씨를 더 빠르게 쓸 방법을 찾았다. 바로 각각의 획을 다 떼어서 쓰는 것이 아니라 획과 획을 서로 이어서 쓰고, 그 과정에서 획을 과감하게 생략하는 것이었다. 이러한 연결과 생략의 결과로 동한 시대 말기에 등장한 자체가 바로 초서체다.

초서체가 등장하면서 글씨를 쓰는 목적에도 변화가 생기게 된다. 이전까지는 대부분 기록을 위한 실용적인 목적으로 글씨를 썼지만 초서체가 등장하면서 유희와 오락의 수단으로도 글씨를 쓰기 시작한 것이다. 이것이 차츰 예술 행위로 승화하여 한나라 말기에는 서예가 하나의 예술 장르로 자리 잡기에 이른다.

예서체의 등장과 함께 전서체는 일상생활에서 멀어졌지만 예서체는 초서의 등장 이후에도 제몫을 했다. 초서체는 지나친 생략성 때문에 의미 전달의 구실을 제대로 못 하고 오인하거나 오독하는 경우가 종종 있었기 때문에 정확하게 기록할 표준 문자로서 예서체는 여전히 필요했다. 이에 따라 한나라 말기 이후에는 예서체는 예서체대로, 초서체는 초서체대로 양자가 병존하며 발전하게 된다. 그 결과 위진남북조 시대에 이르러서는 예서체는 더욱 간략하고 세련되어 차츰 해서체의 형태를 띠게 되었고, 초서체는 초서체대로 예술성이 더욱 강조되면서 알아보기도 힘든 광초(狂草, 미치광이 초서)까지 등장했다. 그러다가 지나치게 정형화되어가는 해서체와 또 지나치게 어지러워져서 판독이 불가능해지는 초서체를 절충한 자체가 나타났다. 초서체처럼 유려하게 쓸 수 있으면서도 문자로서의 가독성을 잃지 않은, 초서체와 해서체의 중간 형태인 행서체가 만들어진 것이다.

이런 식으로 한자는 각 자체의 쓰임새가 분화되어 자리를 잡았다. 행서체는 생활 문자의 자리를 차지했고, 예서체나 전서체는 차츰 금석문을 새기는 등 특별한 경우에만 사용하게 되었다. 해서체 역시 필사본을 만들거나 금석문을 새기고 과거 시험의 답안지를 작성하는 등 특별히 정밀성과 정확성을 필요로 할 때 사용하는 문자로 굳어졌다. 그리고 초서체는 흥에 겨워 시문을 짓는다든가 자신의 성정을 호쾌하게 표현하고 싶을 때 주로 사용하는 자체로 선택되어 예술 활동에 많이 이용되었다.

이렇게 해서 한나라 말기부터 당나라 초기에 걸친 시기에 한자의 5체가 완성되었다.[3] 이때부터는 같은 글자라도 자체마다 필획의 가감이나 곡직의 변화가 뚜렷하여 한눈에 보기에도 그 차이를 느낄 수 있게 되었다.

이제 서체에 대해 설명할 차례다. 서체란 한 마디로 말하면 같은 자체에서

전서　　　　예서　　　　해서　　　　행서　　　　초서

그림4. '書' 자로 본 각 자체의 차이.

나타나는 스타일의 차이에 따라 분류한 것이라고 할 수 있다. 동일한 자체로 쓴 같은 글자라도 어느 시대에 누가 썼느냐에 따라 당시의 시대성과 개인의 예술성의 차이 때문에 글자 스타일이 다르게 나타난다. 예를 들면 같은 예서 체나 해서체로 글씨를 썼다고 하더라도 석봉 한호의 스타일과 추사 김정희의 스타일은 분명히 다르다. 이런 차이에 따라 '석봉체', '추사체'라고 부르는 것이 바로 서체이다.

그런데 중국의 경우는 금석문이든 육필 작품이든 글씨를 쓴 작가를 확인할 수 있는 것이 많다. 그래서 작가의 이름을 붙여 '왕희지체', '구양순체' 등으로 특정 서체를 지칭하곤 한다. 하지만 고구려나 백제, 신라 시대의 금석문과 작품은 쓴 사람을 확인할 수 없는 것이 대부분이다. 그래서 시대를 명칭으로 삼아 고구려체, 백제체, 신라체라고 부르거나, 더 구체적으로 '백제 무령왕지석체', '신라 봉평비체' 등으로 부른다.

따라서 우리는 누군가가 "이게 무슨 체입니까?"라고 물었을 때 "자체로는 행서체이고 서체로는 한석봉체에 가깝다고 할 수 있습니다"라든가, "자체는 예서체이고 서체는 추사체라고 할 수 있습니다"라는 식으로 대답해야 한다. 자체나 서체 어느 한쪽만을 들어 "예서체입니다" 혹은 "추사체입니다"라고 하는 것은 충분한 답이 되지 못한다.

지금까지 언급한 서예의 기초에 대한 사전 지식을 토대로 광개토태왕비의 글씨체 문제로 돌아가 보자. 그렇다면 광개토태왕비의 글씨체는 어떻게 명명해야 될까? 광개토태왕비의 글씨는 자체로는 예서체, 그중에서도 서한 시대의 예서인 고예(古隸)체에 속한다고 할 수 있다. 서체로는 중국과는 판이한 '고구려체' 혹은 '광개토태왕비체'라고 부르는 것이 마땅하다.

여기서 광개토태왕비의 서체를 '고구려체' 혹은 '광개토태왕비체'라고 하는 데는 그럴 만한 까닭이 있다. 광개토태왕비의 서체는 중국의 어느 시대,

어떤 작가의 글씨와도 다른 독특한 스타일을 갖추고 있기 때문이다. 과연 어떤 스타일일까? 이 스타일, 즉 '광개토태왕비체'에 대한 이해를 위해 서예 이론 공부를 좀 더 해야 할 필요가 있다. 잠시 설명에 귀 기울여 보자.

문자를 이루는 기본 단위는 한 번 '그음'을 뜻하는 '필획'이다. 이 필획의 성격에 따라 그것이 단순한 서사(書寫)인지 아니면 예술인 서예인지가 판가름 난다. 각 필획이 그저 단순하게 구조적으로 연결되어 하나의 부호가 됨으로써 어떤 의미를 전달하는 신호 체계를 이룰 때 그것을 '서사(書寫)'라고 한다. 그러한 서사 기능뿐 아니라 필획 하나하나가 다 살아서 생명력을 가지고 있을 때 그것을 '서예(書藝)'라고 부른다. 이런 서예 작품에 표현된 살아 있는 획들을 보면 붓의 움직임을 살필 수 있다. 그래서 단순히 획(그음)이라고 부르지 않고 '붓의 흔적'이란 의미에서 '필획'이라고 부르는 것이다. 따라서 서예 작품을 감상할 때 가장 먼저 살펴야 할 것은 바로 이 필획이다. 필획이 살아 있으면 예술적 가치가 높은 서예 작품이 되고, 필획이 죽어 있으면 아예 서예 작품이라고 할 수 없다.

이러한 필획의 생명력은 글씨로 썼을 때만이 아니라 그 글씨를 돌이나 나무에 새길 때에도 그대로 이입되어 나타난다. 원래의 필획에 담겨 있는 생명력을 잘 살려서 새기는 목공이나 석공이 바로 '명장(名匠)'이다. 이렇게 필획을 살려서 새겨 놓은 석각문이나 목각문, 금문 등은 세월이 흘러 심하게 풍화되어도 고색창연함이 더해질 뿐 원래의 필획이 지닌 생명력은 그대로 간직하고 있다. 따라서 서예를 감상할 때는 이 필획의 생명력을 놓치지 말고 잘 볼 수 있어야 한다.

서예학을 오래 연구하면 필획에 깃든 이러한 생명력을 곧바로 알아보는 안목이 생긴다. 반대로 이식된 살이 생명을 위장하고 있는지를 판가름하는 감식안도 갖게 된다. 그런데 문제는 이러한 안목과 감식안이 대부분 주관적인 성격을 띤다는 점이다. 그래서 이를 객관적인 언어로 번역해서 서예에 대한 안목이 없는 일반인에게 차근차근 설명해주기란 결코 쉬운 일이 아니다. 그러나 꼼꼼히 찾아보면 적절한 설명 방법들을 찾을 수 있다. 나는 잘 설명하기만 한다면 광개토태왕비문의 글씨 저변에 흐르는 생명의 흐름을 누구나 공감하게 할 수 있다고 생각한다. 그리고 내 나름대로 이 생명 현상을 설명할 수 있는 방법도 연구했다. 이제 그 방법을 이용하여 우선 광개토태왕비체에 대해 설명하고 그 서체의 특징을 밝힘으로써 비의 변조에 접근해보자.

필획에 살아 있는 힘

광개토태왕비체의 필획은 별다른 장식 없이 질박하다. 획은 투박하게 보이는 직선과 단조로운 점으로 이뤄져 있다. 가로획이 두 획 이상 중첩될 경우는 나란히 수평을 이루고, 길이도 가지런한 편이다. 글자 모양은 대부분 네모반듯한 꼴이다. 광개토태왕비체의 필획을 보면 다듬지 않은 통나무, 그중에서도 낙락장송의 쭉 뻗어나간 긴 가지처럼 질박한 생명력이 느껴진다.

철갑을 두른 듯한 몸통에서 쭉 뻗어나간 조선 소나무 가지를 떠올려보자. 튼튼하고 투박하면서도 미끈한 흐름이 얼마나 경쾌하고 아름다운가. 광개토태왕비의 각 필획은 그런 조선 소나무의 가지 같다. 추사 김정희는 서예를 논하면서 "필획이 풍기는 기세는 홀로 우뚝 선 소나무의 한 가지 같아야 한다(書勢如孤松一枝)"라고 했는데, 광개토태왕비의 필획은 정말 그런 소나무 가지와 너무나 흡사하다.

조선 소나무를 닮은 광개토태왕비체의 필획은 질박하면서도 화려하고 우직한 듯하면서도 세련된, 그런 이중 삼중의 매력을 간직하고 있다. 이런 소나무 가지 같은 필획에 버드나무나 배롱나무 같은 필획을 이식해놓았다고 생각해보자. 아무리 정교하게 붙여놓았다 해도 흔적이 남을 수밖에 없다. 그

흔적을 찾아서 그것이 왜 버드나무 가지 같고 배롱나무 가지 같은지를 설명할 수 있으면 이식, 즉 변조를 증명할 수 있다. 앞으로 광개토태왕비의 변조를 증명할 서예학적 방법론은 바로 이와 같은 것이다.

각 필획이 모여서 이루어진 글자꼴을 찬찬히 뜯어보자. 흔히 자형(字形)이라고 부르는 글자의 꼴을 서예학에서는 '결구(結構)'라고 한다. 사람의 몸이 건강하고 아름다운 사지(四肢)가 모여 하나의 조화로운 몸매를 이루듯, 서예도 건강하고 아름다운 필획이 모여 하나의 글자를 이루면서 조화미를 창출해낸다. 이처럼 각 필획의 조화로 만들어진 글자의 아름다움을 서예학에서는 '결구미'라 부른다.

그간 광개토태왕비체의 결구에 대해서는 몇몇 연구자들이 더러 언급해왔다.[4] 사용한 용어만 다를 뿐 내용은 거의 비슷하다. 나 역시 이들의 견해와 크게 다르지 않다. 다만 나는 광개토태왕비의 결구를 크게 체형과 자형으로 나누어 설명하고자 한다. 체형은 글자의 윤곽이 어떤 모양을 띠는가에 따른 구분이고, 자형은 각 글자가 어떤 구조로 되어 있는지에 따라 나눈 것이다.

광개토태왕비체의 체형은 기본적으로 방형(方形, 사각형)이다. 각 글자의 외곽을 선으로 이어보면 대부분이 네모꼴을 이루는 것이다. 그중에서도 많은 글자 모양이 정사각형을 띠며, 가로나 세로로 긴 네모꼴인 것도 있다. 그런데 네모꼴이면서도 어떤 글자는 윗부분이 아랫부분보다 약간 비대하고(윗변이 긴 사다리꼴), 어떤 글자는 아랫부분이 윗부분보다 비대하며(아랫변이 긴 사다리꼴), 또 어떤 글자는 위아래가 균등하다(직사각형 혹은 정사각형). 일반적으로 글자 윗부분과 아랫부분의 비만도가 균등하지만, 윗부분이 여위고 아랫부분이 비대하거나(상수하비上瘦下肥) 반대로 윗부분이 비대하고 아랫부분이 여윈(상비하수上肥下瘦) 특수한 체형도 있다.

이처럼 같은 방형이면서도 위아래의 차이가 있는 까닭은 무엇일까? 광개토태왕비의 비면을 보면 글자를 배열한 줄의 상하를 가지런히 맞추기 위해

그림5. 광개토태왕비의 정방형 글자들.

그림6. '뮵'부와 '阜'부를 전서형으로 쓴 글자들.

위아래로 계선(界線), 즉 사잇줄을 그었다. 이는 각 글자의 가로 폭은 이미 고정된 것이나 다를 바 없음을 의미한다. 이에 비해 가로로 친 계선은 없는 까닭에 글자의 세로의 길이는 어느 정도 자유롭게 변화를 줄 수 있다. 그래서 네모꼴 중에서도 이처럼 여러 가지 체형이 나타나게 된 것이다.

이제 자형을 살펴볼 차례다. 광개토태왕비의 글자 구조는 당시 중국의 비석에 쓰인 것과 많이 다르다. 그런 특징은 크게 두 가지로 나누어 설명할 수 있다.

첫째 특징은 다른 자체로 쓴 글자가 더러 섞여 있는 점이다. 광개토태왕비의 자체는 기본적으로 예서인데도 전서의 구조인 글자가 일부 섞여 있다. 예를 들면 좌부방(阝), 즉 '뮵(읍)' 자와 우부방(阝), 즉 '阜(부)' 자의 경우가 그렇다. 그림6에서 보는 것처럼 광개토태왕비에서는 '뮵'부와 '阜'부를 다 같이 전서형으로 썼다.

둘째 특징은 필획을 간단하게 생략한 간체(簡體) 문자가 쓰인 점이다. 그림7에서 보는 바와 같이 '開(開開)', '彌(彌미)', '與(與여)' 등은 본래 초서의

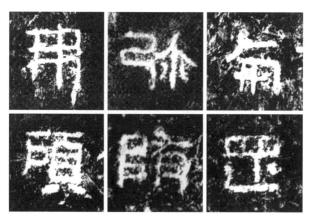

그림7. 광개토태왕비의 간체 문자. 윗 줄 왼쪽부터 '開', '彌', '與', '顧', '隨', '岡' 자.

자형을 예서의 필획으로 써서 간소화한 것이다. '顧(顧고)'나 '隨(隨수)'의 경우는 획의 일부분을 생략한 것이다.

그런데 이들 글자 중에서 특히 유념해서 보아야 할 것이 '岡(岡강)'과 '開(開개)'이다. 먼저 '岡'은 '岡'을 간략하게 쓴 것인데, 이러한 자형은 중국의 금석문에서는 거의 찾을 수 없다. 단 하나, 동진 시대 인물인 사곤(謝鯤)의 묘지명(323년)에 이와 비슷한 형태가 있을 뿐이다.

그런데 똑같은 글자를 우리나라나 일본에서는 쉽게 찾을 수 있다. 우리나라에서는 광개토태왕 호우명을 비롯해 울주 천전리에서 발견된 신라 각석(575년경) 등에서, 일본에서는 호류지 관음보살상조상명(法隆寺觀音菩薩像

| 사곤 묘지명 (동진) | 울주 천전리 각석 (신라) | 다호비 (일본) | 다치바나 (일본) | 호류지 동판조상 (일본) |

그림8. 사곤 묘지명 및 신라, 일본 서적(書蹟)에 보이는 '岡' 자(이규복의 논문에서 전재).

106

그림9. 광개토태왕비에 쓰인 '門' 자. 맨 왼편의 '開' 자만 '門' 부분을 초서형으로 간략화했다. 왼쪽부터 開, 門, 閤, 閨.

造像銘, 694)과 다호비(多胡碑, 711), 헤이안(平安, 794~1185) 시대의 대표적인 서예가 다치바나노 하야나리(橘逸勢, ?~842)의 작품 등에서 같은 형태의 '岡 (강)' 자를 찾을 수 있다. 그런데 이들 '岡' 자가 쓰인 시대를 살펴보면 광개토 태왕비가 최소한 200~500년가량 앞선다. 광개토태왕비문은 고구려의 독특한 서체로 썼으며, 그런 서체가 후에 신라와 일본에도 깊이 영향을 미친 것이다.

'岡' 자 외에 더욱 특별한 관심을 가져야 할 글자가 '⬛(開개)' 자이다. 이 글자의 형태는 중국, 일본을 통틀어 어떠한 금석 자료에서도 찾아볼 수 없는 광개토태왕비만의 독특한 글자체이기 때문이다. 더욱 신기한 것은 광개 토태왕비에서도 이 '開' 자 외에 다른 곳에 쓰인 '門' 자는 '開' 자와 달리 일절 간략하게 쓰지 않았다는 점이다(그림9).

다 같은 '門' 자인데 왜 유독 '開' 자의 '門' 부분만 이렇게 초서처럼 간략하게 쓴 '⬛' 자 모양인지 흥미로운 일이 아닐 수 없다. 그뿐이 아니다. '開' 자의 '門' 부분을 초서형으로 간략하게 쓰다 보니 '門' 안에 들어 있는 '⬛' 자가 상대적으로 크게 돋보이게 되었다. 그런데 이 '井' 자 모양(井)의 부호는 광개 토태왕 호우(壺杅, 그림10)를 비롯해 고구려의 토기나 동기, 기와 등 각종 유물에 암호처럼 표시되어 있다.[5] 이 부호는 과연 무엇을 상징하는 것일까?

이에 대해서는 학계에서 많은 사람들이 연구해왔으나 아직 명쾌한 답을 얻지 못하고 있다.[6] 그런데 광개토태왕비에서 '開' 자만 유독 '門' 부분을 초

그림10. 경주 노서동에서 출토된 광개토태왕 호우와 '#' 무늬(점선 표시 부분).

서형으로 간략하게 쓰고 그 안에 '井' 자 모양, 즉 '#'을 강조해서 넣은 것으로 볼 때, 각종 고구려 유물에 나타나는 '#' 문양이 광개토태왕과 관련 있는 것이 아닌지 추측해보게 된다. 왜냐하면 '開' 자의 '門' 자 안에 있는 본래의 글자는 '井' 자가 아니라 '开'이기 때문이다. 본래 '开' 자인 글자를 '#' 자 모양과 닮은 '开'으로 바꾸었고, 나아가 그 모양을 더 돋보이게 하려고 '開' 의 '門' 부분을 초서형(门)으로 바꾼 것이라고 생각하면 나름의 논리가 성립할 수 있다. 이런 논리에 기초하면 고구려 유물에 보이는 '#' 모양이 광개토태왕의 '開' 자와 관련이 있다는 추측이 얼마든지 가능한 것이다. 이처럼 광개토태왕비에 새겨진 각각의 글자는 자체와 서체, 필획이라는 관점에서 보면 그만의 독특한 특징과 미감, 그리고 수수께끼를 안고 있다.

　이제 여기서 한 걸음 더 나아가 각 글자의 필획이나 결구와 함께 각 글자들이 어떻게 비면에 어울려서 배치되어 있는지도 유념해서 살펴보자. 서예 작품을 감상하거나 창작할 때 나름대로의 결구로 짜인 각 글자를 한 면에 전체적으로 어떻게 배치하느냐도 중요한 문제인데, 이런 배치를 일러 '장법(章法)' 혹은 '포치(布置)'라고 한다. 아무리 필획이 건장하고 결구가 탄탄한 글자라 하더라도 전체적인 장법이 무시되어 한 분위기로 어우러지지 않으면 훌륭한 작품이 될 수 없다.

광개토태왕비는 장법 면에서도 매우 훌륭한 조화를 보인다. 광개토태왕비의 높이가 6미터가 넘는다는 점을 생각할 때 장법상 우선 고려해야 할 점은 위에서 아래로 길게 써내려간 글씨를 도중에 착시 현상으로 인해 행을 바꾸지 않고 끝까지 본래의 행을 따라 읽을 수 있게 배치해야 하는 것이었다. 이런 까닭에 광개토태왕비에는 행간마다 사잇줄을 그려서 세로로 정연하게 글씨를 새겨 넣었다. 그러다 보니 세로 방향의 글자 배열은 사실상 계선에 의해 고정되어 더 이상 장법 운용의 묘를 살릴 수 없게 되었다. 그렇다면 가로 방향으로는 자유롭게 장법의 변화를 시도할 수 있었을까? 물론 가로 방향으로는 사잇줄이 없기 때문에

광개토태왕릉 출토 명문전(銘文塼, 왼쪽)과 그 탁본(오른쪽).

장법의 변화를 시도할 수 있기는 하다. 하지만 이미 세로 방향으로 줄을 맞추어 썼기 때문에 가로 방향의 장법도 큰 변화를 기대할 수는 없다. 이렇게 틀이 짜이고 나면 사실상 장법의 운용은 불가능한 것이다. 다만 가로와 세로에 맞춰 정연하게 쓸 수 있을 뿐이다. 장법상의 이런 제한적 요소를 극복하기 위해 광개토태왕비는 글자마다 되도록 장단과 대소의 변화를 시도했고, 그것으로 장법을 대신했다.

광개토태왕비문이 이처럼 가로와 세로가 정연한 장법을 지니는 점은 이 비문의 변조를 탐구해온 나로서는 천만다행한 일이었다. 만약 후대에 누군

가가 원래의 글자를 제거하고 다른 글자를 끼워 넣었을 경우, 당연히 원래의 장법이 가진 정연함을 해치게 될 것이고, 바로 그 점을 통해 변조의 증거를 찾을 수 있기 때문이다. 뒤에서 자세히 살피겠지만, 나는 장법이 흐트러진 부분을 면밀하게 고찰함으로써 광개토태왕비의 변조 여부를 판단하는 데 큰 도움을 얻었다.

이상으로 살펴본 여러 특징은 광개토태왕비에만 보이는 특이한 현상이 아니다. 광개토태왕 시대 고구려 서예의 자취를 볼 수 있는 또 하나의 유물이 바로 앞서 잠깐 언급한 광개토태왕 호우(그림10)인데 이 호우에서도 광개토태왕비체의 특징을 찾을 수 있다. 1946년 경주시 노서동에 있는 한 무덤에서 발견된 이 호우는 광개토태왕의 공적을 기념하기 위해 만든 것으로 알려져 있다. 서예에 문외한인 사람도 한눈에 느낄 수 있을 만큼 이 호우에 새긴 글씨는 광개토태왕비의 글씨와 서체가 동일하다. 이외에 광개토태왕릉 출토 명문전(銘文塼)에 새겨진 글자 역시 앞서 살펴본 광개토태왕비 서체의 특징을 그대로 지니고 있다.

이처럼 당시의 유물에 공통적으로 광개토태왕비체가 나타나는 점은 무엇을 말하는가. 그것은 바로 광개토태왕비체가 당시 고구려 사람들이 흔히 사용한 고구려만의 독자적인 고구려체임을 뜻한다. 여기서 짚고 넘어가야 할 한 가지 중요한 점이 있다. 그것은 바로 고구려체에 담긴 독특한 이 미감은 중국이나 일본이 아닌 우리 민족만이 가진 모종의 고유한 미적 유전자의 작용으로 빚어졌다는 것이다. 그 증거를 우리는 지금도 분명하게 확인할 수 있다. 광개토태왕비가 세워진 뒤로 1000년의 세월이 지나고 고구려가 멸망한 지 700년의 시간이 지난 후, 북방을 호령했던 대제국인 고구려 광개토태왕의 훈적비인 광개토태왕비의 존재조차 제대로 알지 못한 후손이 광개토태왕비의 미감을 그대로 재현해낸 문화유산이 있기 때문이다. 훈민정음, 즉 한글이 그것이다.

그림11. 훈민정음 해례본 앞부분(왼쪽). 한글의 글자체가 광개토태왕비체(오른쪽)의 필획과 자형을 빼닮았다.

학창 시절 교과서에서 본 훈민정음 판본을 떠올려보자. 광개토태왕비체의 필획이나 글꼴과 꼭 닮지 않았는가. 한글을 창제한 세종대왕이나 집현전 학자, 어느 누구도 광개토태왕비의 존재를 알지 못했는데 어찌 이리도 닮은 필획과 닮은 자형의 훈민정음을 창제했을까?(그림11)

광개토태왕비체는 옛 고구려 선조들만 쓰고 버린 과거의 서체가 아니다. 그 서체에 반영된 우리 민족의 고유한 미감이 면면이 계승되어 훈민정음의 필획과 자형을 통해 되살아난 것이다. 그리고 그 미감은 지금 우리에게도 계승되고 있을 것이다.

서예가 여초(如初) 김응현(金膺顯)도 바로 그 광개토태왕비와 경주 호우총 출토 광개토태왕 호우 및 충청북도 충주시에 있는 중원고구려비의 서법이 1000여 년 뒤에 만든 훈민정음의 자체와 필법과 일치하는 점을 강조한 바 있다. 그는 "광개토태왕비의 아름다움을 1000년 후인 조선 초기에 우리의

필자가 훈민정음 판본체로 쓴 용비어천가. 한글과 광개토태왕비체 한자를 함께 쓴 것이다.

한글을 창제하면서 그 안에 재현시켰다"라고 말했다.7

지금까지 서예학의 눈으로 광개토태왕비체의 여러 특징들을 살펴보았다. 그중에서 광개토태왕비의 변조를 증명하는 데 필요한 광개토태왕비의 서예학적 특징을 요약하면 다음과 같다.

1. 점으로 된 필획을 제외한 모든 필획을 거의 직선으로 처리했다.
2. 가로 필획이 두 획 이상 중첩될 때는 각 필획이 거의 다 수평을 이룬다. 또한 각 필획의 길이는 가지런하거나 아래쪽 획이 약간 길다.
3. 모든 자형이 기본적으로 정사각형 혹은 세로가 약간 긴 직사각형을 이루려 한다. 이 때문에 거의 모든 필획을 다 직선으로 처리했다. 이들 직선 필획의 기울기는 기본적으로 가로획은 수평으로, 세로획은 수직으로 되어 있다.
4. 별획(撇劃)이나 날획(捺劃)도 모두 직선이거나 중간 부분이 아래 방향으로 약간 굽어 있다. 별획은 오른쪽 위에서 왼쪽 아래로 삐치는 필획(／)을 말한다. 날획은 왼쪽 위에서 오른쪽 아래로 마치 파도치듯이 출렁이며 내리 뽑는 획(＼) 또는 '道(도)' 자와 같은 글자의 마지막 획처럼 왼쪽에서 오른쪽을 향해 파도치듯 뽑는 획(乀)을 말한다.

5. 6미터가 넘는 비의 비문을 세로로 읽어 내려가면서 행이 바뀌는 착란 현상을 막기 위해 비를 제작할 당시에 세로 방향으로 계선을 넣었으므로 광개토태왕비는 장법상 세로줄이 정연하게 맞는 것이 정상이다.

이런 특징을 잘 기억해두고 다음으로 넘어가자. 이제부터는 광개토태왕 비문의 여러 탁본을 비교하고 서체를 면밀히 분석하면서 변조의 증거를 하나하나 추적할 것이다.

비문 변조의 새로운 증거

나는 1985년 봄 우연히 이진희의 특강을 듣고 난 뒤 수시로 탁본을 들춰 보고 임서하면서 변조의 증거를 찾으려고 노력했다. 아울러 여러 연구자의 논문들도 살펴보았다.

사실 광개토태왕비는 원석은 없고 탁본만 남아 있다고 해도 과언이 아닐 정도로 훼손되어 있다. 또한 지금 남아 있는 탁본들도 다 원석과는 거리가 있는 것들이다. 왜냐하면 원석에 새긴 글자를 그대로 떠내야만 진정한 원석 탁본이라고 할 수 있는데, 현존하는 탁본 중에서 그렇게 신뢰할 만한 것은 아직 발견되지 않았기 때문이다. 원석은 이미 많이 훼손되었고 탁본은 제대로 된 것이 남아 있지 않으니 광개토태왕비에 대한 연구는 난관에서 헤어나지 못할 수밖에 없다. 역사학자들은 여러 가지 역사적 정황을 토대로 나름대로의 해석을 시도해왔으나 이렇다 할 성과가 없었다. 그런 역사적 정황에 대한 연구와 분석은 잠시 비껴가기로 하자. 여기서는 이왕에 나와 있는 여러 탁본들을 서예학적 측면에서 고찰하여 탁본에 찍힌 (혹은 그려진) 글자 자체를 토대로 광개토태왕비 변조 의혹을 밝히고자 한다.

범인은 증거를 남기게 마련이다. 광개토태왕비 비문 변조 의혹도 면밀하게 따져보면 증거를 찾아낼 수 있다. 현존하는 광개토태왕비 탁본이 비록 확실성을 보장할 수 없는 탁본이라 하더라도 말이다. 여러 탁본을 비교하며 특정한 필획에서만 보이는 특별한 현상에 주목하여 세밀하게 조사하면 원래 글자와 변조된 글자의 미묘한 차이를 발견할 수 있다. 35년 전 내가 비문을 임서하다가 어느 곳에 이르러 갑자기 글씨의 맥이 막히는 현상을 체험한 것도 바로 그런 차이 때문이다.

나는 수십 종에 이르는 광개토태왕비 탁본 중에서 대표적인 열 가지를 펼쳐놓고 면밀하게 서체를 비교하며 분석했다. 일본 육군 참모본부 사코 가게노부 대위가 가져왔다는 쌍구가묵본은 물론, 내가 임서의 범본으로 삼은 '예원진상사본'도 꺼내놓았다. 그리고 1996년 국립문화재연구소에서 출간한 『광개토태왕릉비』 탁본 도록에 실린 여덟 가지 국내 소장 탁본들도 펼쳤다. 이 도록에 실린 탁본 중에서 태동고전연구소 소장본만이 발문을 통해 1889년이라는 제작 시기를 밝혔을 뿐, 나머지 탁본들은 언제 만들었는지 분명하지 않다. 다만 한 가지 확실한 것은 이들 탁본이 모두 원석정탁본이 아니라 석회로 비면을 정리한 뒤에 뜬 '석회탁본'이라는 점이다.

나는 확대경을 대고 이들 탁본을 비교하면서 글씨체를 꼼꼼하게 대조해보았다. 특히 주목한 것은 일제에 의한 변조 의혹이 제기된 신묘년 기사 중세 글자인 '渡(건널 도)', '海(바다 해)', '破(깨부술 파)'이다. 35년 전 내가 처음 비문을 베껴 쓰다가 붓놀림이 막힌 바로 그 글자들이다.

먼저 '渡' 자를 보자. 광개토태왕비에는 '渡' 자가 신묘년 기사 외에 두 군데 더 등장한다. 제1면의 3행과 제2면의 32행에 있는 '渡' 자가 바로 그것이다. 그런데 서예학적인 관점에서 보면 신묘년 기사에 있는 문제의 '渡' 자는 다른 곳의 '渡' 자와는 많이 다르다. 광개토태왕비 전체의 서체와 비교해보아도 신묘년 기사에 나온 '渡' 자는 유별나다.

서체 분석을 위해 여러 탁본 중에서 비교적 글자가 선명한 동아대학교 소장본(이하 '동아대본')을 저본으로 삼았다. 이 탁본 역시 1900년을 전후한 시기에 일제가 다량으로 만든 석회본으로 추정된다.

그림12는 동아대본에서 신묘년 기사의 '渡' 자와 다른 곳에 보이는 '渡' 자를 비교한 것이다. 유심히 살펴보면 신묘년 기사의 '渡' 자(A)는 글자꼴이나 필획의 모양, 필획에 들어 있는 기세가 비석의 다른 '渡' 자(B, C)와 달라 보인다. 이것을 서예학적 측면에서 분석해보면 그 차이점이 확연하게 드러난다. 가장 큰 차이는 '渡' 자의 마지막 두 필획인 '丿(별획)'과 '乀(날획)', 즉 그림12-A의 ①과 ②로 표시된 부분에서 확인할 수 있다. 얼핏 봐서는 B, C의 '渡' 자와 별로 다를 것이 없어 보이지만 사실은 매우 큰 차이가 있다. 이 점을 파악하기 위한 감식안을 얻으려면 앞서 살펴본 광개토태왕비 서체의 특징을 떠올려야 한다.

앞서 광개토태왕비체의 가장 큰 특징은 점을 제외한 모든 필획이 거의 직선을 띠는 점이라고 했다. 별획과 날획을 쓸 때도 예외가 아니다. 그러므로 광개토태왕비에 있는 별획은 한결같이 왼쪽 아래를 향한

A

B

C

그림12. 동아대본 광개토태왕비문의 '渡' 자들. A는 신묘년 기사, B와 C는 다른 부분에 있는 것이다.

직사선(直斜線)으로 처리되고, 날획은 대부분 오른쪽 아래를 향한 직사선이거나 아래쪽을 향해 약간 굽은 형태로 처리된다. 광개토태왕비 탁본에서 별

획과 날획이 들어간 한자를 예로 든 그림14에서 △와 □로 표시된 부분을 보면 이런 원칙이 비문 전체에 일관되게 적용되고 있음을 쉽게 알 수 있다.

다시 날획(丶)에 대해 좀 더 자세히 살펴보자. 예서체나 해서체에서 날획을 쓸 때는 대개 날획의 끝부분에 이르러 일단 힘차게 눌렀다가 다시 살짝 위로 치켜 올리면서 멋을 부리기도 한다. 이것을 서예에서는 '파책(波磔)' 혹은 '도획(挑劃)'이라고 한다(예서의 경우 98쪽의 그림2 참조, 해서의 경우는 그림13의 왼쪽 및 가운데 참조). 그런데 광개토태왕비체에는 이런 모양이 전혀 보이지 않고, 그저 같은 굵기의 직선으로만 처리되어 있다.

그리고 이 날획을 해서로 쓸 때는 붓으로 쓰든 연필로 쓰든 상관없이 거의 습관적으로 이루어지는 재미있는 현상이 하나 있다. 바로 날획이 시작되는 부분을 한번 위쪽으로 꺾어주는 것이다(그림13 오른쪽 참조). 오늘날 컴퓨터에서 사용하는 명조체 한자에도 그런 모양(丶)이 나타난다. 그런데 광개토태왕비체에서는 그런 모양을 전혀 찾아볼 수 없다.

이상에서 말한 점들을 염두에 두고 신묘년 기사 부분의 '渡' 자를 자세히 살펴보자. '渡'의 맨 마지막 부분 '又'의 별획은 광개토태왕비체의 다른 별획과 달리 직사선이 아니라 오늘날 흔히 쓰이는 해서체에서나 볼 수 있는 형태로 중간 부분이 그림12-A의 ①에서 보는 바와 같이 아래쪽으로 상당히 굽어 있음을 알 수 있다. 별것 아닌 것 같아도 이 작은 차이의 의미가 매우 크

그림13. 파책(왼쪽 및 가운데)과 '날획(丶)'의 꺾임 현상(오른쪽).

그림14. 광개토태왕비문의 별획(□)과 날획(△)들.

다. 날획도 오늘날의 상용 해서체에서나 볼 수 있는 모양, 즉 그림13의 '날획' 부분에서 보이는 것처럼 획의 처음 시작 부분이 위쪽으로 약간 꺾인 기세를 띠며 필세 역시 해서체의 날획에서 볼 수 있는 파책 모양이어서 파도가 출렁이는 듯한 모습이다(그림12-A의 ②와 그림13의 '파책' 부분을 비교해보면 서로 흡사하다). 이런 특징은 광개토태왕비의 다른 부분에 나오는 '渡' 자와는 판이한 모습이다. 신묘년 기사 부분의 '渡' 자의 별획과 날획은 광개토태왕비의 다른 글자에서 보이는 별획이나 날획과 완전히 다른 모습인 것이다(그림12-A와 12-B, C 비교 및 그림14 참고).

정리하면, 다른 곳에 나오는 '渡' 자의 별획이나 날획은 모두 고구려식 예서체, 즉 광개토태왕비체로 쓰여 있어서 결구나 장법으로 보아 기맥이 상통하는데 유독 신묘년 기사의 '渡' 자는 광개토태왕비체와 달리 한참 후대에 만들어진 해서체의 별획과 날획을 취하고 있다. 그래서 이 신묘년 기사의 '渡' 자는 광개토태왕비의 전체적인 분위기와 어울리지 않는다. 한 마디로 말해서 별획이든 날획이든 필획이 죽어 있다. 제 살이 아닌 다른 살을 가져다가 이식 수술을 한 티가 역력한 것이다.

왜 이런 티가 나는 것일까? 해답은 간단하다. 이 글자는 1600년 전 고구려의 누군가가 쓴 원래 비문의 글자가 아니라 변조해 넣은 글자이기 때문이다. '渡' 자의 날획이 이런 모양이 된 것은 비문을 변조한 사람의 무의식적인 습

그림15. 명나라 인쇄물의 '文'과 '之'(왼쪽). 컴퓨터 폰트 명조체로 인쇄된 '父'와 '之'(오른쪽).

관에서 비롯했을 가능성이 높다. 비문을 변조한 사람은 고구려식 예서체, 즉 광개토태왕비체의 필획과 결구에 대해 서예학적인 눈으로 치밀하게 파악하지 못한 채 겉모양만 대강 본떠서 '渡' 자를 만들어 넣은 것이다. 딴에는 최대한 비슷하게 만들어 넣는다고 했겠지만, 결국 변조 당시 변조자의 서사 습관을 변조의 흔적으로 남기게 된 것이다.

변조자는 당시 일상으로 쓰던 해서체의 습관이 붙어 있었다. 이 습관은 1880년대를 전후한 시기 일본의 인쇄 문화와도 적잖은 관련이 있다. 당시 일본은 근대식 인쇄 활자를 제작하면서 중국 명나라 때 활자의 글자체를 많이 수용하여 이른바 '명조체'를 만들었다. 그리고 그 명조체를 널리 보급하여 일반적으로 사용했다. 그런데 당시의 명조체는 파책 획이 처음 시작되는 상단 부분은 각을 세워 꺾은 모양이 뚜렷하고 끝부분은 '도획'의 자취가 역력하다. 당시 명조체에 있던 꺾임 현상과 도획의 모습은 오늘날 컴퓨터 폰트 중의 하나로 개발된 명조체 한자에도 흔적이 남아 있다(그림15).

예를 들어, 명조체 한자 '文(글월 문)', '之(갈 지)' 등을 보면 파책 상단부가 꺾여 있고 끝부분이 도획으로 처리되었음을 쉽게 확인할 수 있다. 당시 일본의 인쇄물에는 이런 모습을 보이는 명조체가 널리 쓰였다. 그러다 보니 일본인들의 일상적인 필기 습관에도 영향을 끼쳐 파책을 쓸 때면 으레 습관적으로 상단부를 꺾고 끝부분은 도획으로 쓰게 되었다. 이런 습관은 오늘날 우리

그림16. 광개토태왕비체의 평행 중첩을 이루는 획. 맨 아래 획의 길이가 그 위의 획과 비슷하거나 더 길다.

에게도 남아 있다. 한자를 비교적 익숙하게 쓰는 사람들은 지금도 여전히 파책의 상단부를 꺾어서 쓰곤 한다. 광개토태왕비의 변조자에게도 그런 일반화된 쓰기 습관이 있었기 때문에 '渡' 자를 만들어 넣을 때 광개토태왕비체와는 판이한 별획과 날획을 보여준 것이다.

신묘년 기사에 있는 '渡' 자의 특이성은 이것만이 아니다. '渡'에서 '度(법도 도)'의 윗부분에 해당하는 가로획 세 개의 평행과 길이의 문제도 유심히 살펴볼 필요가 있다. 광개토태왕비체가 지닌 또 다른 중요한 특징의 하나는 글꼴이 정사각형 모양이거나 세로가 약간 긴 직사각형을 이루는 점이다. 거의 모든 글자들이 이런 사각형을 이루기 때문에 한 글자에서 가로획이 두 획 이상 중첩될 경우에는 각 획이 다 수평을 이루면서 평행상태이다. 그래야만 각 변이 서로 평행을 이루는 사각형을 유지할 수 있기 때문이다. 동시에 각 획의 길이도 기본적으로 가지런하거나 안정감을 주기 위해 아래쪽에 있는 획의 길이가 약간씩 길다. 그림16에서 보듯, 적어도 맨 아래 획이 그 위의 획보다 짧지는 않다.

이런 특징을 염두에 두고 다시 한 번 신묘년 기사의 '渡' 자를 보자. 비문의 다른 '渡' 자에서는 이런 특징들을 다 볼 수 있지만 신묘년 기사의 '渡' 자는 그렇지 않다. 우선 '度' 자의 윗부분에 나란한 세 개의 가로획이 밑으로 갈수록 오른쪽 끝부분의 길이가 짧은 것이 눈에 띈다. 그래서 세 획의 끝점을 이어 보면 네모반듯한 꼴을 이루는 수직선이 되지 못하고 왼쪽 아래로 비스

든한 사선을 이룬다(그림17-A의 ③). 이처럼 사선을 이루는 모양은 다른 '渡' 자(그림17의 B, C)와 비교했을 때 더욱 선명하게 드러난다. 이런 현상은 분석 대상으로 삼은 동아대본뿐만 아니라 다른 탁본들에서도 나타난다(부록 도판 참조). 특히 내가 예전에 임서의 범본으로 삼았던 '예원진상사본'에서 그 차이가 더욱 두드러진다.

A

또한 다른 곳의 '渡' 자와 달리, 중첩되는 세 개의 가로획이 한결같이 약간씩 위로 치켜 올라가 있다(그림17-A의 ⑤). 그리고 이 세 획 사이를 '十'자형으로 관통하는 두 개의 세로획 중 왼쪽 획은 수직을 이루지만, 오른쪽 획은 왼쪽으로 약간 비스듬하다(그림17-A의 ④). 이런 특징들은 초기 원석탁본 중에서 가장 믿을 만하다는 평을 받는 태동고전연구소 소장본(임창순본)을 통해서도 뚜렷이 확인할 수 있다.

B

그렇다면 신묘년 기사에 있는 '渡' 자의 이런 '특이함'은 또 어디서 비롯한 것일까? 이것 역시 흔히 쓰는 해서체에 나타나는 특징이다. 해서체로 쓴 '渡' 자(그림18)를 보

C

그림17. 동아대본 신묘년 기사의 '渡' 자 (A)와 다른 곳의 '渡' 자(B, C).

면 앞서 말한 신묘년 기사의 '渡' 자가 지닌 문제점을 일목요연하게 확인할 수 있다.

이처럼 신묘년 기사의 '渡' 자는 고구려식 예서체로 쓴 광개토태왕비의

다른 글자와 달리 다분히 해서체의 자형을 띤다. 바로 이 점, 즉 예서체의 필획이나 자형이 아닌 해서체의 필획과 자형이 예서체 안에 끼어 있기 때문에 이 글자는 다른 글자와 어울리지 못하고 겉돌고 있는 것이다.

이로써 '渡' 자의 필획과 자형에서 나타난 변조의 증거는 확실히 찾았다. 그뿐만 아니라 변조의 정황까지 추론할 수 있게 되었다. 이 '渡' 자는 광개토태왕비의 서체적 특징을 제대로 파악하지 못한 누군가가 탁본을 변조할 때 당시 일본에서 일상으로 쓰던 명조체에 익숙한 해서체의 조형 감각으로 다른 비문 글자와 겉모양만 비슷하게 맞춰 새겨 넣은 것이다. 물론 변조한 사람은 광개토태왕비의 서체를 치밀하게 모방하려고 했을 것이다. 그러나 광개토태왕비 서체의 독특한 특징을 간파하지 못하고 어설픈 변조를 하고 만 것이다.

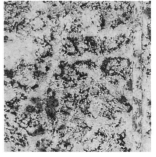

그림18. 예원진상사본 '渡' 자(위)와 태동고전연구소 소장본 '渡' 자(가운데), 필자가 쓴 해서 '渡' 자(아래).

'渡' 자 다음에 오는 '海(바다 해)' 자도 서예학적인 눈으로 보면 변조 사실이 분명해진다. 광개토태왕비에서 '海' 자는 신묘년 기사 부분 말고도 두 곳에 더 등장한다. 동아대본에서 채록한 신묘년 기사에 있는 문제의 '海' 자가 그림19-A다. 그림19-B와 C는 각각 제1면 5행과 제3면 7행에 있는 글자다.

얼핏 보면 신묘년 기사의 '海' 자와 다른 곳의 '海' 자가 별 차이가 없어 보

인다. 그러나 서체의 결구를 면밀히 분석
해보면 다른 점이 눈에 띈다. 맨 먼저 지적
해야 할 결정적인 차이는 '海' 자의 '母(어미
모)' 부분 첫 획인 'ㄴ'(그림19-A의 ①)과 두
번째 획인 'ㄱ'(그림19-A의 ②)이다. 두 획은
모두 다른 데에 있는 '海' 자와 달리 오른쪽
으로 많이 기울어져 있다. '母' 자의 두 번
째 획인 'ㄱ' 획의 오른쪽 위 끝 모서리에서
아래로 내려가는 획(그림19-A의 ②)을 유심
히 살펴보자. 안쪽(왼쪽) 방향으로 상당히
깊은 각도로 꺾여 있다.

A

   앞서 말했듯이 광개토태왕비 서체는 모
든 자형이 기본적으로 정사각형 혹은 세
로가 약간 긴 직사각형이다. 이 때문에 기
본적으로 가로획은 수평으로, 세로획은 수
직으로 되어 있다. '海' 자라고 해서 예외
일 리 없다. 신묘년 기사가 아닌 다른 곳
의 '海' 자를 보면 '母' 부분의 세로획이 모
두 수직으로 처리되어 있다(그림19의 B, C).
그런데 유독 신묘년 기사에 있는 '海' 자만
'母' 부분의 세로획이 모두 안쪽(왼쪽) 방향
으로 꺾여서 기울어져 있다. 이 때문에 전
체적인 글자꼴이 오른쪽으로 기울어져 보
인다.

B

C

그림19. 동아대본 광개토태왕비문의 '海'
자들. 신묘년 기사의 '海' 자(A)와 다른 곳
의 '海' 자(B, C).

   왜 신묘년 기사의 '海' 자는 이런 모양일까? 이것 역시 우리가 흔히 사용하는 해서체의 필법으로 썼기 때문이다. 해서체로 쓴 '海' 자의 모양은 그림20과 같다. 이 그림에서 보는 바와 같이 해서의 '海' 자는 '母' 자의 'ㄴ'과 'ㄱ' 부분이 전체적으로 오른쪽으로 기울어져 있다. 오늘날 컴퓨터에서 사용하는 명조체 '母' 자도 이렇게 기운 모습이다. 신묘년 기사 부분 '海' 자의 '母'는 바로 이런 해서나 명조체의 '母' 자와 같이 완전히 기운 모습인 것이다. 따라서 고구려식 예서체로 쓴 다른 부분의 '海' 자와는 크게 다를 수밖에 없다.

이런 까닭에 '海' 자 역시 앞서 '渡' 자의 경우와 마찬가지로 다른 곳의 '海' 자와 어울리지 못하고 있다. 광개토태왕비문 서체의 특징을 제대로 파악하지 못한 사람이 일상적으로 쓰는 해서체의 조형 감각으로 외형만 그럴듯하게 변조한 탓이다.

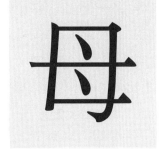

그림20. 필자가 쓴 해서체 '海' 자. '母' 자의 'ㄱ' 부분(위)과 컴퓨터 폰트 명조체의 '母' 자의 'ㄱ' 부분. 모두 오른쪽으로 기울어져 있다.

'海' 자를 변조한 증거는 그것만이 아니다. '母' 부분 가운데에 끼어 있는 세로획을 보자. 다른 곳에 보이는 '海' 자에서는 이곳이 분명하게 두 개의 점으로 처리되어 있다(그림19-B와 C).

그러나 여러 탁본을 비교해보면 신묘년 기사의 '海' 자는 그렇지 않은 경우가 왕왕 보인다. 예원진상사본 탁본에 보이는 '海' 자가 바로 그런 경우다(그림21). 신묘년 기사가 아닌 다른 데에서 볼 수 있는 '海' 자와 달리 점이 직선으로 처리되어 있다(그림21의 △ 부분). 이렇게 점이 아니라 선으로 처리한 것 역시 광개토태왕비문 서체의 흐름과는 걸맞지 않다. 혹자는 변화를 주기 위해 원석의 글자가 그렇게 쓰였을 수도 있지 않느냐는 반론을 펼지 모르겠다. 하지만 광개토태왕비문 전체를 살펴보면 거의 모든 글자에서 점과 직선이 주된 필획 역할을 하고 있다. 점과 직선 외에 다른 획은 쓰이지 않았다고 할 수 있을 정도다. 점과 직선만으로 글자의 모양을 만들기 때문에 직선이 반복되는 단조로움을 막기 위해

그림21. 예원진상사본의 신묘년 기사 중 '海' 자.

점으로 써야 할 부분은 거의 빠짐없이 점으로 썼다(그림22). 그러므로 신묘년 기사의 '海' 자에서 '母' 자 부분의 가운데를 두 개의 점이 아니라 세로획으로 처리한 것은 광개토태왕비문 서체의 전체적 맥락과는 크게 어긋나는 것이다.

그런데 어떤 이는 일부 탁본에서만 '海' 자의 점이 선으로 나타난 것은 탁본을 서예 연습을 위한 법첩용으로 사용하기 위해 탁본에 먹을 덧칠하여 깨끗이 다듬는 과정에서 일어난 실수일 수도 있으므로 이것을 변조의 증거로 삼기에는 무리가 있다고 반박할 수도 있다. 그러나 이렇게 다듬는 작업도 원래 탁본에 뭔가 기미가 있을 때 그 기미를 따라 하는 것이지 아무렇게나 하는 것이 아니다. 따라서 '母' 자 안의 두 점이 세로획으로 처리된 탁본이 존재한다는 것은 변조된 '海' 자의 '母' 부분이 그렇게 변조되었기 때문에 나타난 현상이라고 판단할 수밖에 없다.

그림22. 광개토태왕비문의 글자 가운데 점으로 써야 할 부분을 빠짐없이 점으로 쓴 예.

이처럼 '母' 자의 두 점을 점으로 처리하지 않고 세로획으로 처리하는 것 역시 상용 해서의 필법이다. 그림23의 △ 표시 부분에서 보는 것처럼 해서체에서는 '海' 자를 더 간편하게 쓰려고 '母' 자의 두 점을 습관적으로 두 개의 점이 아닌 하나의 선으로 쓰곤 한다. 따라서 신묘년 기사의 '海' 자도 광개토태왕비문의 서체적 특징을 전혀 파악하지 못한 누군가가 외형만 비슷하

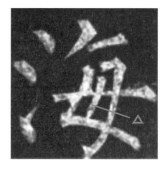

그림23. 당나라 때 해서의 대가 유공권이 쓴 해서체 '海' 자. 표시 부분은 두 개의 점을 하나의 선으로 쓴 것이다.

게 변조함으로써 이런 여러 가지 흔적을 남기게 된 것이다.

이제 마지막으로 '破(깨뜨릴 파)' 자를 살펴볼 차례다. 우선 동아대본에서 신묘년 기사의 '破' 자(그림24의 맨 위)를 보자. '破' 자는 앞서 '渡' 자나 '海' 자에 비해 특이한 점을 찾아내기가 쉽지 않을 것이다. 가로획도 수평을 이루고 있고, '皮' 부분의 별획과 날획도 다 직사선으로 되어 있다. 그렇다면 이 '破' 자를 비문의 다른 곳에 있는 '破' 자와 비교해보자. 광개토태왕비문에는 신묘년 기사 부분 외에 세 개의 '破' 자가 등장한다(그림24의 아래로부터 세 개).[8] 이들 세 '破' 자를 신묘년 기사의 '破' 자와 찬찬히 비교해보자. 얼핏 보기에는 비슷하지만 면밀히 따져보면 큰 차이가 숨어 있다. 눈 밝은 독자라면 한 가지 차이점은 어렵지 않게 발견할 수 있을 것이다. 바로 '破'의 왼쪽에 붙어 있는 '石'의 두 번째 필획 'ノ'이다. 다른 곳의 '破' 자와 달리 중간 부분 오른쪽이 약간 불룩하게 활처럼 굽어 있다. 혹시 탁본이 잘못되어서 동아대본에만 이런 모양이 나타난 것은 아닐까? 그렇지 않다. 국립중앙도서관 소장본이나 서울대학교박물관 소장본을 보면 획이 굽은 모양이 더 뚜렷하게 보인다(그림25의 △ 부분). 사코본에는 이런 모양이 극명하게 드러난다.

광개토태왕비문의 필법에 따라 썼다면 이것 역시 직선으로 처리되었어야

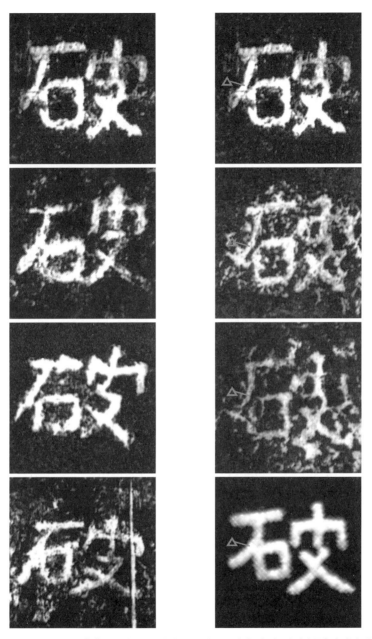

그림24. 동아대본에 나타난 '破' 자들. 맨 위의 것이 신묘년 기사에 있는 것이다.

그림25. 동아대본의 신묘년 기사 중 '破' 자(맨 위)와 다른 탁본의 신묘년 기사에 나타난 '破' 자(위로부터 국립중앙박물관본, 서울대학교박물관본, 사코본).

한다. 직선이 아닌 곡선으로 처리한 것은 그림26에서 보는 바와 같은 해서 필법이 다.

'破' 자의 왼쪽 부분인 '石' 자의 이런 모양으로 볼 때 이 '破' 자 역시 앞의 두 글자와 마찬가지로 광개토태왕비문의 필법을 모르는 사람이 어설프게 변조한 것임을 짐작할 수 있다.

이번에는 왼쪽의 '石'과 오른쪽의 '皮'가 결합된 모양을 유심히 살펴보자. 신묘년 기사의 '破' 자는 다른 곳에 있는 '破' 자와 차이가 있다. 다른 곳에 있는 '破' 자는 왼쪽 '石'의 첫 획인 가로획과 '皮'의 두 번째 획인 가로획의 높이가 탁본 과정에서 종이

그림26. 구양순이 쓴 해서체 '石' 자(위), 명조체 '石' 자(아래).

가 밀린 것(세 번째 것) 외에는 다 나란하다(그림27의 아래쪽). 그런데 신묘년 기사의 '破' 자는 그렇지 않고 '皮'가 '石'보다 아래쪽에 있다(그림27의 위 왼쪽). 마치 오늘날의 명조체 '破' 자(그림27의 위 오른쪽)와 같은 모양인 것이다. 이 점 역시 변조했다는 증거다. 다음 장에서 사코의 탁본을 다룰 때 자세히 설명하겠지만, 이 점은 정말 유의해서 보아야 할 부분이다. 여기에 엄청난 비밀이 숨어 있기 때문이다.

'破' 자가 변조된 글자라는 정황 증거도 충분하다. '破' 자 앞의 두 글자인 '渡' 자와 '海' 자가 변조된 것이 확실하다면 변조자의 의도대로 문맥을 연결하기 위해 그다음에 오는 글자도 변조하지 않으면 안 되기 때문에 '破' 자는 당연히 변조됐을 것이다. 이렇게 따지면 누구라도 '破' 자를 보면 변조의 조짐을 느낄 수 있어야 한다. 하지만 '破' 자의 변조 흔적은 '渡' 자나 '海' 자에

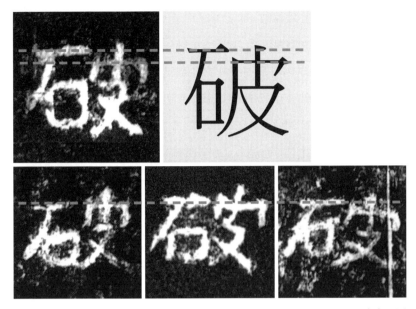

그림27. 동아대본에 나타난 '破' 자들. 위의 것은 신묘년 기사 중의 '破' 자이고, 아래 셋은 다른 곳의 '破' 자인데 이 중 세 번째 '破'는 탁본 과정에서 종이가 밀린 것으로 보인다. 신묘년 기사의 '破' 자는 오늘날의 명조체 '破' 자처럼 '石'과 '皮'의 위 가로획 부분이 나란하지 않다.

비해 상대적으로 적어 보인다. 광개토태왕비의 다른 글자들과 그런대로 잘 어울리고 있어서 변조를 눈치채기가 쉽지 않다. 왜 그럴까? 그것은 '破' 자로 변조되기 전의 본래 글자가 획수가 매우 적은 글자였기 때문이다. 원래 글자의 획수가 적은 글자일 경우에는 획수가 많은 글자에 비해 원래의 글자를 제거하거나 변조하여 다른 글자로 바꾸기가 훨씬 쉽다. 따라서 변조자는 원래 글자의 필획에 별로 구애받지 않고 의도한 대로 '破' 자를 새겨 넣으면서 마치 처음부터 그렇게 새긴 것처럼 꾸밀 수 있었던 것이다. 이런 까닭에 '破' 자는 '渡' 자나 '海' 자와 달리 주변의 다른 글자와 모양이 비교적 잘 어울리는 것이다. 그러나 이 역시 변조가 완벽하지 않아 우리가 들여다본 서예학이란 돋보기에 걸려들고 말았다.

지금까지 설명한 '渡海破' 세 글자의 변조 증거를 확인한 것이 1987년 4월쯤이다. 1985년 이진희의 특강을 듣고 나서 더 큰 관심을 가지고 분석과 고찰을 시작하여 4년 가까운 시간이 흐른 뒤였다. 그리하여 1987년 여름, 나는 금석문을 주제로 충남 공주에서 열린 전국 향토사학회 학술대회에서 이들 세 글자의 변조를 서예학적으로 방증할 수 있다는 내용의 논문을 발표했다. 많은 참석자들이 신기한 눈으로 바라보며 내 연구 결과를 경청했다.

사코본의 허점들

광개토태왕비문에서 신묘년 기사 부분이 변조됐다는 증거는 '渡', '海', '破' 각 글자의 모양만이 아니다. 앞서 살핀 글자의 배치, 즉 장법을 통해 보면 새로운 증거를 발견할 수 있다. 여기서는 사코 가게노부가 가져온 쌍구가묵본 (이하 '사코본')이 장법상 어떻게 변조의 흔적을 남겼는지 그 허점을 살펴보자.

　사코본은 거대한 비석 전체를 모두 133장의 종이에 옮겨 담았다. 비의 제1면을 33장, 제2면을 28장, 제3면을 40장, 제4면을 32장의 종이에 각각 베껴 그린 '쌍구가묵본'인 것이다. 이 사코본이 맨 처음 일본 참모본부로 전달될 당시에는 아직 가묵되지 않은 쌍구 상태였다는 점은 앞서 설명한 바 있다. 비면의 왼쪽에서 오른쪽으로 4열씩 옮겨가며 종이 한 장에 가로 4글자, 세로 4글자, 총 16자씩을 넣었다. 그런데 한 비면은 9~12열씩 글자가 새겨져 있으니 4열씩 쌍구본을 만들다 보면 마지막에 한두 열씩 남게 된다. 이렇게 남는 부분은 4자 혹은 8자씩 쌍구본을 만들었다. 이렇게 하고도 남는 자투리 글자는 한 장의 종이에 담았다.

　사코본에서 문제의 신묘년 기사 부분을 살펴보면 한눈에 이상한 점을 발견할 수 있다. '渡', '海', '破' 부분의 줄이 다른 곳과 달리 심하게 틀어져 있는

그림28. 사코본 제2면 5~8행의 일부. 위아래 종이를 잘못 붙여 전체적으로 글자의 줄이 틀어져 있다.

그림29. 사코본 신묘년 기사 부분. 위아래 종이는 제대로 붙였으나 '破'와 '海' 사이가 심하게 틀어져 있다.

것이다(그림29). 앞서 살펴본 것처럼 사코본은 큰 종이 한 장에 광개토태왕비 한 면을 통째로 탁본한 것이 아니다. 비석이 워낙 커서 이것을 다 덮을 만한 종이를 준비하기가 쉽지 않을 뿐 아니라 이렇게 큰 종이를 들고서 쌍구를 한다는 것도 거의 불가능한 일이다. 어차피 탁본이 아닌 쌍구인 바에야 굳이 그처럼 큰 종이를 사용해야 할 이유도 없다. 그래서 사코본은 적당한 크기의 종이로 비면의 한 부분씩 따로 쌍구한 것이다.

그런데 낱장의 탁본들을 서로 연결하는 과정에서 실수로 줄을 맞추지 못하면 탁본의 글자 줄이 서로 틀어져버린다. 제2면 5행 21번째 글자인 '殘' 자와 22번째 글자인 '王' 자 사이가 줄이 맞지 않는 것이 바로 그런 예다(그림28). 윗부분에 이어 붙일 아랫부분의 낱장을 약간 왼쪽으로 치우치게 붙인 바람에 줄이 틀어진 것이다. 이로 인해 전체적으로 줄이 맞지 않게 되어 6행

132

의 '餘'와 '人' 사이, 7행의 '潰'와 '破' 사이 등 석 줄이 줄줄이 틀어져 있다.

그러나 신묘년 기사 부분은 이와 달리 전혀 다른 원인으로 줄이 틀어졌다. '渡' 자가 포함된 비면을 쌍구한 종이와 '海' 자가 포함된 종이는 글자 줄에 맞도록 제대로 이어 붙였다. 서로 다른 종이에 쌍구되었으면서도 '渡' 자가 있는 면의 왼쪽 줄과 '海' 자 있는 면의 왼쪽 줄의 글자 줄이 딱 맞는 것을 보면 제대로 이어 붙였음을 알 수 있다. 그런데 유독 '渡' 자와 '海' 자 사이만 심하게 틀어져 있는 것이다(그림29).

이 부분에서 위와 아래의 낱장을 분리하여 살펴보면 '卯年來渡' 부분의 줄이나 '海破百殘' 부분의 줄이 잘 맞는 편이다(그림30). 위 장의 아랫부분에 있는 '渡' 자가 약간 오른쪽으로, 아래 장의 윗부분에 있는 '海' 자가 약간 왼쪽으로 치우쳐진 느낌이 드는 정도이다. 그런데 두 장을 상하로 이어 놓으면 연결 부분의 '渡' 자와 '海' 자 사이가 그림29에서 보는 바와 같이 심하게 틀어지게 되는 것이다.

이것은 무엇을 의미하는가? 1600년 전 비문을 새긴 고구려의 석공이 1802개의 글자를 새기다가 실수로 이 부분만 줄이 틀어지게 글자를 새긴 것일까? 그렇지 않다. 일부 초기 탁본에 잘 나타나 있듯이 비면에는 세로로 사

그림30. 사코본 신묘년 기사의 일부. 이렇게 낱장으로 보면 줄이 틀어져 있지 않다.

잇줄이 있다. 무엇 때문에 이런 계선을 그려 넣었을까? 앞서 광개토태왕비의 장법에 대해 말한 바 있듯이 비문 글의 세로줄을 맞추기 위한 것이다. 또한 세로로 긴 비에 새긴 글자를 읽어 내려오다가 본래의 줄을 놓쳐 다른 줄을 잘못 읽는 것을 방지하기 위해서다. 따라서 원래 비문의 줄이 이렇게 틀어져 있다는 것은 생각하기 힘들다. 원석을 그대로 채탁한 탁본이라면 결코 줄이 이렇게 틀어질 리 없다.

그렇다면 왜 사코본에서는 줄이 이렇게 틀어져 있을까? 그 이유는 한 가지뿐이다. 사코본의 '渡' 자와 '海' 자는 원석에 새긴 글자 모양대로 베껴 그리지 않았기 때문이다. 아니, 처음에는 원래 글자대로 쌍구했다. 그러나 나중에 이 부분을 완전히 다른 글자로 바꾸어 그려 넣으면서 피치 못할 사정 때문에 이렇게 줄이 틀어지게 된 것이다. '渡'와 '海'를 그려 넣으면서 '破'도 그려 넣었음은 물론이다.

그렇다면 바꾸어 그려 넣는 과정에서 생긴 '피치 못할 사정'이란 도대체 무엇일까? 여기서 비문을 변조한 범인의 입장이 되어 생각해볼 필요가 있다. 그 범인이 비문을 변조하기로 마음먹었다면 처음부터 바보같이 줄을 틀어지게 쌍구하여 넣지는 않았을 것이다. 줄이 틀어지는 것 자체가 변조의 증거로 남을 수 있으니 증거를 없애기 위해 당연히 줄도 제대로 맞추고 싶었을 것이다. 그렇게 해야만 완전범죄를 노릴 수 있었을 테니 말이다. 그래서 원래는 비록 낱장의 종이에 쌍구를 했지만 줄을 잘 맞추어서 비면의 글자를 베꼈다.

그런데 범인은 이 쌍구본을 토대로 비문의 문장을 살펴보다가 중대한 사실을 발견했다. 몇 글자만 바꾸면 광개토태왕비문이 일본이 주장하는 임나일본부설을 증명할 결정적인 증거가 될 수 있음을 알아챈 것이다. 그래서 궁리 끝에 원래 새겨진 글자를 '渡海破'로 바꾸면 된다고 생각했다. 그런데 문제는 비문 글자를 베껴 그린 쌍구본에는 이미 다른 글자가 그려져 있었다.

이제 범인은 어떻게 해야 했을까?

이런 상태에서는 기존 글자의 글꼴을 토대로 글자를 변조해야 한다. 필요한 곳에는 필획을 덧대고 불필요한 부분은 먹물로 지워서 의도하는 다른 글자로 바꾸는 것이다. 나중에 원석까지 변조하려면 반드시 그렇게 해야 한다. 이 과정에서 '渡' 자의 글자 중심이 오른쪽으로 치우치게 된 것은 원래 글자의 오른쪽 부분에 필획을 덧댄 까닭이다. 또한 '海' 자의 경우 글자의 중심이 왼쪽으로 치우친 것은 원래 글자의 왼쪽에 글자를 덧댔기 때문이다. 그래서 '渡'는 조금 오른쪽으로, '海'는 조금 왼쪽으로 각각 치우치게 되어 결국 '渡'와 '海' 사이의 줄이 심하게 틀어진 것이다.

그렇다면 누구나 궁금증이 생길 것이다. 변조하기 전 원래 비면에 새긴 글자는 무엇이었을까? 무슨 글자였기에 오른쪽에 필획을 더하여 '渡' 자로 만들고, 왼쪽에 필획을 더하여 '海' 자로 만든 것일까?

이 점에 대해서는 다음 장에서 치밀하게 따져볼 것이다. 다만 여기서는 우선 사코본이 앞에서 살펴본 바와 같은 과정을 통해 철저하게 변조되었다는 점, 그리고 서예학적 관점으로 보면 이처럼 변조된 비문을 원래 글자로 복원시킬 가능성을 찾을 수 있다는 점만 확인하자.

궁금한 것이 한 가지 더 남았다. 도대체 누가 이런 전대미문의 변조를 자행했단 말인가? 아직 범인이 밝혀지지 않았다. 일본은 아직도 변조 사실 자체를 부정하는 마당이다. 그러나 앞서 살펴본 것처럼 일본이 아무리 부정하더라도 비문 변조는 명백한 사실이다. 그 범인은 사코 가게노부일 수도 있고, 다른 누구일 수도 있다. 범인이 누구든 한 가지 분명한 것은 그 배후에는 제국주의 일본이 있다는 점이다. 종범(從犯)이 누구든 간에 주범은 일제, 더 구체적으로는 일본군 참모본부인 것이다.

전후 사정을 잘 모르는 이들은 의아해할 수 있다. 탁본이 변조됐다면 직접 비문을 보고 확인하면 되지 않겠냐고 말이다. 당연한 말이다. 하지만 정교하게 탁본을 변조해서 고대사를 자기들 입맛대로 뒤바꿀 정도로 주도면밀한 일본군 참모본부가 나중에 원석을 대조해보면 금방 들통이 날 일을 그대로 방치해두었을까? 아예 광개토태왕비를 폭파시켜 없애버리지 않는다면 언제라도 변조가 들통 날 것이라는 점을 그들이 왜 생각하지 않았겠느냐는 말이다. 이렇게 생각하고 보면 일본 참모본부가 사코본을 변조했던 그 방법을 그대로 이용하여 서둘러 원석을 변조했음이 자명해진다. '渡海破'로 변조되기 전의 원석에서 떠낸 탁본이 단 한 본이라도 유출되는 날이면 치졸한 행위가 백일하에 드러날 것이니 어찌 서둘지 않았겠는가? 서둘러 극비리에 스파이를 보내 필획을 덧붙여야 할 부분에는 원석을 파서 넣고 필획을 지워야 할 부분에는 원석을 깎아내거나 석회를 발라 메워서 변조했을 것이다.

이러한 변조는 1880년대 전반기에 이미 이루어졌을 것으로 보인다. 이진희의 주장대로 사코가 광개토태왕비 쌍구본을 참모본부로 가져간 것이 1883년이라면(그 이전일 가능성도 있다), 사코가 쌍구본을 만드는 과정, 또는 쌍구가묵본을 만든 직후 사코 자신이 변조했을 수도 있다. 아니면 사코가 가져온 쌍구가묵본을 열람한 참모본부 내의 관변 학자들이 논의한 끝에 변조를 결정하고 사코를 다시 파견하거나 다른 전문가를 보내서 변조한 쌍구본의 글자대로 원석을 변조하게 했을 수도 있다. 이러한 변조는 최대한 빨리 이루어졌을 것이므로, 아무리 늦어도 그 시기는『회여록』이 발간된 1889년을 넘지 않았을 것이다.

그런데 비석을 깎아내거나 석회를 발랐다면 금세 티가 나지 않았을까? 불행히도 변조의 대상이 된 신묘년 기사의 글자는 높이 6미터가 넘는 비석의 윗부분에 있다. 이렇게 변조한 뒤 변조한 자리를 연기로 그을린다든지 적당히 더럽혀서 위장하면 지상에서 육안으로 올려다보더라도 제대로 분간할 수 없다. 더욱이 워낙 오래된 비석인 데다가 표면이 고르지 못한 자연석이기 때문에 비면을 깎아내도 자연석의 원래 굴곡이라고 여길 뿐 전혀 깎아낸 티가 나지 않는다. 게다가 비석의 몸체에 달라붙은 이끼를 태운다는 이유로 불에 그슬린 적도 있어 비가 상당히 더럽혀져 있던 터이다. 이런 상황에서 세 글자 정도를 고치고 그 부분을 일부러 더럽혀서 변조를 위장하기란 그리 어려운 일이 아닌 것이다.

이렇게 재빨리 일차적인 변조를 마친 후 일본군 참모본부는 아무 일도 없었다는 듯이 아니, 아무 일도 없었음을 강조하기 위해 일부러 천연덕스럽게 누구라도 광개토태왕비를 탁본해 갈 수 있도록 은근히 유도하면서 사코본을 토대로 비문 연구에 몰두했다. 그리고 드디어 비문에 대한 왜곡된 연구 결과를 1889년 『회여록』이란 관변 잡지에 발표한 것이다. 그렇게 변조한 비석을 별 관심이 없다는 듯이 천연덕스럽게 대하는 사이에 일부 중국인들이 탁본을 떠가기도 했다. 이때 뜬 탁본이 훗날 발견된 이른바 '원석탁본'이라는 것들이다.

따라서 이들 원석탁본이란 말만 원석탁본이지 이미 필요한 부분은 일제에 의해 변조된 상태에서 뜬 것이다. 그러니 일제가 왜곡한 역사의 진실을 밝히는 데는 아무런 도움이 되지 못한다. 따라서 앞으로는 중국 측에서 주장하는 '원석탁본'이라는 것들을 곧이곧대로 '원석탁본'이라고 불러서는 안 된다. '1차 변조 후 원석탁본'이라고 부르는 것이 옳다.

독자 여러분은 반문할 것이다. 1차 변조의 증거가 어디에 있느냐고. 그 증거는 다음 장에서 광개토태왕비의 변조범에 대한 현장 검증을 통해 낱낱이 제시할 것이다.

일제는 아무도 모르게 슬쩍 비문을 고쳐놓고 뒷짐 지고만 있지는 않았다. 1889년 일제가 『회여록』을 통해 광개토태왕비문을 공개한 5년 후인 1894년에 그들은 청일전쟁에서 승리했다. 전후 보상으로 청나라로부터 요동반도를 할양받았고, 사실상 청의 지배역량이 미치지 못하던 만주에서 세력을 급속히 강화하였다. 따라서 이때부터 일제는 광개토태왕비에 대해서도 드러내놓고 자신들의 목적에 맞는 학설을 제시하기 시작했다. 중요한 것은 이즈음 일제가 만주 집안에 있던 광개토태왕비의 관리도 직접 관여할 여건이 형성됐다는 점이다.

1905년 러일전쟁에서 승리하여 만주 지역의 실질적인 세력으로 등장한 일본은 1906년 만주 지역에 천황 직속으로 관동군을 설치함으로써 사실상 만주의 지배자가 되었다. 이후 만주에서 벌어진 일은 거의 다 일본의 주도로 이루어졌다. 광개토태왕비 역시 일본이 마음만 먹으면 얼마든지 그들의 뜻대로 처리할 수 있는 비참한 상황에 빠지게 된 것이다. 이즈음 일제는 본격적으로 광개토태왕비에 대한 석회도포 작전을 폈다. 그들은 깨끗한 탁본을 제작한다는 명분 아래 비면 전체에 석회 칠을 하고 글자를 다듬어 뜬 '석회 탁본'을 다수 제작하여 퍼뜨리기 시작한 것이다. 이때부터 그들이 원석에 손을 대어 변조한 신묘년 기사의 '도해파(渡海破)' 세 글자는 그게 원래 글자인 양 모든 탁본에 그렇게 찍히게 되어 비문 해독의 '통설'로 굳어지게 되었다. 신묘년 기사뿐 아니라, 한일 고대사에 관한 중요한 대목의 글자들이 영구히 훼손되어 원문을 파악하기 힘들게 되어 버렸다.

^{3장} 사라진 비문을 찾아서

비문 복원의 결정적 단서

지금까지 우리는 한일 고대사의 핵심적 열쇠를 쥐고 있는 신묘년 기사 부분의 '渡海破' 세 글자가 변조된 것이 분명하다는 사실을 서예학적 분석으로 확인했다. 사실 광개토태왕비문과 변조 의혹에 대해서는 여러 연구가 있었으나 이처럼 서예학을 토대로 비문 변조 사실을 규명한 것은 이번이 처음이다. 하지만 변조 사실을 확인했다고 해서 다 끝난 일은 아니다. 더 중요한 일이 남아 있기 때문이다. 그것은 바로 일제에 의해 비문이 변조되기 이전에 원래 새겨져 있던 글자가 무엇인지를 알아내 복원하는 일이다.

광개토태왕비문은 간결하면서도 의미가 매우 명확하게 표현된 문장이다. 따라서 신묘년 기사 부분이라고 해서 변조 이전의 원문이 특별히 어렵거나 복잡해야 할 이유가 없다. 그러나 이 대목을 일본군 참모본부가 변조하고 엉뚱하게 해석하면서부터 그 의미를 둘러싸고 여러 가지 해석들이 나오게 되었다. 그중에는 애매한 해석도 있고, 때로는 황당한 해석도 있다.

이렇게 구구한 해석 때문에 100년이 훨씬 넘는 세월 동안 논쟁이 계속되면서도 아직까지 일본이 주장하는 '통설'을 뒤엎을 만한 명쾌한 해석이 나오지 못했다. 그 이유는 무엇일까? 그것은 해석에 앞서 변조를 증명할 수 있는 연구가 선행되지 못했기 때문이다. 변조된 문장을 가지고 서로 자기주장에 맞도록 자의적인 해석을 해왔기 때문에 명쾌한 해답을 들을 수 없었던 것이다. 변조된 비문을 곧이곧대로 믿고 해석하면 각종 역사서에 기록된 사실과 전혀 달라 황당할 따름이고, 역사적 사실에 맞추어 해석하려고 하면 문법적으로 맞지 않는 애매모호한 해석이 속출했던 것이다. 이것이 광개토태왕비 신묘년 기사에 대한 지금까지의 해석과 연구의 실상이다.

과연 '渡海破'로 변조되기 전 신묘년 기사의 원문은 무엇일까? 일본으로 하여금 변조 사실을 인정하게 하려면 우선 광개토태왕비에 새겨져 있던 원문이 무엇인지를 추적해야 한다. 나는 틈만 나면 원문이 과연 무엇일까 하는 생각에 잠기곤 했다. 때로는 헛된 생각을 하고 있는 게 아닌지 자책도 했지만 원문을 추적하겠다는 꿈은 버리지 않았다. 달리는 버스 안에서든, 찻집에 앉아 약속한 사람을 기다리는 짧은 시간이든, 홀로 걷는 등산로에서든 이를 골똘히 생각했다.

그러던 어느 날, 정말 우연한 기회에 어떤 생각이 머리를 스치고 지나갔다. 바로 거기에 신묘년 기사의 원문을 복원할 실마리가 들어 있었다.

'아! 본래 이 글자였던 것을 이렇게 변조한 것이구나.'

참으로 오랜 의문이 풀리는 순간, 나는 전율했다. 이제 변조되기 전의 원문이 무엇이었는지부터 차근차근 이야기하기로 하자. 물론 변조 방법에 대한 구체적인 설명도 아울러 할 것이다.

1999년 가을, 내가 전북대학교로 자리를 옮긴 후 맞은 첫 학기의 어느 날이었다. 그날은 예술대학에 개설된 '서예의 이해'라는 교양과목 강의가 있었다. 강의의 주된 내용은 서예 작품이나 금석문의 연구가 얼마나 중요한지에 대해 설명하는 것이었다. 충남 공주에 있는 쌍수정사적비, 충남 아산에 있는 이충무공 신도비, 충북 괴산에 있는 우암 송시열 묘비, 백제 무령왕릉 지석 등의 예를 들면서 이들 금석문의 서체를 통해 볼 수 있는 역사적 사실과 우리 민족의 미의식에 대해 설명하고 있었다. 그러다 강의 시간이 조금 남고 학생들의 수강 태도가 사뭇 진지하기에 예정에 없이 광개토태왕비의 신묘년 기사에 대한 일본의 변조 의혹에 대해 이야기하게 되었다. 얼른 개요만 설명하고 강의를 마쳐야겠다는 생각에 급히 칠판에 신묘년 기사를 써 나갔다. 당시는 아직 PPT가 일반화되지 않아 대부분의 강의에 이런 판서가 필요했다.

百殘新羅舊是屬民 由來朝貢 而倭以辛卯年 來渡海破百殘□□新羅 以爲臣民

백제와 신라는 예부터 (고구려의) 속민(屬民)이었다. 그래서 줄곧 조공을 해왔다. 그런데 일본이 신묘년에 바다를 건너와 백제와 □□와 신라를 깨부수어 (일본의) 신민(臣民)으로 삼았다.

그런데 너무 급히 쓰는 바람에 맨 마지막의 '신민(臣民)'이라는 단어를 잠깐 착각하여 '속민(屬民)'이라고 쓰게 되었다. 다 써놓고서 문장을 해석하다가 잘못 쓴 것을 발견하고는 '속민'을 지우고 '신민'이라는 단어를 쓰려고 분필을 들었다. 그 순간! 머릿속이 전광석화처럼 번쩍였다.

'어! 속민과 신민, 서로 다른 글자였잖아!'

이 무슨 뚱딴지같은 소리인가? 오랫동안 신묘년 기사를 수없이 보고 베껴 써본 내가 앞부분은 '속민'이고 뒷부분이 '신민'이라는 것을 몰랐단 말인가? 물론 훤히 알고 있었지만 유념해서 보지는 않았던 것이다. 그런데 그날처럼 '속민'과 '신민'이 전혀 다르게 느껴지기는 처음이었다. 글자를 고쳐 쓰고서 가만히 지켜보고 있으니, 이들 두 단어의 그 '다름' 때문에 신묘년 기사의 문장 전체에 대한 해석이 근본적으로 바뀔 수 있다는 생각이 들었다. 바로 거기에 광개토태왕비의 의혹을 풀 수 있는 단서가 있음을 직감했다.

나는 더 이상 강의를 진행할 수 없었다. 서둘러 강의를 끝내고 혹시 잊어버릴까 봐 출석부 뒷장의 여백에 조금 전에 머리를 스치고 지나간 생각을 메모하기 시작했다. 마음은 급한데 손이 떨려서 제대로 메모가 되지 않던 그 순간이 지금도 생생하다. 떨리는 가슴을 주체하지 못해 점심도 제대로 먹을 수 없었다.

'한 문장 안에서 속민과 신민을 달리 썼다면 이 두 단어는 분명한 차이가 있다. 두 단어의 쓰임이 근본적으로 다르기 때문에 서로 구분하여 쓴 것이다. 따라서 속민과 신민은 결코 일반적인 동의어가 될 수 없다. 거대한 광개토태왕비는 선왕이 이룬 위대한 업적을 역사에 길이 남기기 위해 아들 장수왕이 공들여 세운 고구려 제국의 공식 문서가 아닌가. 그토록 중요한 문장을 쓰면서 별 의미 없이 속민과 신민이라는 단어를 동의어로 사용했을 리 없다.'

여기까지 생각이 미치자 속민과 신민, 두 단어의 차이에 대한 답이 불과 1~2초 사이에 머리를 스쳤다.

물론 나의 이런 생각에 얼마든지 반론을 펼 수 있을 것이다. 속민과 신민이라는 두 단어의 뜻의 차이를 특별히 유념해서 썼을 수도 있지만 그냥 동의어일 수도 있지 않겠느냐고 말이다. 사실 문장을 쓸 때 가급적 같은 단어를 중복하지 않는 것이 문장을 더 매끄럽게 할 수 있기 때문에 속민과 신민이라는 동의어를 그렇게 나누어 썼다고 생각할 수도 있다. 예를 들면 '한국 팀은 일본에 압승했고 중국에도 압승을 거뒀다'는 문장보다는 '한국 팀은 일본에 압승했고 중국에도 대승을 거뒀다'는 식으로 '압승'과 '대승'을 번갈아 쓰는 것이 훨씬 낫듯이 신묘년 기사에서의 속민과 신민도 그렇게 번갈아 쓰는 효과를 내기 위한 것이라는 주장이 얼마든지 가능한 것이다.

그러나 신묘년 기사의 속민과 신민은 결코 그런 단순 동의어가 아니다. 두 단어는 분명한 차이가 있음에 틀림없다. 이를 확인하기 위해 나는 광개토태왕비의 다른 부분을 다시 찬찬히 살펴보면서 속민이나 신민이라는 단어가 또 나오는지 확인했다. 비문을 통틀어 신민이란 말은 더 이상 등장하지 않았고, 속민이란 단어는 경술년 기사 부분에 한 번 더 나왔다. 경술년 기사란 광개토태왕비 제3면의 5행에서 광개토태왕 즉위 20년(영락 20년)에 있었던 동부여 정벌에 대해 언급한 것이다. 이 경술년 기사에서는 동부여를 일러 '속민'이라고 칭했다.

> 광개토태왕 20년 경술년(410)의 일이다. 동부여는 그 옛날 추모왕(鄒牟王, 주몽왕, 즉 고구려 시조 동명성왕) 때부터 고구려의 '속민'이었는데 중간에 배반하여 조공을 하지 않았다. 이에 왕(광개토태왕)께서 몸소 군대를 이끌고 토벌해 나아가 부여성까지 이르렀다. 그러자 부여성 안의 온 나라 사람들이 놀라서…(卄年庚戌 東夫餘舊是鄒牟王屬民 中叛不貢 王躬率往討軍到餘城 餘城國駭…).

여기서는 왜 신민이란 말을 쓰지 않고 속민이란 말을 썼을까? 두 단어 중에서 아무 생각 없이 속민이라는 단어를 택한 것일까? 그렇다면 이 자리의 속민은 신민으로 바꿔 써도 아무 상관이 없는 것일까?

아니다. 신묘년 기사에서는 백제와 신라에 대해 속민이라는 단어를 사용했고, 경술년의 동부여 정벌 기사에서는 동부여를 속민이라고 칭했다. 동부여를 추모왕, 즉 동명성왕 때부터 고구려의 속민이었다고 한 것이다. 그렇다면 신민이라는 단어는 어디서 사용했을까? 바로 신묘년 기사에서 '왜(倭)'라는 글자가 나오는 부분에만 유독 신민이라는 단어를 사용했다.

여기에 생각이 미치자 마음이 급해졌다. 두 단어는 뚜렷한 차이가 있다는 것이 분명해졌기 때문이다. 나는 그동안 광개토태왕비에 대한 많은 문헌을 보았다. 그러나 소홀했던 탓인지 비문에 나온 '민(民)'의 성격에 대해 포괄적으로 언급한 논문은 보았어도 속민과 신민의 차이에 대해 구체적으로 살핀 논문은 보지 못했다. 그것도 이상했다. 모두 이 단어들을 '피지배 국민' 정도의 뜻으로 생각하고, 그 차이에 대해서는 주목한 연구자가 아직 없었다니 말이다.

나는 곧바로 속민과 신민의 차이에 대해 조사하기 시작했다. 우선 '속(屬)' 자와 '신(臣)' 자의 의미를 파악하기 위해 각 글자의 본래 뜻부터 천착해 들어갔다.

일반적으로 중국 최초의 문자 형태로 보는 갑골문과 주나라 때의 금문에는 '屬' 자가 보이지 않는다. 소전(小篆)체에는 이 글자가 있다. 앞서 사전 지식으로 익힌 한자의 여러 자체를 상기하면서 다음 그림의 소전체로 쓴 '屬' 자를 살펴보자.

그림31의 ①에서 보는 바와 같이 '屬'은 '尾(미)'와 '蜀[속(=촉)]'이 합쳐져서 이루어진 형성자(形聲字)다. '蜀'은 '속(촉)'이라는 발음을 나타내고, '尾'가 의미를 나타내는 부분이다. 여기서 '尾(꼬리 미)'는 무릎을 구부린 사람(尸)의 엉덩이 부분에 털(毛)이 붙어 있는 모습을 나타낸 것으로(그림31-② 참조), 원시 사회에서 동물을 흉내 내어 엉덩이 부분에 꼬리를 만들어 붙이고 놀던 모습에서 유래한 글자다.

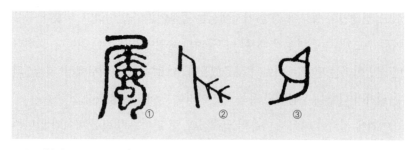

그림31. ① '屬' 자의 소전체, ② 갑골문 '尾'자, ③ 갑골문 '臣' 자.

후에 '屬'은 '꼬리'라는 뜻에서 의미가 확장되어 '끝', '말단'이라는 뜻이 생겨났고, 거기서 다시 '꼬리를 잇다'라는 의미로 확대되어 '이어져 있다', '붙어 있다'라는 뜻이 생겼으며, '붙어 있다'라는 뜻에서 '속하다'라는 의미가 생겨났다.

이제 '臣' 자를 보자. '臣'은 갑골문에도 보이는데, 최초의 형태는 눈[目]이 세로로 서 있는 모습이다(그림31-③).

'臣' 자가 이처럼 눈이 세로로 서 있는 모습을 한 것에 대해 근대 중국의 학자인 곽말약(郭沫若)은 "사람이 머리를 숙인 채 눈으로 전방을 보게 되면 눈이 세로로 선 모습을 띨 수밖에 없다. 따라서 '臣'은 사람이 머리를 조아려 굴복하는 모습을 나타낸 글자이다"라고 하였다. 갑골문 연구의 권위자인 허진웅(許進雄)도 다음과 같이 설명했다.

> '臣'은 하나의 눈이 바로 서 있는 모습으로, 머리를 들고 바라보는 행위를 나타낸다. 이것은 낮은 위치에 있는 하급 계층의 사람이 높은 위치에 있는 고급 관리를 쳐다보는 모습이다. 이런 까닭에 '臣' 자는 '죄수'와 '관리'라는 의미를 함께 지니게 되었으며, 이는 소리를 죽이고 순종하는 노예가 관리로 승진된 데서 비롯했을 것이다.[1]

허진웅의 견해 또한 '소리를 죽이고 순종하는 노예', 즉 '굴복'의 의미에서 '신하'라는 의미가 생겨났음을 밝히고 있다.

이렇게 '屬' 자와 '臣' 자의 최초의 형태와 본래 의미를 따져보면 두 글자의 의미가 완전히 다름을 알 수 있다. '屬'은 '꼬리'라는 의미에서 '잇다→붙어 있다→속하다'라는 뜻으로 의미가 확대되어 간 글자이고, '臣'은 '엎드린 채 앞을 보며 조아리다'라는 의미에서 '굴복하다→신하'라는 뜻으로 의미가 확대된 글자인 것이다.

이처럼 분명히 뜻이 다른 글자이지만 거기에 '民' 자를 덧붙여 이루어진 단어인 '屬民'을 '속한 백성'으로, '臣民'을 '신하 백성'으로 풀이하면 '속민'과 '신민'이 뜻이 같은 단어처럼 보인다. 그러나 '속하다'와 '신하'는 근원적으로 의미가 다른 말이다. 이 점을 토대로 속민과 신민의 의미 차이를 좀 더 구체적으로 규명해보자.

각 한자의 자형과 의미와 발음을 설명한 중국 최초의 자서(字書)로『설문해자(說文解字)』라는 책이 있다. 이 책은 중국 한나라 때의 학자 허신(許愼)이 편찬한 것인데, 오늘날까지도 한자의 형태, 발음, 의미를 연구하는 데 경전처럼 중시하는 책이다. 우선 속민과 신민의 의미 차이를 더 분명히 밝히기 위해『설문해자』에서 '屬'과 '臣'에 대한 설명을 찾아보자.

속민과 신민

『설문해자』는 '屬'을 이렇게 풀이한다.

> '屬'은 '잇는다'는 뜻이다. '尾(꼬리 미)' 자에서 뜻을, '蜀(촉나라 촉)' 자에서 소
> 리를 취했다(屬 連也 從尾蜀聲).**2**

　『설문해자』는 앞서 소전체 '屬' 자의 자형 분석에서 살펴본 바와 똑같은
설명을 하고 있다. 그런데『설문해자』에 가장 뛰어난 주석을 붙인 사람으로
유명한 단옥재(段玉裁)는 『설문해자주(說文解字注)』에서 이 글자를 다음과
같이 풀이했다.

> 무릇 다르면서도 같은 것을 '屬'이라고 한다. 대개 같으면서도 그 안에 다름
> 이 있는 것을 말할 때가 있으니, 예를 들면 "秔(메벼 갱)은 稻(벼 도)에 속한
> 것이다(秔은 稻의 한 종류이다)"라고 하거나, "秏(물벼 모)는 稻(벼 도)에 속한
> 다"라고 하는 경우가 바로 그것이다. 또한 다르면서도 같다고 해야 할 경우가
> 있으니, 예를 들면 "稗(피 패)는 禾(벼 화)의 한 별종이다"라고 하는 경우가 바

로 그것이다.[3]

단옥재의 설명을 보충하면, "메벼는 벼에 속한다"고 하거나 "물벼는 벼에 속한다" 또는 "피는 벼에 속한다"라고 할 때 '屬' 자를 사용하는 것이다. 그러니까 '屬'은 큰 범위에서는 근본적으로 같으면서도 작은 범위에서 볼 때는 다른 일면이 있을 때, 그 다른 일면을 설명하기 위해 "작은 것이 큰 것에 속한다"라고 할 경우에 사용하는 글자인 것이다.

'屬' 자의 이런 의미에 유념하면서 광개토태왕비에 쓰인 '속민'의 뜻을 살펴보면 의미가 좀 더 분명해진다. 현재는 비록 다른 나라로 갈라져 있지만 원래의 뿌리는 같은 민족에 대해 '속민'이라는 단어를 사용한 것이다. 즉, 근본적으로 같은 민족이면서도 현재는 다른 국가를 형성한 나라의 백성을 지칭하는 말이 곧 '속민'인 것이다. 그렇다면 신묘년 기사의 '百殘新羅舊是屬民(백제와 신라는 예부터 고구려의 속민이었다)'이라는 대목에서 '屬' 자를 쓴 이유가 분명해진다. 고구려는 비록 나라는 다르지만 백제와 신라를 같은 족'속'(族'屬'), 즉 뿌리가 같은 민족으로 여긴 것이다.

이러한 속민의 의미는 이 말이 또 등장하는 경술년의 동부여 정벌 기사에서도 다시 확인할 수 있다.

> 동부여는 그 옛날 추모왕 때부터 고구려의 속민이었는데 중간에 배반하여 조공을 하지 않았다(東夫餘舊是鄒牟王屬民 中叛不貢).

여기서 사용한 '속민'도 동부여와 고구려가 본래 같은 민족이었다는 사실을 말하기 위해 사용한 단어이다. 동부여와 고구려가 같은 민족국가라는 점이 『삼국사기』에도 상세히 기록되어 있음은 주지의 사실이다.

시조 동명성왕의 성은 고씨요 휘(諱)는 주몽이다. 부여왕 해부루가 늙도록 아들이 없어 산천에 제사하여 후사를 구하려 할 때, 그가 탄 말이 곤연(鯤淵)이란 곳에 이르러 큰 돌을 보고 마주 대하며 눈물을 흘렸다. 왕이 괴이하게 여겨 사람을 시켜 그 돌을 옮겨 놓고 보니 금색 개구리 모양의 어린아이가 있었다. 왕이 기뻐하여 말하기를 "이는 하늘이 나에게 뒤를 이을 훌륭한 아들을 주심이다"라고 하며 데려다 길렀다. 이름을 금와(金蛙)라 하고 장성하자 태자로 삼았다. 그 후 … 동해가의 가섭원(迦葉原)이라는 곳으로 도읍을 옮기고 국호를 동부여라 하였다. … 해부루가 돌아가자 금와가 왕위를 이었다. 이때 금와가 태백산 남쪽 우발수에서 한 여자를 얻어 내력을 물으니 그 여자는 이렇게 대답했다. "나는 하백의 딸로 이름은 유화라 한다. 여러 아우들과 함께 나와 놀고 있을 때 한 남자가 나타나 천제(天帝)의 아들 해모수라 하고 나를 웅심산 아래 압록강가의 집으로 유인하여 사욕을 채운 후 떠나가서 돌아오지 않았다. 우리 부모는 내가 중매도 없이 남에게 몸을 허락했다며 크게 꾸짖고 나를 이 우발수에 귀양살이하게 했다." 금와는 이상히 여겨 여자를 집에 가두었다. 얼마 지나지 않아 여자의 몸에 햇빛이 비쳤다. 몸을 피하면 햇빛이 또 따라와 비쳤다. 그로 인하여 태기가 있더니 다섯 되들이만 한 큰 알을 낳았다. … 그 어미가 물건으로 알을 잘 싸서 따뜻한 곳에 두었더니 사내아이가 껍데기를 깨뜨리고 나왔다. 아이는 외모가 영특해 보였으며 일곱 살에 보통 아이들과 달리 제 손으로 활과 화살을 만들어 쏘는데 백발백중이었다. 부여의 속어에 활을 잘 쏘는 사람을 주몽이라 하므로 그 이름을 주몽이라고 지었다.[4]

이렇게 태어난 주몽은 동부여의 왕인 금와의 아들이 되어 자라지만 이복형제들이 시기하여 졸본천(卒本川)으로 도망 나와 나라를 세웠으니, 이 나라가 바로 고구려다. 이 기록으로 보아 동부여와 고구려는 본래 한 뿌리에서 나온 같은 족속(族屬)의 나라임을 다시 한 번 확인할 수 있다.

『삼국사기』뿐 아니라『삼국유사』도『삼국사기』에 실린 것과 같은 내용을 전하면서 동부여와 고구려가 같은 민족이었음을 더욱 분명하게 기록하고 있다.[5] 이러한 기사를 통해서도 '속민'은 고구려와 본래 같은 뿌리, 같은 민족이지만 현재 운영하고 있는 나라는 다른 나라를 지칭하는 말임을 거듭 확인할 수 있다. '속민'이라는 단어에는 이렇듯 깊은 의미, 즉 '같은 뿌리', '같은 민족'이라는 의미가 있는 것이다.

광개토태왕비에 나오는 이 '속민'이라는 단어는 우리에게 중대한 의미가 있다. 왜냐하면 우리는 이 속민이라는 말을 통해 한일 고대사를 바로잡을 수 있음은 물론이려니와, 특히 최근 중국 정부가 불순한 의도로 자행하고 있는 '동북공정'을 반박할 수 있는 근거를 찾을 수 있기 때문이다. 주지하다시피 동북공정의 핵심 내용은 고구려를 신라나 백제와는 혈통이 다른 중국의 변방 민족으로 규정하여 고구려의 역사를 중국의 역사에 편입시키려는 것이다. 그런데 광개토태왕비에는 엄연히 "백제와 신라는 예부터 고구려의 속민, 즉 고구려와 같은 민족이다", "동부여도 고구려와 같은 민족이다"라는 기록이 있다. 따라서 이를 근거로 우리는 중국이 고구려를 백제나 신라와 분리하여 한민족의 국가가 아닌 중국에 속한 변방 국가로 바꾸려는 의도를 무력화할 수 있으며, 옛 동부여 지역이 우리 민족의 영토였음을 주장할 수 있게 된다. 광개토태왕비에 있는 이 '속민'이라는 한 단어는 이처럼 중요한 의미가 있는 것이다.

광개토태왕비의 기사를 면밀히 분석해보면 고구려의 '속민'이 갖추어야 할 요건과 관련된 중요한 사실을 한 가지 더 발견할 수 있다. 그것은 바로 "동부여는 그 옛날 추모왕 때부터 고구려의 속민이었는데 중간에 배반하여 조공을 하지 않았다"라고 적힌 경술년 기사 부분이다. 이 말을 통해 당시 고구려의 속민은 반드시 고구려에게 조공을 해야 하는 원칙이 있었음을 확인할 수 있다.

이상에서 논의한 내용을 종합하면, '속민'은 기본적으로 '고구려와 동족 국가'이면서 부차적으로 '고구려에 대한 조공 국가'라는 뜻이 있다고 풀이하는 것이 가장 타당할 것이다.

사실 고구려는 일찍부터 백제를 조상이 같은 한 뿌리의 왕조로 보았고, 신라 역시 동족 국가로 여겼다. 따라서 백제와 신라가 고구려에게 설령 조공을 하지 않았더라도 이미 같은 민족이므로 '속민'이라고 부를 수 있었을 터이다. 그런데 신묘년 기사에 적힌 것처럼 백제와 신라는 '由來朝貢(유래조공)', 즉 줄곧 조공을 해왔다고 했으니, 당연히 백제와 신라에 대해 고구려는 속민이라는 용어를 사용한 것이다.

물론 백제와 신라가 고구려에 조공을 했다는 사실을 부정하는 이들도 있다. 오랫동안 광개토태왕비를 연구해온 이형구(李亨求)의 입장이 그렇다. 그는 속민에 대해 이렇게 설명했다.

> 역사상으로 백제나 신라가 고구려의 '속민'이었던 적은 없으며, 더욱이 조공을 바친 기록은 전혀 찾아볼 수 없다. 그러나 신라에서는 내물이사금이 실성(實聖)을 고구려에 인질로 보내는 등 우호선린적 관계를 맺었으므로 '구시속민(舊是屬民)'이라고 한 것은 예를 갖췄다는 의미가 아닌가 한다.[6]

내가 보기에 그의 주장은 그리 설득력이 있어 보이지 않는다. 조공을 바친 '기록'이 전혀 없다고 해서 조공이 있었던 '사실' 자체를 부정할 수는 없는 일이다. 이미 광개토태왕비의 비문에 뚜렷이 '由來朝貢(유래조공)'이라는 말이 새겨져 있으므로 이 기록 자체가 매우 소중한 자료인 것이다. 따라서 백제와 신라는 실질적으로 고구려에 조공을 해왔지만 이러한 사실이 역사서에 누락됐다고 보는 것이 오히려 설득력이 있다.

이렇게 속민이라는 단어에 담긴 깊은 속뜻을 찾고 보니 궁금함이 더 커졌다. 광개토태왕비 이외에 다른 전적(典籍)에도 과연 속민이라는 단어를 쓴 곳이 있을까? 만약 썼다면 앞서 파악한 의미와 같은 의미로 썼을까? 아니면 엉뚱하게 다른 의미로 썼을까?

나는 서둘러 다른 역사서들을 뒤지면서 '속민'의 용례를 조사했다. 확인에 확인을 거듭해보았지만 우리의 대표적인 고대 사서인 『삼국사기』나 『삼국유사』에는 이 단어가 한 번도 나오지 않았다. 그래서 중국 역사서를 뒤지기 시작했다. 광개토태왕 시대를 전후한 시기를 기록한 중국 역사서인 『위서(魏書)』, 『진서(晉書)』, 『송서(宋書)』, 『양서(梁書)』 등을 찾아보았다. 하지만 이들 책에도 속민이라는 단어는 한 번도 등장하지 않았다. 다만 유가의 경전인 『주례(周禮)』에서 더러 속민이라는 말을 찾을 수 있었다. 그러나 그 뜻은 광개토태왕비문의 그것과는 완전히 달랐다. 예를 들면 이렇다.

> 당정(黨正)은 각기 자기 마을(黨)의 정치와 교육을 담당한다. 해마다 사계절의 첫 달에는 좋은 날을 잡아 백성들을 모아놓고 나라의 법을 읽어 선포함으로써 백성들이 계율로 삼게 했다(黨正 各掌其黨之政令敎治 及四時之孟月吉日 則屬民而讀邦法以糾戒之).[7]

『예기』에서의 '속민'은 특정한 의미를 갖는 하나의 명사가 아니라 '백성들을 한자리에 모으다(聚)'라는 의미로 쓰인 '타동사(屬)+명사(民)' 구조의 문장이다. 다시 여러 문헌을 검색해본 결과, 『주례』뿐만 아니라 한나라 이전의 역사서인 『국어(國語)』, 『사기(史記)』 등에도 '속민'이라는 단어가 나오기는 하지만, '속(屬)'이 모두 『예기』에서와 같이 동사 '취(聚)(모으다)'의 의미로 쓰였다.[8] 고구려보다 후대의 역사를 기록한 중국 사서를 조사했지만 결과는 마찬가지였다. 속민이라고 적힌 부분이 간간이 나오지만 '백성을 모아 마을의 학당에서 예에 맞춰 술을 마셨다'거나 '백성들을 모아 대오를 정비하였다'는 등같이 '백성을 모으다'라는 의미로 사용한 용례만 찾을 수 있었다.[9]

결국 우리나라와 중국의 주요 사서를 거의 다 뒤졌지만 광개토태왕비문과 합치되는 속민의 용례는 찾을 수 없었다. 그렇다고 해서 속민을 '동족 국가'라는 의미로 새긴 나의 풀이가 잘못되었다고는 생각하지 않는다. 나의 풀이를 잘못된 것이라 치자. 중국 전적에 나오는 속민의 해석인 '백성을 모으다'라는 의미를 광개토태왕비의 '百殘新羅舊是屬民'이라는 문장에 대입하여 풀이해보자. "백제와 신라는 예부터 '백성을 모았다'이다"가 된다. 이는 근본적으로 성립될 수 없는 문장이다.

여기서 우리는 답을 찾을 수 있다. '형용사+명사' 구조로 '속한 백성' 즉 '동일 민족'이라는 뜻으로 쓰인 속민이라는 단어는 고구려 광개토태왕비에서만 볼 수 있는 어휘이다. 즉, 고구려만의 용어인 것이다. 고구려가 중국과 다른 문화를 영위해왔기 때문에 광개토태왕 당시에는 이미 일상적인 용어도 중국과 달리 형성되고 있었음을 보여주는 아주 중요한 단서이다. 이러한 고구려식 언어 운용은 '屬' 자 본래의 뜻인 '異而同者曰屬(이이동자왈속)', 즉 '좁은 범위로 봐서는 다른 면이 있으면서도 넓은 범위에서는 근본적으로 같은 것'이라는 뜻에도 완벽하게 부합한다.

다시 한 번 정리하면 고구려식 용어인 '속민'은 '비록 현재는 다른 나라로 분리되어 있지만 근본적으로 같은 뿌리의 민족 관계에 있는 나라'를 가리키며, 부차적으로는 '직접 조공을 바치는 나라'를 뜻하는 말이다. 이렇게 '속민'이 지닌 소중한 의미를 알게 되니 지금까지 이 말을 너무 소홀하고 안이하게 대해온 점을 반성하지 않을 수 없다.

그렇다면 '신민'의 속뜻은 무엇일까? 그것은 '속민'과는 어떻게 다를까? 앞서 우리는 '臣(신하 신)' 자의 갑골문 형태로써 '臣'이 '고개 숙여 굴복한다'라는 뜻의 글자임을 살펴보았다. 『설문해자』에서는 '臣'을 어떻게 풀이했을까?

> 臣은 '이끌다(牽)'라는 뜻으로 풀이된다. 임금을 섬기는 자가 굴복하여 엎드려 있는 모양을 본떠 만들었다(臣 牽也 事君者象屈服之形).**10**

이에 대해 단옥재는 다음과 같은 주석을 붙였다.

> '臣'을 '이끌다'라는 의미로 풀이한 것은 '臣'과 '牽(이끌 견)'이 첩운(疊韻)관계**11**에 있는 글자이기 때문이다. 『춘추설(春秋說)』과 『광아(廣雅)』에서는 모두 '臣'을 '굳다, 굳히다(堅)'로 풀이했다. 『백호통(白虎通)』에서는 '잇다(續)'라는 뜻으로 풀이했으니, '臣'은 왕의 뜻을 이어 그것을 받들기 위해 자신을 견고하게 다스린다는 뜻이다(以疊韻釋之. 『春秋說』『白虎通』, 『廣雅』, 皆曰: 臣, 堅也. 『白虎通』曰: 臣者, 續也. 屬志自堅固也).**12**

『설문해자』의 본문 및 단옥재의 주를 토대로 '臣'의 의미를 파악해보면, '臣'은 '왕의 명령에 복종하면서 그 뜻을 이으려고(따르려고) 스스로 노력하는 사람'이라고 할 수 있다. 따라서 '신민'은 '속민'처럼 동일 민족 관계나 조공 관계 등 구체적이고 특정한 관계에 있을 때에 쓰는 '전용(專用) 명사'가 아니다. 왕에 대한 복종의 의사를 표시하거나 예를 갖춘 사람이라면 누구에게나 사용할 수 있는 '범용(凡用) 명사'이다. 다시 말하면, '신민'은 '왕에 대한 순종자(백성)'라는 일반적인 뜻의 단어로서, '속민'에 비해 친소(親疎) 관계나 왕에 대한 복속의 정도가 훨씬 낮은 일반적인 경우에 사용하는 용어인 것이다.

이와 같은 '臣' 자의 본래 의미에 비추어 볼 때 광개토태왕비에 나오는 '신민'은 고구려에 대해 복종의 의사를 표시한 어떤 나라 혹은 집단을 지칭하는 일반적인 용어임을 확인할 수 있다.

　신민이라는 단어의 이런 의미를 확인하기 위해 이 말이 다른 사서에서
는 어떻게 쓰였는지 일일이 살펴보았다. 『삼국사기』에는 이 단어가 한 번도
나오지 않았다. 『삼국유사』에는 두 번 등장한다. 한 번은 『삼국유사』 권 제1
「기이(奇異)」 제1 '제4대 탈해왕조'에서, 또 한 번은 「기이」 제2 '남부여 전백
제 북부여조'에서다.

　가락국 해중에 (어떤) 배가 와서 닿았다. 그 나라의 수로왕이 신민들과 함께
　북을 치고 법석대면서 그들을 맞아들여 머물게 하려고 했다. 그러나 그 배는
　나는 듯이 계림 동쪽 하서지촌 아진포로 달아났다(駕洛國海中 有船來泊 其
　國首露王 與臣民鼓譟而迎 將欲留之 而舡乃飛走 至於鷄林 林東下西知村阿
　珍浦[今有上西知 下西知村名]).[13]

　비류는 듣지 않고 그 백성을 나누어 미추홀에 가서 살았다. 온조는 하남 위
　례성에 도읍하고 열 명의 신하에게 보필하게 하여 나라 이름을 십제라 하였
　으니, 이때는 한(漢) 성제(成帝) 홍가(鴻佳) 3년이었다. 비류는 미추홀이라는
　곳이 습기가 많고 물이 짜서 편안히 살 수 없었다. 위례성에 돌아와 보니 도
　읍은 안정되고 백성들이 편안히 살고 있으매 마침내 부끄러워 후회하며 죽었
　다. 이에 그의 신민들은 모두 위례성으로 돌아왔다(沸流不聽 分其民 歸彌雛
　忽居之 溫祚都河南慰禮城 以十臣爲輔翼 國號十濟 是漢成帝鴻 佳三年也 沸
　流以彌雛忽土濕水鹹 不得安居 歸見慰禮 都邑鼎定 人民安泰 遂慙悔而死 其
　臣民皆歸於慰禮城).[14]

　여기에 나오는 '신민'은 모두 '신하와 백성', 즉 왕에게 순종하며 왕을 따
르는 사람이라는 일반적 의미로 쓰였다. 이러한 용례로 보아 신민은 속민과

달리 '왕에 대한 신하와 백성', 즉 왕에게 순종하는 무리에 대한 통칭임을 다시 한 번 확인할 수 있다. 『고려사』에 등장하는 '신민'이라는 단어도 한결같이 '신하와 백성', '왕에게 순종하고 또 순종해야 할 사람'이라는 의미로 쓰였다.

그렇다면 중국 사서에서는 '신민'이 어떤 의미로 쓰였을까? 인터넷 검색을 통해 중국의 사서에서 이 단어를 찾았으나 다른 특별한 뜻은 없었다. 하나같이 '신하와 백성', '왕에게 순종하는 사람', 즉 '왕에 대한 백성'이란 일반적인 의미로 쓰였음을 확인할 수 있었다.[15]

사서 외의 다른 전적에서 사용된 '신민'의 뜻 역시 마찬가지였다.[16] '신민'이 가진 이런 일반적인 의미와 관련하여 우리는 다음 기록에 주목할 필요가 있다. 『포박자(抱朴子)』 외편(外篇)에 나오는 구절을 보자.

> 하늘 아래 왕이 거느리고 있는 모든 땅 안에 있는 것이라면 무엇이든지 왕의 신민이 아닌 것이 없다(普天率土 莫匪臣民).[17]

이는 예부터 중국 황제의 천하관과 민관(民觀)을 대변해온 말이다. 비슷한 내용의 말이 『시경』에도 보인다.

> 넓은 하늘 아래 왕의 땅이 아닌 곳이 없고, 땅의 가장자리인 물가 안의 모든 땅에 살고 있는 것으로서 왕의 신하가 아닌 것이 없네(普天之下 莫匪王土 率土之濱 莫匪王臣).[18]

신민은 왕 아래에 있는 모든 신하와 백성을 통칭하는 일반 명사임을 더 구체적으로 확인할 수 있는 대목이다. 광개토태왕비 신묘년 기사에 있는 '신민' 또한 이런 일반적인 의미로 쓰인 단어임에 틀림없다.

이렇게 두 단어의 속뜻을 살펴봤으니 이제는 앞서 제기한 의문으로 돌아가 보자. 과연 신묘년 기사 문장에서 의미가 서로 다른 '속민'과 '신민'이라는 단어를 사용한 까닭은 무엇일까? 백제와 신라를 고구려의 속민이라고 했는데 '신민'은 누가 누구를 지칭하기 위해 사용한 단어일까? 이 점만 밝혀낸다면 얼토당토않게 역사를 뒤바꾼 신묘년 기사의 변조 사실을 완벽하게 증명할 수 있게 된다. 이를 위해 속민과 신민의 의미 차이를 염두에 두고 신묘년 기사의 문장을 꼼꼼히 분석해보자. 그러면 변조되기 이전의 신묘년 기사에 대한 원문을 찾을 수 있다. 나아가 변조되기 이전의 역사적 사실이 무엇인지 그 실상도 밝힐 수 있을 것이다.

신묘년 기사의 본래 글자와 본래 의미

우선 일본이 '통설'이라고 주장하는 변조된 신묘년 기사를 비문처럼 구두점
이 없이 이어놓고 살펴보자.

> 百殘新羅舊是屬民由來朝貢而倭以辛卯年來渡海破百殘□□新羅以爲
> 臣民

변조설을 부정하는 대개의 일본인 학자들은 이 기사에 다음과 같이 구두
점을 찍고 해석한다.

> 百殘新羅舊是屬民, 由來朝貢. 而倭以辛卯年, 來渡海破百殘□□新羅, 以
> 爲臣民
> 백제와 신라는 예부터 (고구려의) 속민이었다. 그래서 줄곧 조공을 해왔다. 그
> 런데 일본이 신묘년에 바다를 건너와 백제와 □□와 신라를 깨부수어 (일본
> 의) 신민으로 삼았다.

160

역사적으로 말도 안 되는 소리라고 흥분하지 말고, 차분하게 '속민'과 '신민'의 차이를 상기하며 이 문장을 살펴보자. 맨 먼저 염두에 두어야 할 것은 광개토태왕 비문은 광개토태왕의 업적을 기리기 위해 태왕의 공적을 새긴 훈적비라는 점이다. 따라서 업적 혹은 기사의 주체는 당연히 고구려 혹은 광개토태왕일 수밖에 없고 비문의 주어 또한 당연히 '고구려'나 '광개토태왕'이다. 이 신묘년 기사에 있는 '속민'과 '신민'은 모두 고구려의 입장에서 다른 나라를 지칭한 말이라는 해석 외에 다른 해석이 불가능하다. 고구려는 신묘년 기사에 있는 여러 나라를 칭할 때 어떤 나라는 '속민'이라고 부르고, 어떤 나라는 '신민'이라고 불러서 구별했던 것이다.

이제 첫 구절인 '百殘新羅舊是屬民(백잔신라구시속민), 由來朝貢(유래조공)'부터 분석해보자. 백제와 신라는 고구려와 동일 민족이면서 '예부터 조공을 해온(由來朝貢)' 나라이기 때문에 '속민'이라는 전용(專用) 명사로 나타냈다. 그렇기 때문에 고구려의 입장에서는 혈족 관계로 보나 조공 관계로 보나 복속의 정도가 강한 '속민'인 백제나 신라를 복속의 정도가 낮은 '신민'이라는 일반 명사로 달리 나타내야 할 하등의 이유가 없다. 비유컨대 혈연관계에 있는 내 동생을 다시 친구라고 해야 할 이유가 없는 것이다.

그렇다면 광개토태왕비 전문을 통틀어 이 신묘년 기사 한 곳에만 등장하는 '신민'이라는 단어는 과연 어느 집단을 지칭하는 말일까? 백제나 신라는 이미 '속민'이라는 칭호로 불렸으니 다시 '신민'으로 칭할 수는 없다. 따라서 '신민'은 신묘년 기사에 등장하는 또 하나의 집단인 왜를 가리키는 말일 수밖에 없다.

그렇다면 이 신묘년 기사를 어떻게 해석해야 할까? 광개토태왕비는 광개토태왕의 훈적비이기 때문에 비문의 주어는 항상 '광개토태왕'이거나 '고구려'라는 점을 다시 한 번 상기하자. '신민'이 왜를 지칭한 것이라면 신묘년 기사의 마지막 구절인 '以爲臣民(이위신민)'의 주어는 당연히 고구려이므로 이에 대한 해석은 응당 '(고구려가) 왜를 신민으로 삼았다'일 수밖에 없다.

그렇다! '왜', 즉 일본은 일찍부터 고구려의 신민이었던 것이다.

100년 동안 그렇게 논쟁해온 신묘년 기사의 원문, 즉 변조되기 전의 원문이 서서히 복원되는 순간이다. 일제의 치밀한 변조 작업으로 오히려 왜가 일찍부터 바다를 건너와 백제와 신라를 지배했다는 주장에 빌미를 제공했던 광개토태왕비문이 이제 비문에 있는 '속민'과 '신민'의 차이가 파악됨으로써 그 의미가 정반대로 바뀌게 된 것이다.

이제 '속민'과 '신민'의 차이를 근거로 원문을 추적해보면 뜻이 더욱 분명해진다. 결론부터 말하면 '渡海破'라고 변조되기 전에 새겨져 있던 세 글자는 왜가 백제나 신라에 대해 모종의 예를 갖춘 내용을 담고 있어야 한다. 그래야만 속민과 신민을 분간하여 사용한 까닭이 분명해지기 때문이다. 그리고 그렇게 인과관계가 명확한 문장이라야만 제대로 된 비문이라고 할 수 있다. 그렇다면 왜가 백제나 신라에게 갖춘 모종의 예란 어떤 것일까? 앞서 백제와 신라가 고구려에게 행한 예와 같은 것이 아닐까? 그것은 다름 아닌 조공이다.

이제 이런 정황을 가지고 '渡海破' 자리에 있던 원래의 글자가 무엇이었는지 추론해볼 차례다. 나는 변조되기 전 원래의 세 글자가 바로 '入貢于(입공우)'일 것이라고 주장한다(入: 들 입, 貢: 조공 바칠 공, 于: '~에게'라는 뜻의 어조사우). 왜 그런지는 뒤에 서예학적 분석을 통해 상세히 살필 것이다. 여기서는 일단 '渡海破'를 '入貢于'로 바꾸면 원문이 어떻게 변하고 해석이 어떻게 달라지는지만 살펴보자.

> 百殘新羅舊是屬民, 由來朝貢, 而倭以辛卯年來, 入貢于百殘□□新羅, 以爲臣民
>
> 백제와 신라는 예부터 (고구려의) 속민이었다. 그래서 줄곧 조공을 해왔다. 그

런데 왜가 신묘년 이래로 백제와 □□와 신라에 대해 조공을 들이기 시작하였으므로, (고구려는) 왜를 고구려의 신민으로 삼았다.

이 해석을 부연해서 설명하면 이렇다. "백제와 신라는 진작부터 고구려의 속민, 즉 고구려와 동일 민족으로서 조공을 하는 나라였으므로 그동안 내내 고구려에게 조공을 바쳐왔다. 그런데 신묘년부터 왜가 고구려의 속민인 백제와 신라와 당시 한반도의 남부에 있던 또 하나의 나라인 □□에게 조공을 시작했다. 왜가 고구려의 속민인 백제와 신라에게 조공을 해왔고, 또 비록 속민은 아니지만 고구려에게 이미 복종의 예를 갖춘 □□에게도 조공을 시작했으므로 이때부터 고구려는 왜도 신민으로 삼아 신민의 대우를 해주기 시작했다."

비문을 이렇게 복원하고 보면 '속민'과 '신민'을 분간하여 사용한 까닭이 분명해진다. 아울러 이들 단어의 본래 의미도 뚜렷이 드러난다.

고구려는 "넓은 하늘 아래 왕의 땅 아닌 곳이 없고 땅의 가장자리인 물가 안의 모든 땅에 살고 있는 것으로서 왕의 신하 아닌 것이 없다"라는 중국 황제들의 천하관과 민관(民觀)을 가진 나라였다. 그래서 광개토태왕 당시 이런 황제국과 같은 넓은 포용력을 발휘하여 일개 해적 집단이었던 왜구를 신민으로 대접한 것이다. 이렇게 원문을 복원해야만 문리상 하자가 없고 문법적으로도 어색한 곳이 없는 완벽한 문장이 된다. 아울러 알아볼 수 없을 만큼 훼손되어 지금까지 결자(缺字)로 남겨둔 두 글자도 문맥상 '加羅(가라, 가야의 옛 이름)'일 수밖에 없음이 자명해진다.

이로써 오늘날 일본이 주장하는 임나일본부설은 허구임이 명백해졌다. 일본의 주장대로 가야 지역에 임나일본부가 있었던 게 아니라 일본(왜)이 오히려 가야에게 조공을 한 사실이 드러난 것이다. 아울러 고구려, 백제, 신라, 3국은 같은 민족이었지만 가야는 서로 다른 민족이었음도 확인할 수 있게 되었다. 고구려, 백제, 신라는 동족이었으므로 고구려의 입장에서 백제와 신라는 "예로부터 속민이었다(百殘新羅舊是屬民)"라는 표현을 하면서 그 문장에서는 가야를 제외했지만 왜가 백제, 가야, 신라 등 세 나라에게 조공을 들인 사실(史實)을 기록할 때에는 분명하게 '가야'를 기록하여 '입공우백잔[가][라]신라(入貢于百殘[加][羅]新羅)'라고 한 것이다. 백제와 신라가 북방으로부터 내려온 민족으로서 고구려와 동족임은 이미 역사에 기록된 사실이고, 김수로왕이 건국한 가야는 남방으로부터 해로를 따라 건너온 민족이라는 점이 학계의 고증을 통해 밝혀졌는데, 당시에 고구려는 이러한 민족 관계를 정확히 파악하고 있었던 것이다. 광개토태왕비는 이러한 사실(史實)을 조금도 허투루 기록함이 없이 확실한 근거를 가지고 짓고 새긴 비문인 것이다.

다시 '입공우(入貢于)' 세 글자에 대한 이야기로 돌아가보자. 물론 '入貢于' 세 글자는 필자가 '속민'과 '신민'의 차이에 착안하여 논리적으로 추론한 글자이다. 앞서 수차 언급했듯이 광개토태왕비의 훼손 상태는 너무나 심각하다. 1600여 년 전 비석을 새길 당시에 직접 본 사람이 아니고서는 변조된 부분과 결자로 처리한 곳의 원래 글자가 무엇인지는 누구도 단언할 수 없다. 따라서 변조되기 전의 원문의 내용은 "왜가 백제와 [가][야]와 신라에 대해 조공을 들이기 시작하였다"라는 것이 분명하지만 그 말을 표현한 문자는 꼭 '入貢于'가 아닐 수도 있다. '入貢于'와 뜻이 같지만 표현은 다른 말일 가능성도 충분히 있는 것이다. 예를 들어 '~에게 조공하다'라는 말인 '朝貢于(조공우)'나 '~에게 공(조공)을 시작하다'라는 말인 '始貢于(시공우)'일 수도 있다. 아니면, 보다 직접적으로 '조공을 시작하다'라는 뜻의 '始朝貢(시조공)'이라는 표현을 썼을 수도 있다.

그리고 신라 앞의 결자도 '加羅(가라)'가 아니라 '加羅'의 다른 표기인 '駕羅(가라)'나 '伽倻(가야)', '加耶(가야)'일 수 있다. 물론 광개토태왕비문에 '任那加羅(임나가라)'라는 말이 나오므로 신묘년 기사 부분에서도 '가야'를 '加

羅’로 표기했을 가능성이 높지만 말이다. 아니면 ‘加羅’라는 나라 이름이 안 쓰였을 수도 있다. 대신 ‘朝貢(조공)’ 혹은 ‘~에게도 조공을 했다’는 의미로 ‘又貢(우공)’이나 ‘又朝(우조)’라는 말이 쓰였을 수도 있다. 만일 이런 경우라면 “왜가 신묘년부터 백제에게 조공을 시작했고 또 신라에게도 조공을 했다”라는 뜻이 된다. 만약 조공에 비견할 만한 다른 예(禮)가 있었다면 그러한 예를 표현한 말이 들어갔을 가능성도 얼마든지 있다.

그러나 원문의 글자가 무엇이든 그 내용은 “왜도 신묘년부터 백제에 조공을 하기 시작했고 가야와 신라에도 조공을 했다”라는 내용이거나, “왜도 신묘년부터 백제에 대해 모종의 예를 행하기 시작했고 가야와 신라에도 그런 예를 행했다”라는 내용이어야 한다. 그래야만 앞부분에서 백제와 신라에 대해서는 ‘속민’이라는 단어를 쓰고, 뒤의 왜에 대해서는 ‘신민’이라는 단어를 사용한 까닭이 분명해진다.

문맥상으로는 여러 가지 말들이 가능하지만 나는 ‘入貢于’가 가장 유력하다고 생각하기에 이를 택한 것이다. 왜냐하면 이들 글자가 ‘入貢于’여야 일제가 원하는 ‘渡海破’라는 글자로 보다 더 쉽게 변조할 수 있기 때문이다. ‘入貢于’여야 하는 또 다른 이유는 앞서 살펴본 사코본에 줄이 심하게 틀어진 것이 바로 이들 ‘入貢于’라는 세 글자를 ‘渡海破’로 변조하는 과정에서 생긴 것으로 보기 때문이다. 앞서 ‘渡’ 자는 오른쪽으로, ‘海’ 자는 왼쪽으로 각각 치우치게 그려 넣을 수밖에 없는 사정 때문에 줄이 틀어지게 되었다고 했는데, 그 ‘불가피한 사정’이 바로 원문이 ‘入貢于’인 데에 있는 것이다.

뒤에서 상세히 밝히겠지만 만약 ‘入貢于’가 아닌 다른 글자였다면 ‘渡海破’로 변조하기가 쉽지 않았을 것이고, 설령 변조를 했더라도 사코본에서 본 것과 같이 줄이 틀어지는 현상은 나타나지 않았을 것이다. 그렇다면 사코본은 원래의 ‘入貢于’를 어떻게 ‘渡海破’로 변조한 것일까? 그들이 저지른 변조의 과정을 들여다보면 변조하기 전의 원래 글자가 ‘入貢于’였을 가능성이

보다 더 높아진다. 이제 일제가 저지른 광개토태왕비 변조 행위에 대한 현장 검증을 시작해보자.

4장 1600년 만의 침묵을 깨다

비문 변조 현장 검증

나는 앞서 '渡海破'로 변조되기 전의 원문이 '入貢于'일 가능성이 가장 높다고 했다. 하지만 내 추론을 근거가 취약한 사견으로 여기는 이도 있을 것이다. 나 또한 반드시 '入貢于'가 아니라, '朝貢于'이거나 '始貢于' 등 다른 글자일 가능성도 있다는 생각을 여전히 가지고 있다. 다만, '入貢于'일 가능성이 가장 높기 때문에 일단 '入貢于'라는 것을 천명한 바탕 위에서 변조의 결정적인 증거를 찾아 범행 현장으로 가보려고 한다.

일제가 행한 광개토태왕비 비문 변조는 사코 가게노부라는 일본 육군 참모본부 소속 군인이 가져온 쌍구본에서부터 시작되었다. 범행 현장으로 떠나기 전에 앞서 설명한 몇 가지 사항을 다시 한 번 정리하고자 한다.

① 사코가 어떤 인물이며 그가 한 일이 무엇인지 아직도 구체적으로 밝혀지지 않은 부분이 많다. 다만 육군 참모본부 소속의 군인이며, 1880년 이후 만주에서 스파이로 활약한 인물인 점은 분명하다.

② 사코가 일본으로 가져간 탁본을 흔히 쌍구가묵본이라고 하지만 엄밀히 말하면 그것은 '쌍구본'이다. 이 쌍구본을 토대로 일본군 참모본

부에서는 극비리에 광개토태왕비문에 대한 연구를 시작했고, 모종의 '작업'을 끝낸 뒤 가묵하여 현재 모습의 쌍구가묵본을 완성했다.

③ 비석에 새겨진 글자를 베껴 그린 쌍구본은 쌍구를 하는 당시든 쌍구를 다 한 뒤이든 제작자의 의도에 따라 얼마든지 변조할 수 있기 때문에 가장 신뢰도가 떨어지는 탁본이다.

④ 사코가 쌍구본을 입수한 시기를 일반적으로 1883년으로 보지만, 이 연대가 결코 정확한 것은 아니다. 사실 현재로서는 입수 연대를 정확히 알 수 없다. 이를 정확하게 추정하려면 사코의 스파이 활동이 낱낱이 밝혀져야 하는데, 아직 그것이 명확하지 않다. 현재로선 사코가 1880년 9월에 청나라에 밀파된 것 외에 별로 알려진 게 없다. 또한 광개토태왕비를 발견한 시기도 1875년부터 1883년까지로 보는 등 견해가 분분하다. 따라서 사코가 입수한 쌍구본의 제작연대는 1875년까지 거슬러 올라갈 수도 있다.

⑤ 사코가 쌍구본을 입수한 과정도 오리무중이다. 사코가 현지에서 직접 제작한 것인지, 그렇지 않으면 중국인들이 쌍구해놓은 것을 얻은 것인지 정확히 알 수 없다.

이상과 같이 아직도 불명확한 점이 많은 탓에 광개토태왕비의 변조가 구체적으로 언제 누구에 의해 이루어졌는지는 단정적으로 말할 수 없다. 다만 여러 정황을 종합해보면 다음과 같이 추론할 수 있다.

① 1880년대 초 어느 해 어느 날, 육군 참모본부 소속 군인으로 만주 지역에서 스파이로 활동하던 사코 가게노부는 본인이 직접 인부를 고용하여 만든 것인지 아니면 누가 채탁해 놓은 것을 구입한 것인지는 모르지만 광개토태왕비의 쌍구본을 얻게 되었다.

② 만약 사코 가게노부 자신이 직접 쌍구본을 만들었다면, 광개토태왕비의 중요성을 인식하고 있었을 터이므로 제작 과정에서 쌍구본을 변조해서 그려 넣었을 수도 있고, 원석도 변조했을 수 있다.

③ 만약 얻은 것이라면 다른 사람이 만든 쌍구본을 사코 자신이 읽고 판단한 후에 자신의 의지대로 쌍구본을 변조하고 또 원석도 변조할 수 있었다. ②, ③항 다 가능성은 있지만 참모본부에 보고하지 않은 채 사코 혼자의 판단으로 원석을 변조하지는 않았을 것이다.

④ 사코 자신이 만든 것이든 남에게 얻은 것이든, 사코는 쌍구본을 손대지 않은 채 급히 일본으로 가져가서 참모본부로 하여금 변조하게 했을 수도 있다. 이 가능성이 가장 크다.

⑤ 위 ②, ③, ④의 어떤 경우든 쌍구본을 토대로 변조 작업을 마친 뒤 한편으로는 그 쌍구본을 가묵하여 '쌍구가묵본'으로 만들어 정탁본인 양 잘 보관했고, 다른 한편으로는 변조한 쌍구본의 자형을 토대로 원석을 변조했을 것이다.

이상과 같은 여러 가지 가능성이 있지만 어떤 경우든 원석을 변조한 뒤 석회를 발라서 글자를 보강했기 때문에 석회 칠 이후에 만든 모든 탁본은 일제가 변조한 대로 나올 수밖에 없다. 이런 정황에서 누가 언제 변조했느냐의 문제를 구체적으로 따지는 것은 별 의미가 없다. 일단 사코본을 토대로 변조가 이루어진 것은 확실하므로 이 사코본을 바탕으로 변조의 현장 검증을 하면 된다. 이제부터 문제의 사코본에서 변조된 '渡海破' 뒤에 숨겨진 '入貢于'를 찾아보자.

먼저 '入' 자가 어떤 과정을 거쳐 '渡' 자로 변조되었는지부터 살펴보자. '入' 자는 다행히도 광개토태왕비문의 다른 부분에 한 번 더 나온다. 비의 제3면 제2행에 17번째 글자로 나오는 '十四年甲辰 而倭不軌侵入帶方界(십사

년갑진 이왜불궤침입대방계)'의 '入' 자가 바로 그것이다(그림32).

그림32. 광개토태왕비 제3면 제2행 17번째 글자 '入'.

여기에 새겨진 '入' 자는 광개토태왕비에 있는 글자 중 꼴이 비슷한 '人(사람 인)' 자나 '八(여덟 팔)' 자 같은 글자와 달리 글자도 크고 날획(乀)도 상당히 길게 처리되어 있다. 아마도 '入' 자를 '人'이나 '八' 자와 명확하게 구분하려고 그렇게 색다른 구조를 택했을 것으로 보인다. 변조된 '渡' 자 자리에 원래 있었던 '入' 자도 그림32의 '入' 자 모양과 흡사했을 것이다.

여기서 성급한 독자는 의문이 들 것이다. 얼핏 봐도 '入' 자와 '渡' 자는 글자 모양이 크게 다른데 어떻게 변조를 했을까. 하지만 외양은 그렇게 달라 보이지만, '入' 자를 '渡' 자로 변조하기는 아주 쉽다.

그림34를 통해 원래 있던 '入' 자가 어떻게 '渡' 자로 변조되었는지 한눈에 알 수 있다. 범인들은 변조를 위해 '入' 자의 별획(ノ)과 날획(乀)은 그대로 살려둔 채 '入' 자 위에 '度(법도 도)' 자의 윗부분을 합성했다. 그리고 왼쪽에 'シ(삼수)' 변의 세 점을 찍었다. 그렇게 한 다음 필요한 부분만 원석을 파내거나 석회로 매우는 등 적절하게 처리하면 크게 힘들이지 않고 '渡'로 변조할 수 있다.

그림33. '人', '八', '入' 자.(왼쪽부터)

그림34. '入' 자를 '渡' 자로 변조하는 과정을 나타낸 그림.

　신묘년 기사의 '渡' 자는 이렇게 변조되었다. 그래서 사코본 '渡' 자는 '度'의 윗부분이 오른쪽으로 상당히 치우치게 되었다. 그리고 '度'의 아래 '乂'의 별획(丿)과 날획(乀) 역시 덧붙여 넣고 수정하는 과정에서 변조 당시 일본에서 일상적으로 사용하던 명조체 해서형 필획을 띠게 된 것이다(116~122쪽의 설명과 그림12, 13, 14, 15, 16, 17, 18 참조). 이렇게 변조한 결과 '渡'의 상반부가 오른쪽으로 치우치게 되었고, '渡' 자와 그 위의 '來(올 래)' 자 사이의 줄이 틀어진 것이다(그림28, 29와 해당 부분 설명 참조).

　다음으로 '海' 자를 살펴보자. '海' 자의 변조 과정은 그림35와 같다. 변조된 '海' 자 자리에 본래 있던 글자가 '貢(바칠 공)'이라고 본 것은 문맥만으로 추정한 것이 아니다. '貢' 자를 '海' 자로 바꾸기가 다른 글자를 '海' 자로 바꾸는 것보다 훨씬 쉽기 때문에 그렇게 추정한 것이다. '貢' 자의 '貝(조개 패)' 부분이나 '海'의 '母(어미 모)' 부분이 모두 비슷한 모양의 사각형 꼴인 데다가

그림35. '貢' 자를 '海' 자로 변조하는 과정을 나타낸 그림.

그 사각형이라는 전체적인 윤곽은 '貢'의 윤곽을 그대로 이용할 수 있어서 그만큼 표가 나지 않게 변조할 수 있는 것이다.

그러나 '貢' 자든 '海' 자든 획수, 특히 가로획이 많기 때문에 '貢' 자 내부의 필획을 바꾸고 'ㆍㆍ'를 덧붙이려면 손을 많이 댈 수밖에 없다. 비면을 많이 쪼아대기도 하고 석회로 메워야 했으니 이 글자는 특히 많이 손상될 수밖에 없었다. 소위 '원석탁본'으로 불리는 탁본들에서 신묘년 기사의 '海' 자가 대부분 심하게 망가진 채로 찍힌 것은 바로 이러한 변조 과정에서 손상을 입었기 때문이다(그림36). 그런데도 비면에 석회를 칠해서 뜬 이른바 '석회탁본'에는 어째서 이 부분의 '海' 자가 그렇게 뚜렷이 찍혔을까? 변조로 인해 원석의 글자가 심하게 망가져버린 상태에서 석회를 이용하여 그 자리에 있던

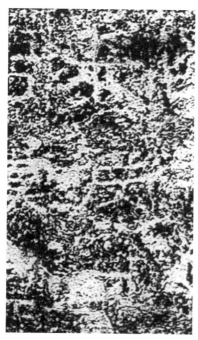

그림36. 손상을 많이 입은 '원석탁본' 중의 '海' 자. 임기중 편『광개토태왕비원석초기탁본집성』에서 채록.

'海' 자의 모형을 새로 새기듯이 만들어 넣었기 때문이다. 이런 변조가 진행되는 가운데 광개토태왕비의 필법과는 전혀 다른 당시의 명조체 해서 필법이 가미되어버렸다. 그래서 앞서 살펴본 것처럼 '海' 자 '母' 부분의 'ㄱ'획이 해서체처럼 오른쪽으로 심하게 기울게 된 것이다(123~126쪽의 설명과 그림19, 20, 21, 22, 23 참조).

그뿐만이 아니다. 원래 글자 왼쪽에 'ㆍㆍ'의 세 점을 덧붙이는 바람에 글자가 전체적으로 왼쪽으로 치우치게 되었다. 그 때문에 오른쪽으로 치우쳐 있는 바로 위의 '渡'

자와의 사이가 심하게 틀어진 것이다(그림28, 29, 30과 해당 부분 설명 참조).

마지막으로 '破' 자의 경우를 보자. 변조된 '破'의 자리에 본래 있던 글자가 '于(어조사 우)' 자라면 이 역시 어렵지 않게 변조할 수 있다. 우선 광개토태왕비의 다른 부분에 '于' 자가 있는지 살펴보자. '于' 자 역시 한 군데 더 나온다. 제 1면 제5행 14번째 글자가 바로 이 글자이다. 그

그림37. 광개토태왕비문 제1면 5행 14번째 '于' 자.

런데 그림37에서 보는 바와 같이 광개토태왕비에 쓰인 '于' 자는 전서(篆書)의 형태를 응용하여 썼기 때문에 세로획의 끝부분이 오른쪽으로 나갔다가 다시 왼쪽으로 구부려져, 마치 갈고리 같은 모양이다. 이처럼 구부리지 않고 세로 필획을 곧게 내리그었다면 '干(방패 간)'과 혼동할 수 있기 때문에 고구려 사람들은 '于'의 전서 형태 '亐'를 빌려 이처럼 갈고리 모양으로 구부려 쓴 것이다. '入貢于'의 '于'도 응당 이런 전서 모양을 취해서 새겼을 것이다. 광개토태왕비에 있는 같은 글자는 거의 대부분 모양이 비슷하니 말이다. 이런 형태의 '于' 자를 바탕으로 그 위에 '破' 자를 합성해 변조하는 것은 다른 글자를 변조하기보다 훨씬 쉽다.

그림38은 '于' 자를 '破' 자로 변조하는 과정을 나타낸 것이다. 우선 기존의 '于' 자를 이용하여 '皮(가죽 피)' 부분을 먼저 변조한다. 그다음 옆에 '石'을 새겨 넣으면 '于'자가 '破' 자로 쉽게 변조된다. 그런데 '石'을 새겨 넣는 과정에서 해서의 필법이 가미되어 앞서 127쪽에서 그림24와 그림25를 비교하여 살펴본 것처럼 '石' 부분 두 번째 획인 삐침획이 '모든 획은 기본적으로 직선'이라는 광개토태왕비체의 특징과 달리 상당히 구부러진 현상이 나타난 것이다.

아울러 '于'를 '皮'로 변조하는 과정에서 신묘년 기사의 '破' 자는 자형이

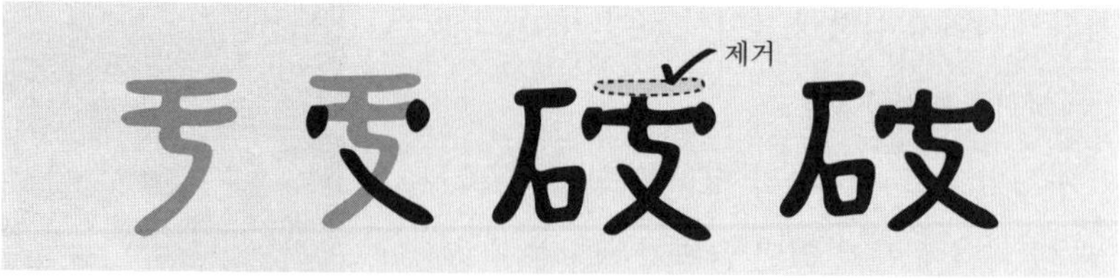

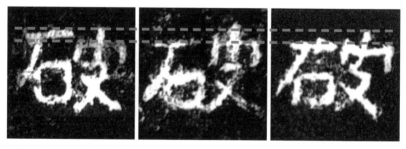

그림38. '于'를 '破'로 변조하는 과정을 나타낸 그림.

다른 곳의 '破' 자와 완전히 달라져버렸다. 언뜻 보기에는 다른 곳의 '破' 자와 다르지 않은 것 같지만 서예학적인 안목을 가지고 자세히 보면 자형이 완전히 달라져 있다. 그림38에서 보는 바와 같이 신묘년 기사의 '破' 자는 '于'를 '皮'로 변조하는 과정에서 '于'의 첫 번째 가로획을 제거했기 때문에 왼쪽의 '石'에 비해 오른쪽의 '皮'의 위치가 상대적으로 낮아졌다. 그림39에서 보듯 비의 다른 곳에 있는 '破' 자는 '石'과 오른쪽의 '皮', 두 글자의 맨 위 가로획이 높낮이가 같은데 말이다.

이렇게 낮아진 '破' 자의 모습을 요즘도 사용하고 있는 컴퓨터 폰트 명조체 해서와 비교해보자. '石'과 '皮'의 높낮이 면에서 어쩌면 그렇게 닮았는지 모른다(그림40). 이 점 역시 범인이 광개토태왕비에 나오는 '破' 자의 자형적 특징을 간파하지 못한 채 당시 일본의 인쇄물에서 통용되던 명조체 해서의

그림39. '石'과 '皮'의 높낮이가 다른 신묘년 기사 부분의 '破' 자(왼쪽)와 높낮이가 나란한 다른 곳의 '破' 자들(가운데와 오른쪽).

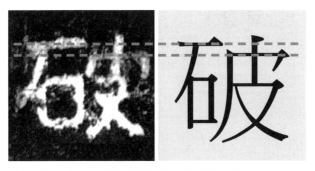
그림40. 신묘년 기사 부분의 '破' 자와 컴퓨터 폰트 명조체 '破' 자의 비교.

자형을 무의식적으로 반영했기 때문이다. 게다가 왼편에 원래는 없던 '石'을 덧붙여야 했으므로 '石'과 '皮' 사이의 간격을 최대한 좁혀야했다. 그 결과, 변조된 '破'자는 다른 곳의 변조되지 않은 '破'자에 비해 두 글자 사이의 간격이 좁고 전체적인 글자 폭도 좁다. 이처럼 글자 사이가 좁아진 현상은 후술할 또 한군데 일제가 변조를 자행한 곳 즉 기해년 기사의 '破'자를 보면 더욱 분명하게 드러난다. 기해년 기사도 본래 '于'였던 글자를 '破'로 바꿔치기를 했기 때문이다.(178쪽 그림41 참조)

또 다른 역사 변조의 현장

일제가 광개토태왕비문을 변조한 것은 비단 신묘년 기사만이 아니다. 기해년 기사도 변조 의혹이 제기되고 있는 부분이다. 그런데 나는 '于'를 '破'로 변조하는 과정을 추적하다가 이 기해년 기사의 변조를 증명할 수 있는 단서도 찾게 되었다. 그간의 오랜 노력을 보상받을 수 있는 의외의 성과였다. 그 단초는 신묘년 기사 부분의 '破' 자와 기해년 기사 부분, 즉 비의 제2면 7행 22번째에 등장하는 '破' 자를 비교하는 과정에서 찾을 수 있었다.

그림41은 기해년 기사에 보이는 '破' 자이다.(동아대본) '石'과 '皮'의 윗부분이 나란하지 않다. 앞서 살펴본 신묘년 기사의 '破' 자와 마찬가지로 '石'에 비해 '皮'가 훨씬 아래에 있다. 혹자는 기해년 기사 '破' 자에 보이는 '石'과 '皮'의 이런 차이를 들어 반문할지도 모른다. 신묘년 기사의 '破' 자는 물론 기해년 기사의 '破' 자도 '石'과 '皮' 두 부분의 높낮이가 다르니 그렇게 차이가 있는 게 정상적인 본래의 모양이 아

그림41. 기해년 기사 가운데 제2면 7행 22번째에 있는 '破' 자. 石과 皮의 맨 위 가로획이 높낮이의 차이를 보일뿐 아니라 石과 皮사이의 간격이 매우 좁아서 변조되지 않은 '破'와 모양이 확연히 다르다.

니냐고. 그러나 이런 반론은 설득력이 없다. 왜냐하면 '기해년 기사'에 있는 '破' 자 역시 신묘년 기사의 '破' 자를 변조한 방법과 똑같은 방법으로 변조했을 것이기 때문이다. 왜 이 글자도 변조되었다고 단정하는가? 우선 이 부분의 변조된 원문과 일본 학자들의 해석을 살펴보자.

倭人滿其國境 潰破城池 以奴客爲民

왜인이 신라의 국경 안에 가득 찰 정도로 들어와 신라의 성지를 파괴하고 신라를 노객이 되게 하여 그들(왜)의 백성으로 삼았다.

신묘년 기사와 마찬가지로 이 부분 역시 일본 측이 임나일본부설의 또 다른 근거로 삼고 있는 대목이다. 유독 일본과 관련된 민감한 역사를 기술한 부분의 '破' 자가 다른 곳의 '破' 자와 다르다는 점은 무엇을 의미하는가? 누구나 의문을 갖지 않을 수 없을 것이다. 일본군 참모본부가 임나일본부설을 입증하기 위해 신묘년 기사를 변조했다면 이 부분 역시 변조했을 가능성이 높다. 아니 변조하지 않을 수 없었을 것이다. 그래서 정인보, 박시형, 김석형, 천관우 등 많은 학자들이 일찍부터 기해년 기사 부분의 비문에 대한 일본 학자들의 판독과 해석에 의문을 제기해온 것이다. 게다가 이 부분의 '破' 자는 '石'과 '皮' 사이가 너무 좁게 달라붙어 있는 모습도 변조되지 않은 곳에 보이는 '破'와 확연히 다르다(176쪽 그림39의 가운데와 오른쪽 그림 참조). '石'과 '皮'의 글자 크기도 균형을 이루지 못하고 있다.

나 역시 이 부분의 '破' 자가 신묘년 기사의 '破' 자와 같은 형태로 '石'과 '皮'의 맨 위 가로획이 높낮이의 차이가 두드러진 점과 '石'과 '皮' 사이의 간격이 매우 좁게 달라붙어 있는 것을 발견하고서 놀라지 않을 수 없었다. 이곳의 '破' 자 역시 변조되었음을 직감한 것이다. 그리고 이 '破' 자도 신묘년 기사와 마찬가지로 변조되기 전의 글자는 '于' 자였을 것으로 확신하게 되었다.

왜 그렇게 확신할 수 있을까? 신묘년 기사와 마찬가지로 이 대목도 '破'를 '于' 자로 바꾸면 문리가 너무나 명확하고 문장의 뜻 또한 명료해지기 때문이다. 그렇다면 '于'로 바꾼 뒤의 원문을 해석해보자.

九年己亥 百殘違誓 與倭☐通 王巡下平壤 而新羅遣使白王云: "倭人滿其國境 潰于城池 以奴客爲民歸王 請命" 太王☐其忠☐☐ 遣使還告以☐☐

광개토태왕 즉위 9년 기해년에 백제가 고구려와의 맹세를 어기고 왜와 내통했다. 광개토태왕이 남으로 순수(巡狩)하며 평양까지 내려왔다. 그런데 이때 신라가 사신을 파견하여 왕에게 아뢰기를 "왜인들이 그들(백제)의 국경에 가득 차 있었는데 (우리 신라가) 그들을 성지(城池)에서 궤멸시켰더니 왜인들이 노객 신분으로 우리 백성이 되어 대왕께 귀의하고자 하기에 이렇게 대왕의 분부를 청하옵니다."라고 하였다. 그러자 태왕께서는 기뻐하시며 그(신라)의 충성을 칭찬하고 곧바로 사신을 돌려보내 태왕의 밀계를 신라의 왕에게 고하게 했다.

이렇게 문장을 정리하여 해석하면 문리나 내용 모두 어색하지 않다. 나는 내가 복원한 것이 본래의 원문이라는 점을 확신하며, 원문에 대한 이러한 해석이 바른 해석이라고 자신한다. 물론 비가 마모되어 판독하기 어려운 ☐자리의 글자가 정말 그런지는 누구도 단언할 수 없다. 하지만 판독 가능한 '其忠(기충)', '遣使還告以(견사환고이)' 등의 글자와 연관지어 전체 문장을 유추해보면 앞서 제시한 것이 원래의 비문에 가장 근접한 원문이라고 생각한다.[1]

무엇을 근거로 그렇게 주장할 수 있는가? 이제 문장을 한 부분씩 분석해보면 고개가 끄덕여질 것이다.

'광개토태왕 즉위 9년 기해년에 백제가 고구려와의 맹세를 어기고 왜와

내통했다. 광개토태왕이 남으로 순수하며 평양까지 내려왔다(九年己亥 百殘
違誓 與倭内通 王巡下平壤)'까지는 해석상의 이견이 거의 없다. 다음 구절인
'而新羅遣使白王云'에 대한 해석도 큰 문제가 없다. '而'는 '그런데'라는 의
미의 접속사이고 '遣'은 '보내다, 파견하다'라는 뜻이며 '白'은 '아뢰다'라는
뜻이다. '云'은 '말하다'로 새긴다. 그러므로 이 구절은 '그런데 이때 신라가
사신을 파견하여 왕께 아뢰어 말하기를'이라고 해석하면 된다.

　문제는 다음 구절부터다. 앞 구절이 '왕에게 아뢰어 말하기를'이라고 끝났
으니 다음 구절은 반드시 따옴표 안에 들어가야 할 직접화법상의 인용문, 즉
실제로 직접 한 말이 되어야 한다. 그렇다면 직접화법상의 화자, 즉 주어는
누구일까? 당연히 신라 사신이다. 그런데 이 기해년 기사의 첫 부분에 '백제
가 고구려와의 맹세를 어기고 왜와 내통했다'라는 말이 있다. 앞에서 이 말
을 쓴 까닭은 접속사 '而(그런데)' 뒤의 문장에서 이 말의 의미를 받아서 서술
을 이어가기 위해서다. 다시 말하자면 신라 사신이 '백제가 왜와 내통한 일'
의 결과로 일어난 일에 대해 말하기 위해 '백제가 왜와 내통한' 사실을 앞에
서 먼저 제시한 것이다. 따라서 따옴표 안의 첫 글자는 '왜(倭)'가 되는 것이
당연하다. 그래서 (내통해서) '왜인이 그들의 국경에 가득 찼다'는 뜻의 '倭人
滿其國境'이라는 문장이 오게 되었다.

　그렇다면 '其國境'에서 '其'는 누구를 지칭하는가? 문법적으로 '其'는 앞
에 나온 사람이나 물건을 받는 삼인칭 지시대명사다. 따라서 이 '其'는 앞에
서 언급한 나라인 백제를 받는다. 백제가 왜와 내통한 결과 왜인이 지금 백
제와 합동 작전을 위해 백제의 국경 지대에 가득 몰려와 있다는 뜻인 것이
다. 그런데 백제와 신라는 서로 접경하여 겨루고 있었으니, 백제의 국경은
곧 신라의 국경이기도 했다. 대부분의 연구자들, 특히 일본의 연구자들은 이
'其'를 신라라고 해석하여 왜가 직접 신라를 치기 위해 신라의 변경에 들이
닥친 것으로 풀이하지만, '其'는 결코 신라일 수 없다. 일본 측의 해석은 매우

잘못된 해석이다. '其'는 삼인칭 대명사인데 직접화법의 화자인 신라 사신이 자기 나라를 어떻게 '그'라는 삼인칭 대명사로 표현할 수 있겠는가?

왜인들이 그들 백제의 국경에 가득 집결해 있다는 것은 바로 자신의 나라인 신라를 치려 하고 있다는 뜻이므로 신라 사신은 광개토태왕에게 "왜가 그들 백제의 국경에 가득하다"라고 아뢴 것이다. 이어서 신라의 사신은 "그렇게 집결해 있는 왜인을 성지에서 궤멸했다"라고 말한다. '潰于城池(궤우성지)'가 바로 그런 뜻이다.

그런데 가만히 보면 '潰'와 '城池'라는 두 말은 너무도 궁합이 잘 맞는다. '潰'는 '제방 따위가 무너져 물이 쏟아져 나온다'는 뜻이다. 그래서 뒤에 오는 '池'와 궁합이 잘 맞는 것이다. 또 '패전하여 진이 무너짐으로써 군사들이 도망간다'는 뜻도 있다. 물론 이 두 의미를 동시에 나타내는 글자이기도 하다. '潰'에 이미 '패하다', '깨부서지다', '물벼락을 맞아 무너져 내리다'는 뜻이 들어 있다는 얘기다. 굳이 뒤에 '부수다'는 의미의 '破' 자를 덧붙여야 할 이유가 없다. 따라서 이 '破' 자는 원래 비문에 없었으며, 누군가에 의해 '于'를 변조하여 새겨 넣은 것으로 의심할 수 있는 것이다.[2]

더욱이 뒤에 '城池'의 '池' 자가 있기 때문에 '물수 변(氵)이 붙은 '潰' 자만으로도 '성의 연못에서 물이 쏟아져 내리듯 무너져 패했다'거나 '성의 연못에 빠져 무너졌다'는 식으로 연못에서 패했다는 뜻이 분명하게 전달된다. 따라서 '破'를 덧붙여야 할 이유가 전혀 없다. 오히려 문장의 뜻을 분명히 하려면 '…에서'라는 의미의 조사인 '于'를 넣는 것이 옳다.

다시 말하면 뒤에 장소를 나타내는 '城池(성지)'라는 단어가 있기 때문에 '潰破城池'라고 하는 것보다는 '潰于城池'라고 해야 문리에 맞는 문장이 되는 것이다. '潰破城池'라고 하면 '성지를 무너뜨렸다'는 뜻인데, 전쟁 결과를 기록하면서 설령 성안에 연못이 있거나 성을 둘러싼 해자(垓子, 수성水城)가 있었다 하더라도 연못이나 해자는 성의 부속물에 불과하므로 그냥 '성을 무너뜨렸다'고 하면 될 것을 굳이 '성지를 무너뜨렸다'라고 기록할 이유가 없다. '潰于城池'라고 할 때만 '城'에 '池'를 덧붙인 이유가 분명해진다. '城池'에서라야 '潰'하는 것이 자연스럽기 때문이다. 앞 문장에 '滿' 자를 써서 왜가 가득했다는 표현을 했으니 그 득실거리는 왜인을 유인 전법으로 성지에 몰아넣어 '궤멸'한 것이라고 추정해볼 수 있다. 그런데 일본 학자들은 '倭人滿其國境(왜인만기국경)'을 '왜인이 신라의 국경 안에 가득 찰 정도로 들어와'라는 의미로 해석한다. 얼핏 그럴 수도 있겠다 싶겠지만, 사실 '滿' 자 자체는 공격적 성향의 의미를 띤 글자가 아니다. 그저 '가득하다'는 상태를 나타낼 뿐이다. 따라서 이 '滿' 자 뒤를 '破' 자가 이어받는 것은 어울리지 않는다. '가득하다'에서 '깨부수다'로 의미가 이어지는 것이 너무 갑작스럽기 때문이다.

다음으로 살펴볼 문장은 "以奴客爲民歸王 請命(이노객위민귀왕, 청명)", 즉 "(왜인들이) 노객(奴客) 신분으로 우리 백성이 되어 대왕께 귀의하고자 하기에 이렇게 대왕의 분부를 청하옵니다"라는 문장이다. 여기서 '노객'이라는 말에 대해서는 여러 가지 설이 있지만 대부분의 연구자들은 '전쟁에 패하여 상대에게 완전히 굴복한 자', 곧 '항복하는 당시의 정복자에 대해 사용하는 항복자의 자칭'으로 이해하고 있다. 광개토태왕비 제2면에 있는 고구려의 백제 정벌 기사 중에 백제 왕이 광개토태왕 앞에서 완전히 굴복하는 장면에서도 이를 확인할 수 있다. "백제 왕이 스스로 맹세하여 말하기를 오늘 이후로 영원히 노객이 되겠습니다(王自誓 從今以後 永爲奴客)"라는 대목이 있는데, 여기서 백제 왕은 고구려에 항복하면서 자신을 '노객'이라고 낮춰 칭하고 있다. 이러한 용례로 보아 기해년 기사의 노객도 '항복자'로 해석하면 무리가 없을 것이다.

따라서 '以奴客爲民'은 '항복자의 신분으로 우리 신라의 백성이 되다'라는 뜻이다. '歸王'은 '대왕께 귀의하고자 한다'는 뜻이다. 즉 고구려의 속민인 신라인들이 확보한 노객이니 결국 그 노객은 고구려의 신민이 되므로 이 노객들이 대왕의 신민으로 귀의하고자 한다는 뜻인 것이다. 그리고 '請命'은 '명령을 청한다', 즉 '처분을 기다린다' 혹은 '처분을 바란다'로 풀이할 수 있다. 신라는 노객인 왜를 고구려의 신민으로 귀속시키면서 자신들의 그러한 전공(戰功)에 대해 광개토태왕께서 어찌 생각하시며, 또 어떤 조치를 취하실지 예를 갖춘 어투로 묻고 있는 것이다.

여기까지가 신라 사신이 직접화법으로 광개토태왕에게 아뢰어 말한(白云) 내용이다. 신라 사신의 이러한 물음에 답해야 할 사람은 광개토태왕이다. 그래서 그다음 문장의 주어로 바로 '태왕(太王)'이 나오는 것이다.

그렇다면 광개토태왕은 어떤 대답을 했을까? 신라 사신의 말을 들은 광개토태왕은 당연히 기뻐하며 신라의 전승(戰勝)과 고구려에 대한 충성을 칭찬했을 것이다. 그래서 그다음에 이어지는 결문은 뒤의 '其忠(신라의 충성)'과 연계지어 "태왕께서는 기뻐하시며 신라의 충성을 칭찬하였다(太王喜而稱其忠)"로 복원했다.

희색을 띠고 치하한 후 광개토태왕은 그 사신에게 어떤 조치를 취했을까? 아마도 "곧바로 돌아가서 그대의 왕에게 내가 가지고 있는 밀계를 전하라"라고 하지 않았을까. 그래서 그다음 문장은 "곧바로 파견 온 신라 사신을 돌려보내 태왕의 밀계를 신라의 왕에게 고하게 하였다(即時遣使還告以密計)"라고 복원하였다.

기해년 기사에 대해서도 이렇게 변조를 확인하여 원문을 복원할 수 있게 된 것은 순전히 '破' 자 때문이다. 이 글자가 신묘년 기사와 똑같은 모양으로 변조되어 있었기 때문에 그것을 토대로 변조된 '破' 자를 '于'로 복원함으로써 이처럼 문리와 문법에 맞고 역사적 사실과도 부합하는 원문을 복원할 수 있게 된 것이다.

일본의 통설 '래도해파(來渡海破)' 구(句)의 문법적 오류

일본이 주장하는 대로 "왜이신묘년, 래도해파백잔 가라 신라, 이위신민(倭以辛卯年, 來渡海破百殘 加羅 新羅, 以爲臣民)"으로 구두점을 찍어서 "왜가 신묘년에 바다를 건너와 백제, 가야, 신라를 쳐부수고 신민으로 삼았다"라고 해석하면 문법적으로도 많은 문제가 발생한다. 올 래(來), 건널 도(渡), 바다 해(海), 깨부술 파(破)로 이루어진 '래도해파(來渡海破)' 구가 문법적으로 설득력을 갖춘 구절이 되지 못하기 때문이다.

일본의 통설을 만들어낸 사람들은 '來'를 앞으로 붙여서 구두점을 찍음으로써 '이신묘년래(以辛卯年來)'라고 하면 '신묘년 이래로'라는 뜻이 되기 때문에 뒤에 붙일 '도해파백잔(渡海破百殘…)' 구와 문법적으로 어울릴 수 없다는 점을 알았다. '도해파백잔(渡海破百殘…)', 즉 바다를 건너와서 백제, 가야, 신라를 쳐부순 일은 신묘년 당해 한 해에만 있었던 일이어야지 '신묘년 이래'로 매년 있을 수 있는 일이 아니기 때문에 '신묘년 이래'라는 해석을 피하기 위해 '來'를 뒤로 붙여서 '래도해파백잔(來渡海破百殘)'이라는 구절로 만들고 그것을 '바다를 건너와서 백제, 가야, 신라를 쳐부쉈다'는 뜻으로 해석한 것이다. 그렇다면 '래도해(來渡海)'는 과연 한문 문법에 맞는 구절일까? '래도해

(來渡海)'를 정말 '바다를 건너와서'라는 뜻으로 해석해도 되는 것일까? 결코 아니다. '바다를 건너오다'를 한문으로 표현하려면 응당 '도래해(渡來海)'라 고 써야 한다. '래도해(來渡海)'라고 쓰면 '바다를 와서 건너다'라는 이상한 말 이 되고 만다. 즉 바다를 건너기 위해서는 당연히 바닷가로 와야 하는데 그 당연히 와야 할 일을 불필요하게 '來'를 써 넣어 표현한 꼴이 되는 것이다. 이 런 경우라면 '來'가 필요 없이 '도해(渡海)'만으로도 충분하다.

'도래(渡來)'나 '래도(來渡)'는 '연동구조(連動構造)'로 이루어진 어휘이다. 즉 '渡(건너다)'와 '來(오다)'라는 두 개의 동사가 연이어 결합하여 하나의 어 휘를 만든 구조인 것이다. 이러한 연동구조의 어휘는 어휘를 이루는 두 글자 사이에 시간적으로 선후의 차이가 있을 때에는 반드시 그 시간 차이를 반영 하여 선행 행위를 나타내는 글자를 앞에 쓰고, 후행 행위를 나타내는 글자를 뒤에 쓴다. 예를 들자면, 패퇴(敗退: 패해 물러나다), 도주(逃走: 도망쳐 달아나다), 비행(飛行: 날아다니다) 등이 그러한 경우인데 敗(패할 패), 逃(도망칠 도), 飛(날 비)가 선행 행위이고 退(물러날 퇴), 走(달릴 주), 行(다닐 행)은 선행 행위를 마 무리하는 후행 행위를 나타내는 글자들이다. 따라서 앞뒤의 글자를 바꾸어 퇴패(退敗), 주도(走逃), 행비(行飛)라고는 쓸 수 없다. 이와 마찬가지로 바다 나 강은 '건너오는 것(渡來)'이기 때문에 '와서 건넌다(來渡)'는 말은 아예 성 립하지 않는다. 이미 목적지에 왔는데 다시 건너야 할 이유가 없는 것이다. 바다를 건너서 백제를 쳐부쉈다고 하려면 차라리 '來'를 빼고 '渡海破百殘' 이라고만 하면 된다. '來渡'라고 했을 때 선행 행위로서의 '來'는 아무런 의 미가 없다. '바다를 건너기 위해서 물가에 왔다'는 뜻밖에는 되지 않는데 바 다나 강을 건너기 위해서 물가로 오는 것은 너무나 당연한 일이라서 굳이 쓸 필요가 없다. 광개토태왕 비문처럼 간결하면서도 의미가 뚜렷한 문장에 그 런 불필요하고 또 어색한 글자 '來'를 넣었을 리 만무하다. 이처럼 '渡來'가 아닌 '來渡'는 문법적으로 심각한 문제를 안고 있는 것이다. 그러므로 '以'와

'來' 사이를 갈라서 '來'를 뒤로 붙이는 구두점을 찍은 일본의 통설 문장 '倭以辛卯年, 來渡海破百殘…'은 변조의 증거일 뿐, 전혀 문법과 문리에 맞지 않는 문장인 것이다. 따라서 이 부분의 본래 문장은 당연히 '倭以辛卯年來, 入貢于百殘…'이어야 한다. 그래야 문법적으로 하자가 없다. 즉, '왜가 신묘년 이래로 백제와 신라에게 줄곧 조공을 들였다'는 문장이라야 문법적으로 하자가 없는 문장이 되는 것이다.

'來渡'가 문법적으로 문제가 있는 단어임은 일본의 옛 문헌에도 '도래(渡來)'라는 어휘만 보일 뿐, '래도(來渡)'라는 어휘는 보이지 않는다는 점을 통해서도 확인할 수 있다. 일본 헤이안 시대의 설화집인 『강담초(江談抄)』 권4에 보이는 "그러므로 「현상전(賢相傳)」에 이르기를 '백거이의 문집이 이곳으로 건너와서 더욱 비밀스럽게 소장되었다'고 하였다(故賢相傳云: 白氏文集一本詩, 渡来在御所, 尤被秘蔵)"라는 구절이 '도래(渡來)'의 한 용례인데 이때의 '渡來'는 중국 당나라 때 시인 백거이의 시문집이 중국으로부터 '건너왔다'는 의미로 쓴 것이다. 메이지(明治) 4년(1871) 5월에 기도 다카요시(木戸孝允, 1833~1877)가 발행한 『신문잡지』에도 "그 시초는 외국으로부터 건너와서 생산내력이 상세하지 않아 소홀히 다뤘기에(其始外国より渡来し生産不詳により賤しめ候由)"[3]라는 말이 있는데 여기서도 '渡來'라는 단어가 사용되었다. 또 일본 메이지 시기의 사상가이자 교육자인 후쿠자와 유키치(福沢諭吉, 1835~1901)가 쓴 『문명론의 개략』이라는 책에도 "다행히 가영 연간에 '페루리'가 도래한 일이 있었다(幸にして嘉永年中「ペルリ渡来の事あり)"[4]라는 구절이 있는데 여기서도 '渡來'라는 말을 사용하였다. '渡來'라고 사용한 예만 있을 뿐 '來渡'라고 한 예는 없는 것이다.

중국의 옛 문헌에서도 '來渡'라는 말을 사용한 예를 찾지 못했다. '來渡'를 검색한 결과 다음과 같은 문장 한 구절을 찾기는 하였으나 이는 사실상 '來渡'의 용례가 아니다.

진나라 도적들을 장왕이 북채를 들어 북을 치며 공격하자 진나라 군대는 크게 패하였고, 진나라 사람(일반 백성)들이 몰려와서 물(河)을 건너 남쪽을 향했다. (다시) 패하자, 맞달려(남으로 향하는 사람과 북으로 향하는 사람이 뒤엉켜) 물을 건너 북쪽을 향하게 되니 마침내 배를 차지하려 다투게 되어 칼로써 서로 공격하며 (자기 쪽으로) 배를 끌어당겼다(莊王援枹而鼓之, 晉師大敗, 晉人來, 渡河而南, 及敗, 儳走欲渡而北, 卒爭舟, 而以刃擊引).**5**

검색 당시의 문장에는 구두점이 찍혀 있지 않았을 뿐 아니라 떠어쓰기도 하지 않은 상태, 즉 '晉人來渡河而南'이었기 때문에 '來渡'라는 키워드로 검색은 되었지만 사실 이 문장은 "晉人來, 渡河而南"으로 구두점을 찍고 "진나라 사람들이 몰려와서/ 물을 건너 남쪽을 향했다"라고 해석해야 하는 문장이다. 이를 통해 중국에서도 예로부터 '來渡'라는 어휘는 사용하지 않았음을 알 수 있다. 이처럼 문법과 문리에 맞지 않기 때문에 중국에서도 일본에서도 사용한 적이 없는 '來渡'라는 어휘를 고구려 사람들이 광개토태왕비에서 무리하게 사용했을 리 만무하다. 따라서 신묘년 기사를 '倭以辛卯年, 來渡海破百殘…'으로 구두점을 찍어서 읽은 것 자체가 변조의 증거이다.

물론, '來渡'를 연동구조의 어휘로 보지 않고 '渡'를 '來'라는 동사의 진행 방향을 나타내는 방향보어(補語)로 이해할 수도 있다. 그러나 광개토태왕비 문의 주어인 고구려의 입장에서 고구려가 위치한 방향을 향해 왜가 건너왔다는 표현을 하기 위해 방향보어 '來'를 사용했다면 당연히 '渡來'라고 해야 한다. '來渡'라는 말은 사용이 불가능하다. '來'는 방향보어의 역할을 할 수 있지만 '渡'가 방향보어로 쓰이는 용례는 예나 지금이나 전무하기 때문이다. 따라서 일본이 '來渡'라는 어휘를 사용한 통설을 제시한 것 자체가 이미 광개토태왕비의 변조를 자인한 꼴이 된 것이다.

혹자는 '신묘년 이래로'라는 의미의 부사구인 '以辛卯年來'에 대해 광개토태왕비문의 다른 곳에서는 간지를 사용하여 연도를 표시할 때 '이육년병신(以六年丙申)'처럼 '以'만 사용했지 뒤에 '來'를 붙인 용례가 없다는 점을 들어 일본의 통설처럼 '來'를 뒤로 붙여 구두점을 찍어야 한다는 주장을 할 수도 있다. 잘못된 주장이다. '이육년병신(以六年丙申)'과 같은 경우는 병신년 그해에 일어났던 일을 기록한 문장이고, 신묘년 기사의 '以辛卯年來'는 앞에 쓴 '유래조공(由來朝貢: 예로부터 줄곧 조공)'과 상대가 되는 구절로서 신묘년 당해에만 있었던 일이 아니라 신묘년 이래로 줄곧 조공이 이루어졌음을 기록한 글이기 때문에 '以辛卯年來'라고 한 것이다.

'이(以)⋯래(來)' 구는 시간부사로서 '자고 이래(自古以來)', '단군 이래(檀君以來)' 등 오늘날 흔히 사용하는 '⋯이래로'라는 말과 완전히 같다. 한자 '이(以)'에는 여러 가지 뜻이 있는데 '유(由)', 즉 '⋯로 말미암아', '⋯로부터'라는 뜻도 갖고 있다. 『공자가어(孔子家語)』에 나오는 "사치하면 그로 말미암아 재물이 부족하게 되고, 독재를 하면 그로 말미암아 일이 이루어지지 않고, 간언 듣기를 거부하면 그로 말미암아 언로가 막히게 된다(奢侈者, 財之所以不足也. 專獨者, 事之所以不成也. 拒諫者, 慮之所以塞也)"[6]가 바로 그러한 예인데 여기서의 '이(以)'는 모두 '유(由)'로 대체가 가능하다. 그러므로 예로부터 '以'는 '由'로 대체되는 경우가 많았다. 신묘년 기사의 '유래조공(由來朝貢)'도 사실은 '이래조공(以來朝貢)'에 다름이 아니다. 다만 '由來朝貢'의 '由來'는 시간부사 '以來'의 뜻과 함께 '이런 까닭으로'라는 원인부사의 기능이 하나 더 있음이 다르다. 그런데 '由'가 가진 시간부사적 기능만 취한다면 '왜이신묘년래(倭以辛卯年來)'는 '왜유신묘년래(倭由辛卯年來)'와 같은 뜻이며, 이때의 '유(由)⋯래(來)'나 '이(以)⋯래(來)'는 오늘날 중국어 문법에서 상용구로 많이 사용하는 '⋯이래(以來)'라는 말과 완전히 같은 말이다. 즉, 고대 중국어에서 사용한 '自⋯以來'[7]를 신묘년 기사에서는 '以⋯來'라는 형식으로 응용하여 쓴 것으로 이해할 수 있는 것이다.[8]

그러므로 일본의 통설처럼 '倭以辛卯年, 來渡海破百殘' 식으로 구두점을 찍어 '倭以辛卯'를 따로 떼어 '왜가 신묘년에'로 해석하는 것은 '由…來'나 '以…來', '…以來'의 '來'가 가진 '…이래로 줄곧'이라는 의미의 시간부사적 기능을 완전히 홀시한 구두점 찍기이다. 그럼에도 일본의 통설은 뒤에 나오는 일, 즉 '바다를 건너와 백제와 가야와 신라를 깨부순 일'이 '…이래로' 줄곧 계속되는 성격의 일이 아니라, 신묘년 한 해에 국한되는 일이어야 하므로 '以…來'의 형식으로 구두하지 않고 '來'를 뒤로 붙여 '來渡海破百殘' 식으로 구두 함으로써 '來渡'라는 문법적으로 성립할 수 없는 단어, 용례가 한 번도 없는 어휘를 만들어내기까지 한 것이다. 필자가 복원한 원문대로 '入貢于'라면 당연히 조공을 들이는 일은 신묘년부터 시작하여 줄곧 이어지는 일이므로 앞의 구절이 '以…來'가 되어야 하지만 일본이 변조한 통설대로라면 뒤에 오는 말이 신묘년 당해에만 벌어진 하나의 사건이므로 앞 구절에 '以…來'라는 시간부사구를 써서는 안 되므로 일제는 부득불 '以'와 '來' 사이를 갈라서 '來'를 뒤로 붙이는 구두를 한 것이다.

190

신묘년 기사의 문단과 문장 분석

신묘년 기사에서 사라진 원문이 '入貢于'여야 할 이유는 이 밖에도 더 있다. 비문의 문단과 문장을 꼼꼼히 따져 보면 앞서 설명한 내용이 더욱 설득력이 높아진다.

먼저 광개토태왕비문 전문(全文)에서 신묘년 기사가 어떤 역할을 하는지 그 문장의 특징을 살펴보자. 광개토태왕비의 내용은 크게 '서장(序章)', '정토 기사(征討紀事)', '수묘 기사(守墓紀事)' 등 세 부분으로 나눌 수 있다. 맨 앞부분 '서장'은 고구려의 개국과 광개토태왕의 등극 및 승하와 공적을 기리기 위해 비를 세운다는 내용을 담고 있다. 그다음의 '정토 기사'에는 광개토태왕이 사방으로 외부 세력들을 정벌하여 영토를 확장하고 세력을 넓힌 공적을 기록했다. 후반부의 '수묘 기사'는 광개토태왕 사후 대왕의 능을 수호하는 일에 차질이 없도록 묘를 지키는(守墓) 책임을 다할 것을 명확히 기록한 것이다.

이 가운데 두 번째 부분인 정토 기사는 다시 네 단락으로 나뉜다. 문제의 신묘년 기사는 정토 기사의 두 번째 단락에 해당한다. 그리고 이 신묘년 기사는 내용과 성격으로 보아 정토 기사의 세 번째 단락에 대한 서문 역할을 하고 있다. 정토 기사의 세 번째 단락은 주변국을 정벌한 구체적인 사실을 열거하고 있는데, 그에 앞서 각각의 정토 사실을 연역적으로 총괄하는 서문 역할을 하는 문장이 바로 두 번째 단락 신묘년 기사인 것이다. 신묘년 기사 문단의 성격을 더 명확하게 파악하기 위해 정토 기사의 성격과 내용을 중심으로 광개토태왕비 전체의 단락을 나누면 다음과 같다.

Ⅰ. 서장: 고구려의 개국과 광개토태왕의 등극 및 승하에 대해 적고 광개토태왕의 공적을 기리기 위해 비를 세운다는 내용.

Ⅱ. 정토 기사: 광개토태왕이 사방으로 외부 세력들을 정벌하여 영토를 확장하고 세력을 넓힌 공적을 기록.

- 제1단: 영락 5년 을미년(395)의 비려(碑麗) 정벌.

  (永樂五年~遊觀土境田獵而還)

- 제2단: 신묘년(391) 기사.

  (百殘新羅舊是屬民~以爲臣民)

  제3단에 기록할 백제, 신라, 숙신, 왜 등에 대한 정벌과 조공 관계를 연역적으로 총괄한 서장(序章).

- 제3단: 백제, 신라, 숙신, 왜 등 고구려의 남방에 대한 정토 기사.

  (以六年丙申으로부터 Ⅱ의 제4단 卄年庚戌東夫餘 바로 앞까지)

  제3단의 1단: 영락 6년 병신, 백제 정벌.

  (以六年丙申王躬率~大臣十人旋師還都)

  제3단의 2단: 영락 8년 무술, 숙신 정벌.

  (八年戊戌~自此以來朝貢□事)

  제3단의 3단: 영락 9년 을해, 백제의 배반과 신라의 구원 요청.

  (九年乙亥~遣使還告以□□)

  제3단의 4단: 영락 10년 경자, 신라에 들어온 왜구 토벌.

(十年庚子~□□□□朝貢)

제3단의 5단: 영락 14년 왜구 격멸.

(十四年甲辰~倭寇潰敗斬殺無數)

제3단의 6단: 영락 17년 왜(또는 후연) 토벌.

(十七年丁未~□□□□□□城)

- 제4단: 영락 20년 동부여 정벌 등 북방 정토 기사.

(卄年庚戌東夫餘~六十四村一千四百)

Ⅲ. 수묘 기사: 광개토태왕 사후 대왕의 능을 수호하는 일, 즉 수묘의 책임을
명확히 기록.

위의 단락 나누기를 통해 확인할 수 있듯이 광개토태왕비문 중 정토 기사
부분은 광개토태왕이 이룬 위대한 정토 사업 중 대표적인 것을 골라 연대순
으로 기록했다. 그렇지만 각 정토 기사가 반드시 서로 인과관계가 있는 것은
아니다. 다시 말해서 앞의 정토 사실이 원인이 되어 뒤의 정토가 이루어진다
거나, 앞에서 일어난 어떤 사건이 원인이 되어 뒤의 사건을 야기했다는 식으
로 각 정토 사실 사이의 유기적인 연관성까지 기록한 것은 아니라는 뜻이다.
광개토태왕비의 성격이 생전의 업적을 기록한 훈적비인 만큼 각 정토 사실
을 한 가지씩 찬찬히 나열하는 데 주안점을 두었지 앞뒤 사건들의 인과관계
까지 밝혀놓아야 할 필요를 느끼지는 않았던 것이다.

다만 어떤 사건의 원인을 꼭 기록해야 할 필요가 있을 때에는 해당 사건
을 기술하기 직전에 간단히 원인을 밝히는 것으로 끝냈다. 예를 들면 "동부
여는 그 옛날 추모왕 때부터 고구려의 속민이었는데 중간에 배반하여 조공
을 하지 않았다(東夫餘舊是鄒牟王屬民 中叛不貢). 그래서 정벌했다" 같은 문장
이다. 여기서 보듯 정벌의 원인에 대한 기록이 필요할 때는 정벌 사실을 기
록하기에 바로 앞서 그 원인을 분명히 밝혀놓았다. 이와 반대로 아무런 원인

도 밝히지 않은 채 어떤 정벌이나 사건에 대해 적고 난 뒤에 그 사건의 원인을 밝힌다거나, 앞서 기록한 정벌이나 사건이 뒤에 기록한 새로운 사건의 원인이 되었음을 설명하거나 암시하는 식으로 기술한 대목은 한 군데도 없다. 따라서 광개토태왕비의 비문을 읽을 때는 각 단락에 기록된 사실을 충실히 읽으면 된다. 앞의 정토 사실과 뒤의 정토 사실을 필요 이상으로 긴밀하게 연결하여 두 정토 사실 사이의 인과관계를 억측해서는 안 되는 것이다.

이제 위의 단락 나누기를 토대로 제2단의 신묘년 기사의 내용을 분석해보자. 이 신묘년 기사는 뒤에 오는 제3단에서 기술하는 여섯 개의 정토 사업 (위 단락 나누기에서 제3-1단에서 제3-6단까지)에 앞서 그 여섯 개의 사실을 개괄하는 일종의 프롤로그에 해당한다. 그래서 '以辛卯年來', 즉 '신묘년 이후부터'라는 말을 썼다. 신묘년부터 왜가 백제와 가야와 신라에게 조공을 하므로 왜를 신민으로 받아준 사실을 비롯하여 뒤에 나오는 모든 남방 정토 사업이 다 신묘년 이후 일어난 일이기 때문이다. 또 위에서 확인할 수 있는 바와 같이 이 신묘년 기사에 이어서는 여섯 개 항에 걸쳐 대(對)남방 정토 사업을 구체적으로 서술하고[9] 그다음 마지막 제4단에서는 북방 정토 사업인 동부여 정벌 사실을 기록했다. 그래서 신묘년 기사는 제3단에 대한 프롤로그, 즉 서문인 것이다.

신묘년 기사가 바로 뒤에 서술한 여섯 개 항의 남방 정토 사업에 대한 기술의 서문 역할을 한다는 근거는 신묘년보다 4년 뒤에 있었던 395년의 비려 정벌 기사를 제1단에 먼저 기록한 점으로 확인할 수 있다. 제3단에서 남방 정토 사업을 한데 묶어 기술하고자 하는 의도에서 북방 정벌인 비려 정벌이 시간적으로는 뒤의 일이지만 오히려 앞에 쓴 것이다.

이상과 같은 근거를 토대로 제2단 신묘년 기사를 제3단을 위한 서문으로 보고, 앞서 밝힌 '속민'과 '신민'의 의미 차이를 반영하여 신묘년 기사의 문장구조를 분석해보자. 그러면 서문으로서의 문장 구성이 톱니가 맞물리듯 정확한 짜임새가 있음을 알게 될 것이다.

먼저 신묘년 기사 중 "백제와 신라는 예부터 (고구려의) 속민이었다. 그래서 줄곧 조공을 해왔다(百殘新羅舊是屬民 由來朝貢)"라는 대목을 남방 정토 기사 앞에 쓴 이유를 생각해보자. '속민'으로서 조공을 잘해왔으면 문제가 없었을 텐데 신라와 달리 백제는 수시로 고구려에 반기를 들거나 약속을 어기기도 했고, 더러 조공을 중단하기도 했다. 그러니 고구려는 백제를 칠 수밖에 없었다.[10] 반면, 신라는 지속적으로 고구려와 우호관계를 유지했다. 신라는 왜구의 침략 같은 어려운 일이 있을 때마다 고구려에 손을 내밀었고, 고구려는 '속민'인 신라를 지켜주기 위해 많은 도움을 주었다. 백제와는 대조적인 태도를 보인 것이다. 따라서 이 대목, 즉 "百殘新羅舊是屬民 由來朝貢"은 제3단의 1단과 제3단의 3단에 기록한 백제에 대한 정벌의 정당함을 천명하기 위해 쓴 말이다.

그다음 구절 "而倭以辛卯年來 渡海破百殘□□新羅 以爲臣民"을 살펴보자. 일본의 통설에 따라 "왜가 신묘년 이래로 바다를 건너와 백제와 □□와 신라를 깨부수어 신민으로 삼았다"라고 해석하면 어떻게 될까? 문맥상 제3단의 서문인 이 신묘년 기사에는 이런 내용의 문장이 들어갈 틈이 없다. 이 문장은 뒤에 나오는 고구려의 남방 정토 기사의 내용과 전혀 관계없는 내용이기 때문이다. 앞서 말했듯이 신묘년 기사는 뒤에 기술할 여러 정토 기사를 연역적으로 개괄한 서문이다. 그러한 서문 안에 뒤에 나올 기사와 전혀 관계가 없는 내용의 문장이 끼어들어야 할 이유가 없는 것이다.

그러나 신묘년 기사의 '渡海破'를 '入貢于'로 바꾸어놓고 보면 이야기가 다르다. "而倭以辛卯年來 入貢于百殘加羅新羅 以爲臣民" 구절을 제3단에서 기술할 남방 정토 기사의 서장인 제2단에 쓴 이유가 분명해지기 때문이다. 왜가 백제·가야·신라와 새로이 조공 관계를 맺게 되어 고구려도 왜를 '신민'으로 대우해주었는데, 왜가 신라를 상대로 도발을 했기 때문에 광개토태왕이 나서서 왜를 토벌할 수밖에 없었다는 왜구 토벌의 정당성을 천명하기 위해 서문에 왜가 고구려의 신민임을 먼저 밝힌 것이다. 이처럼 신묘년 기사가 뒤에 이어지는 여러 정토 기사의 서문에 해당한다는 것을 알고 보면 '渡海破'의 원문이 '入貢于'여야 하는 이유가 더 분명해진다.

신묘년 기사의 문장을 따로 떼어서 문법적인 분석을 하더라도 복원된 비문이 '入貢于'라는 또 다른 증거를 찾을 수 있다. 이 점을 쉽게 이해하려면 약간의 지식이 필요하다. 바로 한문 문장에서 쓰이는 접속사(혹은 연사連詞) '而(이)' 자의 용법이다. 접속사 '而'는 앞뒤 문장을 병렬 관계로 연결하지 않는 경우도 물론 있지만, 대부분 병렬 관계로 연결하는 역할을 한다. 예를 들면 다음과 같다.

　察言而觀色
　말을 살피고 얼굴빛을 관찰한다.(『논어』「안연」편)

이 구절은 '而'라는 접속사를 중심으로 '말을 살핀다[察言]'는 말과 '얼굴빛을 관찰한다[觀色]'는 말이 병렬 관계로 접속되어 있다. 이때 '而'를 저울대의 받침으로 삼아 동사 '察(살피다)'과 '觀(관찰하다)'이 대칭점에 있고 명사인 '言(말)'과 '色(얼굴빛)'이 대칭점에 있다. 하나의 예를 더 들어보자.

　不患才不及而患志不立
　재주가 미치지 못함을 염려하지 말고 뜻이 서 있지 않음을 걱정하라.(『진서
　(晉書)』「우부전(虞溥傳)」)

이 문장 역시 접속사 '而'를 중심으로 '근심하지 않다[不患]'와 '근심하다 [患]', '재주가 미치지 않다[才不及]'와 '뜻이 서 있지 않다[志不立]'라는 말이

각각 대칭이다.

이외에도 "種麥而得麥 種稷而得稷(보리를 심으면 보리를 얻고, 피를 심으면 피를 얻는다. 『여씨춘추(呂氏春秋)』「용민(用民)」편)"이나 "能見百步之外而不能自見其睫(능히 백 보의 밖을 내다보면서도 자신의 눈썹은 볼 수 없다. 『한비자(韓非子)』「유로(喻老)」편)" 등의 문장도 다 '而'를 가운데 두고 앞뒤 문장이 대칭이다. 접속사 '而'를 가지고 병렬 관계로 연결되는 문장은 대부분 이렇게 앞뒤 문장이 의미상 대구를 이루고 있는 것이다.

이런 사전 지식을 가지고 '신민'과 '속민'의 의미 차이에 유념하면서 '入貢于'로 복원된 신묘년 기사의 문장을 들여다보자. 이 문장은 접속사 '而'를 사용한 문장의 전형이라고 할 수 있을 만큼 '而'의 역할이 도드라져 보이고, '而'를 중심으로 앞뒤 문장 구조가 완벽하게 대칭을 이루고 있음을 확인할 수 있다.

百殘新羅舊是屬民 由來朝貢 而倭以辛卯年來 入貢于百殘加羅新羅 以爲臣民

'而' 자 앞의 문장에는 예부터 조공을 해온 나라인 백제와 신라에 대한 설명이 있고, '而' 자 뒤의 문장에는 새롭게 조공을 시작한 집단인 왜에 대한 설명이 있다. 접속사 '而'가 앞뒤 문장을 병렬 관계로 연결하는 것이다. 병렬된 이 두 문장을 사이에 두고 '그러나'라는 대립적인 뜻으로 연결하는 접속사인 '而'가 문법적 기능을 충실하게 다하고 있다.

아울러 '而' 자는 앞뒤 문장을 한 쌍의 대구로 삼아 대칭을 이루게 하는 중심축 역할을 하고 있다. 먼저 앞 문장의 '속민'과 뒤 문장의 '신민'이 '그러나'라는 역접 접속사를 중심축으로 대칭을 이루고 있음을 볼 수 있다. 또 앞 문장에서 '예부터, 원래, 전부터' 조공을 바쳐온 유래가 있다는 뜻으로 쓰인

'由來'라는 시간부사와 뒤 문장에서 '~이래로', '~로부터'라는 뜻으로 쓰인 '以… 來'라는 시간부사구가 대칭을 이루고 있다. 게다가 앞 문장의 '조공'이라는 술어와 뒤 문장의 '입공'이라는 술어도 대칭을 이루고, '조공'이라는 술어의 주체인 '백제, 가야, 신라'와 '입공'이라는 술어의 주체인 '왜'도 접속사 '而'를 사이에 두고 대칭을 이룬다. 역접의 접속사인 '而'를 축으로 앞뒤 문장은 완벽하게 균형을 맞춘 의미상의 대구를 이루는 것이다. 그리고 이런 역접 문장에서 역접을 판단하는 주체로서 중간에 있는 '而' 자의 자리에 고구려가 있는 것이다.

부연하면, '而'라는 받침점에 앉은 고구려의 입장에서 볼 때 백제와 신라는 속민이고 왜구는 신민이니 '而'를 지렛점으로 삼아 속민과 신민을 저울의 양 대칭점에 놓았다. 백제와 신라는 '예부터(由來)' 조공을 해왔고 왜는 '신묘년부터' 조공을 해왔으니 그것도 '而'를 지렛점으로 삼아 앞의 대칭점에는 '由來'를 놓고 뒤의 대칭점에는 '以辛卯年來'를 놓았다. 백제와 신라는 '조공'을 해왔고 왜는 새로이 '입공'을 해왔으므로 그것 역시 한 편에는 '조공'을, 다른 한 편에는 '입공'을 놓아 양쪽이 대칭이 되게 했다. '속민'인 백제, 신라와 '신민'인 왜 또한 양 대칭점에 놓았다. 얼마나 짝이 잘 맞는 문장인가!

$$
\begin{array}{lcl}
屬民 & \leftarrow 而 \rightarrow & 臣民 \\
由來 & \leftarrow 而 \rightarrow & 以辛卯年來 \\
朝貢 & \leftarrow 而 \rightarrow & 入貢 \\
百殘 \cdot 新羅 & \leftarrow 而 \rightarrow & 倭 \\
\end{array}
$$

본래 이렇게 완벽한 구조로 이루어진 문장을 엉뚱하게 '渡海破'로 변조해 버리는 바람에 그동안 그렇게 맞지 않은 해석들이 난무했던 것이다. 신묘년 기사는 접속사 '而'를 중심으로 완벽하게 대칭을 이루는 일종의 대구 문장이라는 점에서 원문은 결코 '渡海破'일 수 없고 '入貢于'여야 한다.

왜는 백제·신라에 대한 조공국

이제 마지막으로 확인할 일이 한 가지 남아 있다. '渡海破'라는 망령에서 벗어나 '入貢于'로 복원된 신묘년 기사가 진정으로 객관적인 정당성을 확보하기 위해서는 백제와 신라, 그리고 가야에 대한 왜의 조공 가능성이 입증되어야 한다.

그러나 불행히도 우리 고대사를 기록한 사서에는 그런 기록이 충분히 남아 있지 않다. 고대에 관한 우리 사서라고 해봤자 『삼국사기』와 『삼국유사』 외에 다른 것이 없으니 말이다. 이런 역사서에 기록되지 않은 사실들이 실제로 많이 있었을 테지만 세월에 묻혀 그런 것들은 다 사라져버리고 『삼국사기』와 『삼국유사』만이 다사다난했던 우리 고대사의 일부를 전할 따름이다.

나는 백제와 신라에 대한 왜의 조공 가능성을 점검하기 위해 『삼국사기』에 실린 백제와 왜의 관계에 대한 기록을 찾아보았으나 특별한 것을 발견할 수 없었다. 아마도 삼국통일 전쟁에서 승리한 신라가 백제의 역사를 방치했거나 의도적으로 축소한 까닭에 기록들이 다 망실되었고, 고려 시대 김부식이 『삼국사기』를 지을 때엔 관련 자료가 거의 남지 않아서 제대로 기록할 수 없었을 것으로 짐작한다.

그런데 대부분이 역사가 아니라 신화이고 그나마 거짓과 변조가 많음으로 인하여 많은 의구심을 불러일으키고 있는 역사서 아닌 역사서『일본서기』에는 백제와 왜의 교류 내용이 여러 곳에 나타난다.[11] 그 내용을 보면 왜가 백제에 조공한 내용은 없고 오히려 백제가 왜에 조공한 기록이 많다. 예를 들면, 백제 고이왕 14년(247)에 왜에 사신을 보내 조공했다는 기록도 있고, 고이왕 18년(251)에도 조공했다는 기록이 있으며, 특히 고이왕 19년에는 칠지도(七枝刀)와 칠자경(七子鏡)을 왜의 신공황후(神功皇后)에게 헌상했다는 기록도 있다. 참으로 황당한 기록이 아닐 수 없다. 칠지도와 칠자경은 백제 왕이 자신의 후왕(侯王, 천자에 대해 제후격인 왕)인 일본의 왕을 인준한다는 의미에서 '하사'한 것인데 그것을 도리어 백제 왕이 일본 천황에게 헌상한 것이라고 했으니 그저 어이가 없을 따름이다.

칠지도가 백제 왕이 일본의 후왕에게 준 하사품이라는 것은 칠지도에 새긴 명문으로 이미 밝혀진 바 있다. 그런 마당에 칠지도를 하사하기 1년 전인 고이왕 18년과 4년 전인 고이왕 14년의 교류를 일본에 대한 백제의 조공이라고 할 수 있겠는가? 후왕에 대한 신표로서 칠지도를 하사한 백제 왕이 어떻게 바로 전해에는 조공을 할 수 있겠는가? 이러한 조공 기록은 사실상 모두 백제에 대한 왜의 조공을 기록한 것인데, 그것을 거꾸로 뒤집어 왜에 대한 백제의 조공으로 바꾸어놓은 것이라고 보는 것이 훨씬 타당하다.『일본서기』의 이런 황당한 기록에 대하여 국내 학자들이 그 내용을 믿지 않음은 물론이거니와, 일본 학자들도 많은 의혹을 제기하고 있다. 문제의『일본서기』가 얼마나 변조와 조작이 심한 책인지에 대한 설명을 한 구절 살펴보자.

720년에 이루어졌다고 하는『일본서기』는 그동안 일본이 자랑해온 정사(正史)로서 총 30권이라는 방대한 분량의 책이다. 일본 학계는 이것을 가리켜 "중국 다음가는 세계 제2의 역사 서술의 보고"라고 하는가 하면, "일본의 정

사 제1호인 『일본서기』는 중국의 제1호인 『사기』에 버금가는 것"이라며 과
장 선전하고 있다. 그러나 그것도 알고 보면 그리 대수로운 것은 아닌 것 같
다. 왜냐하면 『일본서기』는 성립 연대가 불확실하고, 작성자가 누구인지 알
수 없는 모호한 것으로서 이것을 사료로 이용하기에는 여러 가지 문제가 있
기 때문이다. 그런데 더 큰 문제는 오늘의 『일본서기』는 편자들에 의해 조직
적이고도 지속적으로 자행된 '가필'과 '변개(變改)', '조작'의 산물이라는 점이
다.

『일본서기』의 본질이 그러한데도 그동안 일본의 '관학파'들은 이것을 신성시
해왔으며, 나아가서는 『일본서기』에 적혀 있는 기록의 '진실성'을 우리에게
강요해왔다. 또한 그들은 군국주의자들에 의해 자행된 한반도 침략과 식민화
정책의 정당성을 『일본서기』에서 찾아냈다고 하니, 이는 역사의 '진실'에 대
한 모독이며, 또한 묵과할 수 없는 처사라고 하지 않을 수 없다.[12]

일본에게 불리한 내용은 거의 다 가필하여 고치고 조작한 책이 곧 『일본
서기』라고 할 수 있다. 그렇다고 해서 『일본서기』의 기록이 다 거짓이라고
단정할 수는 없다. 『일본서기』에는 백제 왕이 284년에 아직기(阿直岐)를, 그
리고 285년에는 왕인 박사를 일본에 보내 『천자문』과 『논어』를 전하는 등
백제의 선진 문화를 일본에 전한 내용도 있다. 이 기록들은 이미 사실로 확
인되어 국내 학자들은 물론 대부분의 일본 학자들도 공인하고 있다.

앞서 살펴본 『삼국사기』나 『삼국유사』의 기록, 그리고 『일본서기』의 기
록 중 신빙할 만한 내용들을 살펴보면 당시 백제나 가야, 신라가 경제력, 군
사력, 문화력 등 모든 면에서 왜보다 우위에 있었으므로 왜의 조공 가능성은
충분하다고 할 수 있을 것이다. 백제 왕의 후왕(제후)이라는 신표로 칠지도
까지 하사받은 왜가 백제에게 조공을 하지 않았다는 것은 근본적으로 논리
가 성립되지 않는다. 백제의 학자인 아직기나 왕인 박사를 통해 선진 문물을

받아들였다는 사실로 보아 당시 왜는 백제에 비해 국력이 약하고 문화 수준이 훨씬 낮은 나라였음이 분명하기 때문에 자신들에게 선진 문물을 전해주고 있는 백제에게 조공을 하지 않았을 리가 없는 것이다. 그래서 지금 한국의 역사학자들은 물론 일본의 양심적인 역사학자들도 백제가 일본의 종국(宗國), 즉 '큰집'이었음을 인정하고 있다. 따라서 비록 『삼국사기』에는 일본이 백제에게 조공을 했다는 기록이 없으나 여러 가지 정황으로 보아 당시 일본이 백제에게 조공한 것을 사실로 보는 것이 타당할 것이다.

신라와 왜의 관계에 대해서는 『삼국사기』에도 상당히 많은 기록이 있다. 이 중에서 신묘년(391) 이전의 기록을 검토해보면 30건 가까운 기록이 있다.[13] 그중 몇몇 예를 보자.

- 서기 59년(탈해이사금 3년): 여름 5월에 결연을 맺고 사신을 교환하다.
- 서기 73년(탈해이사금 17년): 왜인이 목출도에 침입했다.
- 서기 158년(아달라이사금 5년): 봄 3월, 왜인이 내빙(來聘)했다.
- 서기 173년(아달라이사금 20년): 여름 5월, 왜의 여왕이 사신을 보내 내빙했다.
- 서기 193년(벌휴이사금 10년): 6월, 왜인들이 큰 기근을 당하여, 먹을 것을 얻으러 신라에 온 사람이 수천 명에 이르렀다.
- 서기 208년(내해이사금 13년): 여름 4월, 왜인이 변경에 침범하여 이벌찬(伊伐飡) 이음(利音)이 군사를 이끌고 가서 물리쳤다.
- 서기 300년(기림이사금 3년): 봄 정월, 왜와 교빙하다.
- 서기 312년(흘해이사금 3년): 봄 2월, 왜국이 사신을 보내 그들의 아들을 위하여 구혼함으로 아찬(阿飡) 급리(急利)의 딸을 보냈다.
- 서기 344년(흘해이사금 35년): 왜국이 사신을 보내 청혼해왔으나 딸이 이미 출가했다는 이유로 거절했다.

- 서기 345년(홀해이사금 36년): 왜왕이 절교의 문서를 보냈다.

- 서기 346년(홀해이사금 37년): 왜병이 풍도(風島)에 갑자기 쳐들어와 변방 백성의 집을 약탈했다. … 강세(康世)에게 명하여 날랜 기마병을 이끌고 가서 추격하게 하니 도주해버렸다.

- 서기 364년(내물이사금 9년): 여름 4월, 대규모의 왜병이 몰려왔다. … 그러나 크게 패하여 달아났다. 뒤쫓아가서 거의 다 죽여버렸다.

- 서기 393년(내물이사금 38년): 여름 5월, 왜인들이 와서 금성(金城)을 에워싸고 5일 동안 풀지 않았다. 장사(將士)들이 다들 나가서 싸우자고 했으나 왕이 "저 도적들이 지금 배를 버리고 내륙 깊숙이 들어왔으니 제 죽을 곳으로 온 것이다. 부딪칠 필요 없다"라고 말하고서 성문을 닫았다. 적들이 아무 성과 없이 퇴각했다. 이에 앞서 왕이 용감한 기마병 200명을 보내 그들의 퇴각로를 막고 보병 1000명을 보내 독산(獨山)에서 협공하니 적은 크게 패했고 잡아 죽인 적의 수가 매우 많았다.

이들 기록 가운데 우리가 눈여겨보아야 할 부분은 "서기 158년(아달라이사금 5년) 3월 왜인이 내빙했다"와 "서기 173년(아달라이사금 20년) 5월 왜의 여왕이 사신을 보내 내빙했다"라는 기록이다.

'내빙'은 외국 사신들이 예물을 가지고 찾아오는 것을 뜻하며, '조공'과 비슷한 말이다. 왜는 일찌감치 신라에게 조공을 한 것이다. 그뿐만 아니라 기록 곳곳에 "군사를 이끌고 가서 왜를 물리쳤다", "왜병을 추격하자 달아나버렸다", "왜인이 크게 패하여 달아나자 추격하여 거의 다 죽여버렸다"라는 말이 있는 것으로 보아, 당시 왜는 신라의 싸움 상대가 되지 못했음을 알 수 있다. 더욱이 신라는 당시 강력한 힘을 지닌 고구려의 지원을 받고 있었다. 따라서 세력이 약했던 왜의 입장에서는 신라를 두려워할 수밖에 없었을 것이다. 그러므로 391년 광개토태왕이 즉위하는 해인 신묘년부터 왜가 신라에

조공을 했을 가능성은 충분하다고 할 수 있다.[14]

또 한 가지 설명해둘 것이 있다. 『삼국사기』에 기록된 신라와 왜와의 접촉 사실을 확인해보면 364년부터 393년 사이에는 접촉에 대한 아무런 기록도 없음을 발견할 수 있다. 364년 이전에는 왜와 접촉하거나 충돌하는 일이 빈번했으나(주 13 참조) 364년부터 393년까지 29년 동안에는 전에 비해 충돌이나 접촉이 없었던 것을 알 수 있다.

364년 내물이사금(내물왕) 9년에 '크게 패하여 달아나는 왜병을 뒤쫓아가서 거의 다 죽여버렸다'라는 기록이 있은 후 29년간의 '공백'은 무엇을 의미하는 것일까? 전에는 자주 변방을 침공하여 약탈을 일삼던 왜가 그렇게 오랜 동안 신라를 괴롭히지 않았다는 것은 바로 신라에게 고개를 숙이고 우호관계를 유지했음을 시사하는 것이다. 그리고 그 우호관계는 어떤 방식으로 유지되었을까? 답은 바로 조공이다. 요컨대 최소한 이때부터 왜는 신라에게 조공을 하며 선린 우호의 관계를 유지한 것이다. 따라서 광개토태왕비 신묘년 기사의 신묘년, 즉 391년에도 왜는 여전히 신라에게 조공을 했을 것이다. 혹은 그해부터는 조공을 더욱 강화했을 수도 있다. 그래서 광개토태왕비 신묘년 기사에서 "신묘년부터 왜가 백제와 가야와 신라에게 조공을 들이기 시작했다(入貢于百殘伽倻新羅)"라는 표현을 했을 것이다.

지금까지 『일본서기』나 『삼국사기』를 통해 살펴본 결과 백제와 신라에 대한 일본의 조공 가능성이 얼마든지 있다는 점을 확인했다. 따라서 일제에 의해 '渡海破'로 변조된 신묘년 기사를 '入貢于'로 복원하는 데 하등의 걸림이 없다고 할 수 있다. 역사적 사실에 전혀 위배되지 않기 때문이다.

미심쩍은 『회여록(會餘錄)』

어떤 사건에 대한 수사가 미궁에 빠졌을 때 경찰이나 검찰이 흔히 하는 말이 있다. "원점으로 돌아가 처음부터 다시 철저히 수사한다"라는 말이다. 처음부터 다시 꼼꼼히 들여다보면 사건 해결의 실마리를 찾을 수 있기 때문에 그런 말을 하게 되었으리라. 광개토태왕비의 변조에 대한 수사도 그렇게 원점으로 돌아가 처음부터 다시 살펴볼 필요가 있다. 원점에서 얻은 단서나 느낌이 변조를 증명할 수 있는 증거로 작용할 수 있기 때문이다.

1980년대 초에 만주 지방을 염탐하던 스파이 사코 가게노부가 입수하여 일본으로 가져간 최초의 광개토태왕비 쌍구가묵본은 그 후로 6~8년 동안 극비리에 일제의 육군 참모본부 내에서 연구가 이루어졌음을 이미 전술한 바 있다. 이 기간의 연구 과정에서 일제는 임나일본부설을 강력하게 주장하며 정설로 고착화하고자 했던 당시 그들의 역사관에 부합하도록 쌍구본 비문을 뜯어 고치고 여백에 먹칠을 하여 쌍구가묵본 광개토태왕비문 4폭을 만들어냈다. 이렇게 만들어낸 쌍구가묵본 광개토태왕비문을 메이지 22년 (1889) 5월 2일에 발행한 관변 잡지인 『회여록』 제5집에 전체를 다 게재하였다. 아울러, 「고구려비출토기」와 「고구려고비고」라는 두 편의 문장을 싣고 맨 뒤에 '각서참고(各書參考)'라는 제목 아래 한국과 중국의 여러 역사서에 기록되어 있는 고구려와 백제와 신라의 기원과 건국에 관한 기사들을 모아 수록하였다. 그리고 뒤이어 「고구려고비 석문」을 수록하였다. 이 중 「고구려 비출토기」는 광개토태왕의 비를 발견하게 된 과정을 기술한 글인데 비의 위치를 소개한 다음, 토인(土人), 즉 당시 그 지역에서 살고 있던 사람의 말을 빌려 비가 발굴되는 과정을 다음과 같이 설명하고 있다.

> 이 비는 옛날에는 땅속에 묻혀 있었는데 연전에 어떤 사람이 천진(天津)으로부터 인부(탁본 기술자) 4인을 고용하여 이곳에 와서 흙을 파내고 비를 씻어내는 데에 2년의 시간이 걸렸다. 그런 후에야 조금이나마 읽을 수 있게 되었는데 오랫동안 시냇물에 씻기고 부서졌기 때문에 결손 당한 곳이 많았다. 처음에 4척 정도 흙을 파낸 후 그 문장을 읽고서야 그것이 고구려비인 것을 알게 되었다. 이에, 비의 4면에 지지대를 세우고 기술자를 시켜 탁본하게 하였는데 비에 요철이 많은 데에다가 큰 종이도 사용할 수 없어서 한꺼번에 탁본을 할 수 없었으므로 한 자 남짓한 종이에 차례로 탁본하였다.[15]

그런데 이 말은 오늘날 알려진 광개토태왕비의 발견 과정과 사뭇 다르다. 오늘날 학계에서는 대부분 광개토태왕비가 땅에 묻혀 있었던 것이 아니고 선 채로 덩굴풀 등 잡초에 덮여 있다가 청나라 말기의 만주 지역 개간 정책에 따라 화전을 일구는 과정에서 발견되었다는 설을 따르고 있는데 『회여록』에서는 현지 주민의 말을 빌려 땅에 묻혀 있던 것을 파낸 것으로 기록하며 용어도 '발견'이 아니라 '발굴'이라는 용어를 사용하고 있는 것이다. 현지인으로부터 이런 이야기를 들은 인물은 당연히 사코 가게노부이다. 사코가 현지인으로부터 들은 이 이야기를 육군 참모본부에 전해주고, 참모본부는 그 이야기를 그대로 옮겨 적은 형식을 취하여 「고구려비출토기」를 작성한 것이다. 오늘날 확인된 바에 의하면, 『회여록』 제5집이 발간되던 1889년 당시에는 이미 비가 땅에 묻혀 있지 않았음이 중국 학자들에 의해 확인되어 연구자들이 다 '발견'이라는 어휘를 사용하였지 발굴이라는 어휘를 사용하지 않았는데 일제는 여전히 '발굴' 운운하면서 사코의 말에만 의지하여 「고구려비출토기」를 쓴 것이다. 6~8년 동안이나 비밀리에 연구한 일제의 육군 참모본부가 당시에 이미 중국 학계가 출토가 아닌 발견임을 밝힌 사실을 정말 몰라서 사코의 말에만 의지하여 '출토'라고 했을까? 아니다. 출토가 아닌 발견이라는 사실을 몰랐을 리가 없다. 그러나 그들은 사코 가게노부가 가져온 비문만을 연구했을 뿐, 광개토태왕비에 대해 달리 다른 어떤 조사를 별도로 한 적이 없음을 강조하기 위해 사코로부터 전해들은 이야기만 기록한 것으로 연출한 것이다. 그러면서 사코가 이 쌍구본을 가져오게 된 과정도 다음과 같이 간략하게 설명하고 있다.

> 일본인 아무개가 때마침 그곳에 유람 차 갔다가 탁본 한 벌을 구하여 가지고 돌아왔다.[16]

여기서 말하는 아무개가 바로 일제의 육군 참모본부 소위였던 사코 가게노부이다. 그런데 왜 이름을 밝히지 않고 아무개라고 했으며 때마침 유람 차 만주에 갔던 어떤 사람으로 기록하고 있을까? 그리고 비를 발견한 과정 또한 현지인의 말을 빌려 원래 땅속에 묻혀 있었던 것을 발굴한 것처럼 기록한 것일까? 그것은 바로 사코 가게노부가 신분을 노출시킬 수 없는 스파이였기 때문이며 탁본을 의도적으로 가져온 게 아니라 우연히 가져오게 된 것을 강조하기 위해서이다. 그런데 다음에 이어지는 문장을 보면 비의 크기와 넓이, 방향이 다른 4면에 새겨진 글자 수 등을 마치 실측한 것처럼 상세하게 기록하고 있다. '유람 차 갔던' 사람이 우연히 탁본 한 벌을 얻어 오면서 비의 실태를 그처럼 글자 수까지 자세하게 기록해 올 수 있을까? 더욱이 높이가 6.4 미터나 되는 비를 실측하지 않고서는 "높이는 1장 8척"이라고 쓸 수가 없을 텐데 '유람 차 갔던' 사람이 장비를 준비하여 이처럼 자세하게 실측을 할 수 있을까? '유람자'인 사코의 말을 듣고 쓴 문장으로 보기에는 너무 상세하고, 사코 이후에 일본의 학자들이 현장을 상세히 답사한 후에 쓴 문장이라고 보기에는 토인의 말을 빌려 '발견'이 아니라, '발굴' 운운한 것이 사실과 부합하지 않는다. 전후의 문장 사이에 적지 않은 모순이 있다. 이어지는 문장은 다음과 같다.

> 광개토태왕비 옆에 마치 구릉과 같은 커다란 분묘가 있는데 기울어져 있으나 그 기세에 압도당하는 느낌이다. 아마도 고구려가 성할 당시 영락대왕을 장사 지낸 곳일 것이다.[17]

이 문장 또한 화자가 누구인지를 판단하기가 애매한 문장이다. 사코 가게 노부가 전한 말을 기록한 것일까? 아니면, 이 「출토기」를 쓴 사람이 현장을 답사하고서 쓴 글일까? 사코가 전한 말로 본다면 사코는 단순히 '유람 차 갔던' 사람이 아니라 그 비가 "고구려가 성할 당시의 왕인 영락대왕을 장사 지낸 곳"이라는 판단을 할 정도의 전문가임을 드러내는 것이고, 이 「출토기」를 쓴 사람이 쓴 글이라면 이 「출토기」를 쓴 일제 육군 참모본부 소속의 학자 누군가가 1889년 이전에 현장을 답사하여 비를 자세하게 실측하였음을 고백하는 것에 다름이 아니다. 그런데 일제는 사코가 가져온 사실만 부각했을 뿐 그들이 답사하여 실측한 사실은 밝히지 않았다. 사실 일제는 두 가지를 다했다고 생각한다. 사코도 현장에서 이미 이 고분이 영락대왕, 즉 광개토태왕의 무덤임을 알아차렸을 테고, 사코의 보고를 들은 일본의 학자들은 현지를 수차례 답사했을 것이다. 그럼에도 이 「고구려비출토기」에는 현지를 답사했다는 기록은 한 글자도 보이지 않는다. 사실은 이미 답사하여 확인한 다음에 이런 「출토기」를 썼음에도 답사 사실을 고의적으로 숨기고 있는 것이다. 그런데 다음에 이어지는 말이 더 우스꽝스럽다.

> 일본인 아무개는 그 무덤에서 나온 옛 벽돌을 돈을 내걸고 살 사람을 불러 모은다는 얘기를 듣고, 벽돌 몇 매를 사가지고 돌아왔는데 지금 그의 집에 소장되어 있다.[18]

이 또한 '유람 차 갔던' 사람의 행적을 강조하기 위해서 쓴 글이다. 일제에 의한 현장 조사는 없었음을 강조하기 위한 표현으로 보인다. 이어, 이 「출토기」의 끝부분은 별처럼 널려 있는 고구려 고분군과 장군총에 대한 상세한 설명으로 이어진다. 전문가가 현장 답사를 하지 않고서는 쓸 수 없는 글이다. 이처럼 「고구려비출토기」는 일제의 육군 참모본부가 계획적으로 스파이를 파견하여 비의 탁본을 입수하였고, 탁본을 입수한 후에는 현장을 상세하게 답사한 후에 작성한 것임에도 불구하고 탁본을 일본인 여행자가 우연히 얻어서 가지고 온 점을 강조하다 보니 들은 이야기와 실측한 이야기가 뒤섞여 매우 이상한 글이 되고 말았다. 경천동지할 사건인 광개토태왕비의 발견을 공식적으로 세상에 공표한 문장치고는 전후 모순이 많은 문장인 것이다. 진정한 「출토기」라면 탁본을 입수한 과정과 내력도 정확히 밝혔어야 하고, 탁본을 입수한 후에 현장을 답사한 경위도 설명하면서 답사를 통해 알게 된 것들을 「출토기」답게 사실대로 썼어야 한다. 그런데 이 「출토기」는 전혀 그렇지 못하다. 출토를 공표하는 자의 입장이 떳떳하지 못함을 은연중에 드러내고 있는 문장으로 볼 수밖에 없는 것이다.

「고구려비출토기」에 뒤이어 실린 문장은 비문의 판독을 주도한 학자 요코이 다타나오가 쓴 「고구려고비고(高句麗古碑考)」이다. 그런데 이 문장은 엄밀히 말하자면, 「고구려고비고」가 아니라, 「신 출토 고구려비를 통해서 본 한국사 기록의 허구」라고 해야 한다. 단 7행에 걸쳐 이 비가 '호태왕'의 비이며, 비의 내용은 시조에 대한 기록과 호태왕의 무공(武功)과 묘를 잘 지킬 것을 당부한 내용 등 3단으로 나눌 수 있다는 점을 소개했을 뿐, 나머지 문장 40행은 모두 한국인들이 기록해온 한국사의 기록이 『일본서기』나 일본의 고서인 『성씨록』보다 부정확하고 오류와 와전이 많다는 점을 강하게 주장하는 글이다. 심지어는 다음과 같은 표현도 있다.

> 요즈음 학자들은 『삼국사기』와 『동국통감』 두 책을 이용하여 일본의 국사(『일본서기』)에 대해 의심을 품는데 이는 마치 발꿈치를 깎아내어 신발에 맞추고 국자 자루를 규구(規矩: 곱자)로 사용하는 것과 같지 않겠는가! … 한국의 역사가 두찬(杜撰: 근거나 출처가 확실하지 못한 저술)인 점은 아주 오래전부터 있어온 일이다. 그러므로 한국사에 기록된 내용과 이 고구려비의 내용을 비교해보면 시조(始祖)에 관한 기록 외에 서로 부합되는 곳이 없다.[19]

우리의 역사서를 두찬으로 몰아붙여 철저히 부정하려는 의도가 적나라하게 드러나 있다. 따라서 이 문장은 새로 발견된 고구려비의 내용을 고찰한 「고구려고비고」가 아니라, 고구려비를 이용하여 『일본서기』나 일본의 옛 기록이 정확함을 강변하고 한국의 사서를 철저히 부정하고자 하는 의지를 드러낸 글이라고 해야 마땅하다. 이를 통해 일제는 처음부터 광개토태왕비를 이용하여 우리의 역사를 왜곡하고자 하는 의도가 강하였음을 확인할 수 있다. 「고구려고비고」의 말미는 다음과 같이 끝맺음이 되어 있다.

> 비문 중에 우리(일본)와 크게 관계가 있는 부분은 신묘년에 바다를 건너와 백제와 신라를 깨부수어 신민으로 삼았다는 구절이다. 예로부터 중국이나 한국

의 역사에는 오직 우리 왜구와 변방에서 통빙(通聘: 서로 교류함)했다는 기록만 남아 있을 뿐 일찍이 백제와 신라가 우리(일본)에게 신민이 되었다는 기록은 없으니 이는 나라의 창피로 여겨 꺼려 기록하지 않았기 때문이다. 그런데 이 광개토태왕비는 고구려, 백제, 신라가 정립(鼎立)하여 대치하고 있을 때 고구려인의 손에 의해 세워진 것이라서 고구려의 입장에서 두 나라(백제, 신라)가 창피함으로 여겨 꺼리는 바를 기록하지 않아야 할 이유가 없었다. 그래서 그런 사실을 비에 기록함으로써 당시의 사실을 1600여 년 후에 명백하게 드러나게 한 것이니 그 공이 참으로 위대하다고 할 만하다.[20]

정리하자면 이렇다. 백제나 신라는 왜의 신민이 되었다는 사실을 창피하게 여겨 그 사실을 기록하지 않았다. 그래서 후대의 한국 역사서나 중국 역사서에 백제와 신라가 왜의 신민이 되었다는 사실이 기록으로 남지 않게 되었다. 그런데 당시 고구려는 백제, 신라 양국과 대치(적대) 관계에 있었으므로 백제와 신라 두 나라가 왜의 신민이 된 점을 전혀 부끄럽게 여길 이유가 없었다. 그래서 그 사실을 광개토태왕비에 떳떳이 기록해 넣었다. 그 결과, 광개토태왕비가 발견된 지금, 세상으로 하여금 그 당시, 즉 서기 4세기~6세기 말경에 백제와 신라가 왜의 신민이었다는 사실을 알게 하였으니 광개토태왕비는 왜의 찬란한 역사를 바르게 밝혀 후세에 전하는 데에 크게 공헌하였다. 참으로 황당한 해석이다. 고구려를 동족을 비방한 비열한 나라로 모함하고 간주한 것이다. 그러나 이러한 주장은 사실과 전혀 맞지 않는다. 광개토태왕과 장수왕 당년에 백제와는 관계가 좋지 않았기 때문에 설령 백제에 대해서는 그런 기록을 할 수 있다는 생각을 애써 해보려 해도 역시 용납이 되지 않는다. 왜가 백제를 신민으로 삼은 것은 왜의 공적이지 고구려의 공적은 아니기 때문이다. 백제는 고구려의 속민이었고 줄곧 조공을 해온 나라인데 그런 백제를 왜가 깨부수고 왜의 신민으로 삼았다는 것은 고구려나 광개토태왕의 수모일 뿐 결코 공적이 될 수 없기 때문에 대치 상태에 있던 백제가 좀 밉다고 해서 훈적비에 그런 기사를 새길 리가 없는 것이다. 더욱이 말이 안 되는 것은 당시에 고구려와 신라는 적대적인 관계이기는커녕 매우 우호적인 관계였다. 신라가 왜의 침입을 받을 때면 고구려가 달려가 구원해주곤 하였다. 그런 신라를 왜가 깨부수고 왜의 신민으로 삼았는데 그게 무슨 영광스러운 훈적이라고 훈적비인 광개토태왕비에 새겼겠는가?

일제는 광개토태왕비의 발견 사실을 세상에 처음 알리면서 쓴 글인 「고구려고비고」에서부터 그들의 불손한 의도를 드러냈다. 한국사를 모두 믿을 수 없는 기록으로 만든 다음에 그들이 변조한 신묘년 기사를 들고 나와 임나일본부설을 정당화하려 한 것이다. 이러한 점, 즉 한국사의 기록을 강하게 부정한 연후에 광개토태왕비문의 많은 기록 중에서 특별히 신묘년 기사를 거론했다는 점만으로도 이 「고구려고비고」에는 역사 왜곡의 의도가 극명하게 드러나 있다고 할 수 있는 것이다. 그럼에도 우리는 『회여록』 제5집에 수록된 이 두 편의 문장을 꼼꼼하게 분석하는 연구를 제대로 하지 않았다. 일제의 터무니없는 주장에 대해 분개했을 뿐 문장을 꼼꼼히 읽으면서 전후 문장의 맥락을 파악하고 행간에 담긴 의도를 파악하는 데에는 오히려 소홀했던 것이다. 일제는 사코 가게노부가 가져온 비문을 토대로 비문을 변조하고 그렇게 변조한 내용으로 비의 원석까지 변조함으로써 우리의 역사 기록 전체를 철저하게 부정하는 입장으로 무장한 연후에 그들이 변조한 신묘년 기사를 중심으로 「고구려고비고」를 쓰고 「출토기」를 써서 『회여록』 제5집에 발표한 것이다. 더욱이 일본뿐 아니라, 우리나라나 중국에서도 읽을 수 있도록 일부러 문장을 일본어가 아닌 한문으로 써서 발표했는데 우리는 그 글을 읽고서도 글의 행간에 담긴 그들의 불손한 의도를 아직까지도 제대로 파악하지 못한 것이다.

『회여록』 제5집이 간행된 직후, 일본의 주요 신문인 『시사신보(時事新報)』,

『도쿄신문(東京新聞)』 등은 간행을 알리는 광고를 실었고 그 광고문에는 "비문 중에는 우리가 일찍이 백제, 신라, 가야를 정복했던 사실이 기록되어 있다"라는 내용, "당시에 왜인이 그들의 국경을 가득 채웠었다"라는 내용 등을 수록하며 "우리 황국인의 위무(威武)가 찬란하다"라는 자찬을 아끼지 않았다. 일제의 육군 참모본부가 광개토태왕비를 6~7년 동안 비밀리에 연구한 이유가 어디에 있는지를 충분히 알 수 있는 처사들이다. 이렇게 해서 우리의 광개토태왕비는 왜가 한반도의 남부를 지배했다는 임나일본부설 증명해주고, 일본인들로 하여금 일본의 찬란한 역사를 찬양하게 하는 증거물로 전락하고 말았다.

기존 해석의 문제점

여기까지가 내가 지난 35년 동안 광개토태왕비를 가슴에 품은 채 찾고, 살피고, 연구한 과정과 그 결과를 정리한 글이다. 서예학적인 방법을 이용하여 광개토태왕비체의 특징을 도출하고 그 특징과 '渡海破'의 자형을 비교해봄으로써 이들 세 글자를 일제가 변조했다는 사실을 확신하게 되었고, 사코본의 문제점을 추적하여 변조 현장의 상황을 그려보았다. 그리고 신묘년 기사의 문장과 문단, '속민'과 '신민'이라는 단어를 면밀히 분석하여 변조의 증거를 일일이 수집하면서 원문을 복원해나갔다. 마침내 변조 이전의 원문까지 찾아낼 수 있었고, 다음에는 변조 현장을 재현하는 과정에서 또 하나의 범죄 사실, 즉 일제가 신묘년 기사 외에 기해년 기사도 신묘년 기사와 똑같은 방법으로 변조했다는 것을 알아냈다.

서예학적인 방법으로 새롭게 접근하여 신묘년 기사와 기해년 기사의 원문을 복원해놓고 보니 지금까지 이 부분을 연구하는 여러 역사학자들이 왜 그처럼 오랜 세월 동안 우리의 참된 역사를 찾지 못하고 혼란을 겪었는지 짐작하게 되었다. 기왕의 연구자들이 신묘년 기사나 기해년 기사를 올바르게 해석하지 못한 가장 큰 원인은 어느 학자도 '속민'과 '신민'의 차이에 주목하지 않았다는 데 있었다. 지금까지 제기된 학설 중 사학계에서 주로 인용되는 대표적인 몇 가지 학설을 검토해보면 이 점이 분명하게 드러난다.

먼저 일본에서 주장하는 이른바 '통설'부터 살펴보자. 대부분의 일본 학자들은 신묘년 기사가 변조되지 않았다고 주장하며, 원문에 구두점을 찍고 (160쪽 참고) "백제와 신라는 예부터 (고구려의) 속민이었다. 그래서 줄곧 조공을 해왔다. 그런데 일본이 신묘년에 바다를 건너와 백제와 □□와 신라를 깨부수어 (일본의) 신민으로 삼았다"라고 풀이한다. 이러한 해석을 그들 스스로 '널리 통용되는 설'이라고 칭하고 있다. 조작한 비문을 입맛대로 해석한 '통설'을 근거로 일본이 4~6세기경 한반도를 지배했다는, 이른바 '임나일본부'설을 정당화하려 했고, 지금도 그 시도는 그치지 않고 있다.

그러나 그들의 이러한 해석과 주장은 근본적으로 '속민'과 '신민'의 의미 차이에 대한 무지에서 비롯된 것이다. 앞서 살펴본 바와 같이 '속민'은 같은 뿌리의 민족 관계에 있는 나라이면서 직접 조공을 하는 나라를 가리키는 말이다. 이에 반해 '신민'은 왕에 대한 복종의 의사를 표시하거나 모종의 예를 갖춘다면 누구에게나 사용할 수 있는, '왕의 백성'이라는 뜻의 일반 명사다. '속민'에 비해 '신민'은 특별한 뜻 없이 왕의 영향력이 미치는 신하 나라에 대해 사용하는 용어인 것이다.

왜가 신묘년에 바다를 건너와서, 고구려가 자신들과 동족이라는 의미에서 속민으로 여겨온 백제와 신라를 무찌르고 그들의 신민으로 삼았다고 치자. 그렇게 되면 그것은 고구려의 정토(征討) 기사가 아니라 왜의 정토 기사일 수밖에 없다. 그런 사실이 고구려의 입장에서 과연 영광스러운 일이었을까? 그게 사실일 리도 없지만 설사 그것이 사실이었다 한들 선왕의 업적을 영원히 기록으로 남기려 했던 아들 장수왕이 그것을 아버지의 위대한 정토의 훈적에 포함시킬 수 있었을까?

상식적으로 말이 안 되는 이야기다. 도리어 대국의 천하관을 가지고 같은 동족에게 군사적인 보호막을 제공해온 고구려에게 치욕스러운 일이다. 따라서 왜의 정토 기사라고 할 수 있는 역사를 광개토태왕의 위대한 업적을 기리는 정토 기사의 서장(序章)에 새겨 넣어야 할 하등의 이유가 없다. 이것만 봐도 일본 학자들이 주장하는 '통설'이란 근본적으로 성립될 수 없는 주장이다.

다음으로 중국 학자 왕건군의 주장을 살펴보자. 그는 1983년 출간한 『호태왕비 연구』라는 저서에서 광개토태왕비문 변조설을 강하게 부정하면서 일본 언론의 스포트라이트를 한 몸에 받았다. 당시는 아직 재일 사학자 이진희가 제기한 일제에 의한 비문 변조설을 일본이 전면적으로 부정하지 못하던 때였다. 그런 상황에서 제3국인 중국의 학자가 오랫동안 현지 조사를 한 결과라고 하면서 변조설을 강하게 부정하고 나섰으니 일본의 입장에서는 얼마나 반가웠겠는가? 그러나 왕건군의 주장은 실로 터무니없는 주장이다.

왕건군은 비문을 해석하면서 신묘년 기사의 문단을 훨씬 넓게 잡았다. 그는 '百殘新羅舊是屬民由來朝貢'에서 고구려가 숙신을 정벌하는 기사의 끝부분인 '自此以來朝貢□事'까지를 모두 신묘년 기사에 포함시켰다. 앞서 내가 나눈 단락으로 치면 제3단의 2단까지를 신묘년 기사로 보고 논리를 전개한 것이다(4장 192쪽 단락 나누기 참조). 그는 다음과 같이 구두점을 찍고 그 나름의 해석을 내놓았다.

百殘, 新羅, 舊是屬民, 由來朝貢; 而倭以辛卯年來, 渡海破百殘□□新羅, 以爲臣民, 以六年丙申, 王躬率水軍, 討伐殘國 自此以來朝貢□事

백제와 신라는 과거에 우리 고구려의 속국이었다. 계속해서 우리에게 조공을 해온 것이다. 그러나 신묘년부터 왜구가 바다를 건너 백제와 신라를 쳐서 그들의 신민으로 삼았기 때문에 (그때부터 백제와 신라는 우리 고구려에 대해 신하임을 자칭하며 줄곧 해오던 조공을 하지 않았다) 영락대왕 6년 병신년에 호

태왕은 몸소 수군을 이끌고 백제를 토벌했다. 이때부터 조공을 하고 쌍방 간의 일을 논의하게 되었다.[21]

왕건군이 이렇게 해석하게 된 이유는 앞서 이야기한 것처럼 '自此以來朝貢□事'까지를 한 단락의 기사로 보았기 때문이다. 그리고는 이 단락의 대의를 마지막 문장, 즉 '이때부터 조공을 하고 쌍방 간의 일을 논의하게 되었다'라는 것으로 본 것이다. 정리해서 말하면, 백제는 본래 고구려에게 조공을 해왔으나 신묘년 이래로 조공을 하지 않았고, 이 때문에 6년 뒤인 병신년에 광개토태왕이 백제를 쳐서 결과적으로 다시 조공을 하게 했다는 이야기다.

왕건군도 '而倭以辛卯年來'의 '而' 자를 전후 문장을 대립적으로 연결하는 접속사로 파악하고 나름의 해석을 했다. 그러나 그는 전후 대립의 내용을 고구려에 대한 백제의 '조공'과 '부(不)조공'으로 보았다. 앞서 내가 신묘년 기사의 '而'라는 접속사가 '예부터 조공을 해온 나라인 백제와 신라에 대한 설명'과 '백제와 신라에게 새로 조공을 시작한 집단인 왜에 대한 설명'을 대칭적으로 나누는 역할을 하는 것으로 본 것과는 전혀 다르다.

왕건군이 '而' 자 앞뒤로 대칭을 이루는 내용을 고구려에 대한 백제의 '조공'과 '부조공'으로 파악하고자 한 해석은 납득할 수 없는 많은 문제를 안고 있다. 왜 그런가?

첫째, '而' 자가 문법적으로 대립과 역접의 기능을 다 하려면 '而' 자 앞뒤 문장에 대립의 내용이 분명하게 드러나야 한다. 그런데 왕건군의 견해대로 백제의 '조공'과 '부조공'을 대칭 항으로 보고 그가 구두점을 찍은 문장을 살펴보면 그렇지가 않다. 즉 '而' 자의 앞 문장에 "예부터 조공을 해왔다(朝貢)"라는 말은 있지만 '而' 자의 뒤 문장에 '조공을 안 하기 시작했다(不朝貢)'라는 말은 없다. 이런 까닭에 왕건군은 임의대로 '조공을 안 하기 시작했다'라는 말이 생략된 것으로 간주해버린 것이다. 그래서 '그때부터 백제와 신라는 우리를 향해 신하임을 자칭하며 줄곧 해오던 조공을 하지 않았다'라는 긴 말을 괄호 안에 자의적으로 써 넣었다. 그런 다음 신묘년에 백제가 왜의 '신민'이 된 것을 계기로 고구려에게 조공을 하지 않았기 때문에 고구려의 정벌 대상이 된 것이라는 억지 해석을 내놓기에 이르렀다.

이는 '而' 자의 문법적 기능을 잘 모르거나, 알면서도 무시한 데서 빚어진 무리한 해석이다. 문법적 기능상 이 글자가 접속사로 쓰여 앞뒤 문장에 서로 대립되는 내용을 담고자 할 때는 어느 한 쪽도 결코 생략될 수 없다. 한 쪽이 생략되면 대립되는 내용을 결코 파악할 수 없기 때문이다. '而'의 문법적 기능이 이러한데도 왕건군은 뒷부분의 문장이 생략된 것이라고 맘대로 판단하고, 생략된 부분이 백제의 '부조공'에 관한 것이라며 비문에 있지도 않은 내용을 지어내는 등 제멋대로의 해석을 내놓은 것이다.

둘째, 왕건군의 주장대로 설사 백제의 '부조공'이 원인이 되어 고구려가 병신년에 백제를 쳤다고 치자. 그렇다고 해도 백제의 '부조공'이 일본이 백제를 무찔러 그들의 신민으로 삼았기 때문이라는 증거는 어디에도 없다. 백제가 일본의 신민이 되었기 때문에 더 이상 고구려에게 조공을 하지 않았을 것이라는 추측은 왕건군의 순진한 상상일 뿐이다.

셋째, 광개토태왕비문에는 정토 기사가 비록 연대순으로 기록되어 있기는 하지만 각 역사적 사실들이 반드시 선후의 인과관계가 있는 것은 아니라고 앞서 이야기했다. 그런데도 왕건군은 서문의 성격을 띠는 신묘년 기사와 6년 후 병신년의 백제 정벌 기사를 억지로 연결시키는 어리석음을 범했다. 인과관계가 없는 별개의 사실을 인과관계가 있는 것으로 억지로 꾸며 사실과 거리가 먼 해석을 한 것이다.

넷째, 광개토태왕비에 기록된 모든 정토 기사는 간지(干支)로 표기한 연대를 시작으로 한 가지 사건씩 기술하는 방식을 취하고 있다. 광개토태왕비문의 성격이 광개토태왕의 대표적인 위업을 연대별로 기술한 것이기에 그러한 서술 방식을 취한 것이다. 따라서 신묘년 기사는 신묘년 기사대로 해석해야 하고, 병신년 기사는 병신년 기사대로 해석하는 것이 옳다. 왕건군처럼 6년이나 시차를 두고 벌어진 두 가지 사실을 무리하게 연결하여 하나의 맥으로 파악하는 것은 억지일 뿐이다.

이제 국내 혹은 중국 교포 학자들에게로 눈을 돌려보자. 국내 학자들도 광개토태왕비문의 변조 의혹을 제기하고 나름의 입장에서 원래 글자를 추정하는 논문을 많이 발표했다. 대표적인 것이 이형구(李亨求)와 박노희(朴魯熙)가 1981년에 제기한 설이다(이하 '이형구 설'로 약칭한다).

이형구 설의 핵심은 소위 신묘년 기사 중에서 '倭(왜)'자가 변조된 것으로 본 데 있다. 이들은 대만의 부사년(傅斯年) 도서관에 소장된 광개토태왕비 탁본에 근거하여 '倭'자가 원래는 '後(후)'자였던 것으로 파악했다. 그리고 그 뒤에 나오는 '來渡海' 세 글자가 모두 변조되었다고 보았다. 그러고는 신묘년 기사에 대해 다음과 같이 해석했다.

百殘新羅舊是屬民 由來朝貢 而後以辛卯年不貢 因破百殘倭寇新羅 以爲臣民

백제와 신라는 예부터 (고구려의) 속민으로서 조공을 바쳐왔는데, 그 후 신묘년(391)부터 조공을 바치지 않으므로 (광개토태왕은) 백제와 왜구와 신라를 파하여 이를 신민으로 삼았다.[22]

역사적 사실에 충실하려는 시도로서 이형구의 설은 어떻든 의미가 있어 보인다. 그러나 여러 면에서 문제점을 안고 있어서 그간 많은 반론을 받아온 것이 사실이다.

그간의 반론은 차치하고, 여기서는 앞서 제시한 '속민'과 '신민'의 차이점에 주목하여 이형구의 해석을 살펴보자. 두 말의 의미 차이를 염두에 두면 이형구의 설이 근본적으로 성립할 수 없다는 점을 쉽게 알 수 있다. 왜냐하면 백제와 신라는 예부터 고구려의 '속민'으로서 줄곧 조공을 해왔는데, 그러한 백제와 신라를 신묘년에 쳐서 '신민'으로 삼았다는 말은 논리적으로 성립할 수 없기 때문이다. 앞서 강조했듯, '속민'이 '신민'보다 조공 관계로 보나 혈연적 관계로 보나 훨씬 더 친밀하며 복속의 정도가 강한 관계이다. 이미 오래전부터 그런 '속민' 관계에 있는 백제와 신라를 쳐서 오히려 특별한 복속 관계가 아닌 보통 관계의 '신민'으로 삼았다는 것은 어불성설일 수밖에 없는 것이다.

박진석 연변대 조선문제연구소 교수의 해석 역시 이런 점에서 맞지 않다. 그는 신묘년 기사를 다음과 같이 파악하고 이렇게 해석했다.

百殘, 新羅舊是屬民, 由來朝貢, 而倭以辛卯年來, (高句麗 혹은 王)渡海破百殘, 往救新羅, 以爲臣民
백제와 신라는 예부터 고구려의 속민으로서 종래로 조공을 바쳐왔다. 그런데 신묘년에 왜가 왔다. 고구려는 곧 바다를 건너가서 백제를 격파하고 신라를 구원(往救)함으로써 저들의 신민으로 삼고 속민으로서의 옛 지위를 회복했다.[23]

나름대로 고심한 흔적이 보이는 해석이다. 그러나 '속민으로서의 옛 지위를 회복했다'라는 해석은 무리라고밖에 볼 수 없다. 어찌 되었든 신묘년 기사의 해석은 '신민으로 삼았다'로 끝나야 하는데, 원문에 없는 '속민으로서의 옛 지위를 회복했다'라는 내용을 임의로 삽입했기 때문이다. 또한 그의 해석 역시 앞의 이형구의 설에서 본 것과 같은 논리적 모순을 안고 있다. 즉 '속민'을 격파했는데 오히려 그 속민보다 복속의 정도가 낮은 '신민'으로 삼았다는 말이 되기 때문이다.

게다가 '渡海破'의 주어가 원문에서는 생략되었다고 보고, 이를 '고구려 혹은 왕'이라고 명시했다. 그렇게 임의로 주어를 넣으면 해석에 무리가 생긴다. 즉 '而倭以辛卯年來(그런데 신묘년에 왜가 왔다)'라는 대목이 그 자리에 있어야 할 이유가 없는 외톨이 문장이 돼버리는 것이다. 왜가 신묘년에 뭘 하러 왔단 말인가. 박진석의 해석은 의미상으로는 신라를 치기 위해 왜가 왔다고 한 것 같은데, 이런 의미는 문장의 어디에도 있지 않은 것이다. 따라서 박진석의 주장은 문리상으로도 문제가 있고, 해석상으로도 매끄럽지 못한 것이다.

서영수 교수의 해석도 비슷한 모순이 있다. 그는 다음과 같이 구두점을 찍고 해석했다.

> 百殘新羅舊是屬民, 由未朝貢, 而倭以辛卯年來渡, 王破百殘, 倭降, 新羅以
> 爲臣民
> 백제와 신라는 예부터 속민이었는데도 아직 조공을 바치지 않고, 왜는 신묘년부터 (대왕의 세력권에 함부로) 건너오기 시작했다. 그러므로 왕은 (대왕과의 맹세를 어긴) 백제와 (그 동조자인) 왜를 공파하고 (대왕에 귀의한) 신라는 복속시켜 신민으로 삼았다.**24**

서영수의 해석도 본래 '속민'이었던 신라를 다시 복속시켜 '신민'으로 삼았다고 했으니 앞서 본 연구자들과 같은 모순을 범하고 있다. 게다가 그는 다른 연구자들과 달리 '由來朝貢' 대목의 '來(올 래)' 자를 '未(아닐 미)' 자로 판독했다. 또한 비석에 새겨진 '由(말미암을 유)'를 '猶(오히려 유)'와 발음이 같다는 이유로 '猶' 대신 빌려 쓴 글자, 즉 '猶'의 가차자(假借字)로 보았다. 그래서 신묘년 기사의 '由來朝貢' 부분은 '由(=猶)未朝貢'이 되어야 한다고 주장했다. 그렇게 해서 이 대목을 '아직 조공을 바치지 않았다'라는 뜻으로 해석한 것이다.

물론 '由' 자는 '猶' 자의 가차자일 수 있다. 한자 연구의 필수 문헌으로 꼽히는 청나라 주준성(朱駿聲)의 문자연구서인 『설문통훈정성(說文通訓定聲)』에도 '由' 자가 '猶' 자의 가차자라는 것이 명기되어 있고, 『고자통가회전(古字通假會典)』에도 '由' 자가 '猶'로 가차된 예가 다수 실려 있다. 하지만 '猶' 자를 쓸 부분에 '由' 자를 빌려 쓰는 경우는 매우 제한적이다. '由是(유시)'를 '猶是(유시)'로 쓴 예와 '仇由(구유)'로 쓴 것을 '仇猶(구유)'로 바로잡아야 한다는 예를 들었을 뿐이다. 즉 'A와 B가 같다'라는 의미로 쓰일 때에만 '猶' 자와 '由' 자를 서로 빌려 쓰거나 바꾸어 쓸 수 있다는 예를 들었을 뿐이다.[25]

실제로 옛 문헌에서 '猶未(유미)' 대신 '由未(유미)'로 쓰인 예는 거의 찾을 수 없다. 여러 종류의 전적을 검색한 결과, 중국 전한 시대에 편찬한 『전국책(戰國策)』중 한 대목의 주석에서 비슷한 예를 찾았을 뿐이다.[26] 과연 광개토태왕비에서 그렇게 드문 가차의 예를 따라 '猶' 자를 '由' 자로 썼을지 의문스럽다.

그리고 얼핏 보더라도 서영수의 해석에는 군더더기가 너무 많다. 의미를 분명하게 하려고 본문에는 있지도 않은 '대왕의 세력권에 함부로', '대왕과의 맹세를 어긴', '그 동조자인', '대왕에 귀의한' 등의 말을 괄호 안에 너무 빈번하게 넣었다. 문법에 맞춰 순리대로 해석하지 못하고 무리한 풀이를 시도한 탓이다.

임기중 교수의 견해는 앞서 살펴본 여러 연구자의 주장과는 다른 특별한 점이 있다. 그는 1990년대 중반에 장기간 중국에 머물면서 광개토태왕비의 고탁본을 수집하여 출간하는[27] 등 광개토태왕비 연구에 남다른 열의를 보였다. 그는 중국에서 모은 '원석탁본'들을 토대로 신묘년 기사를 다음과 같이 파악했다.

百殘新羅舊是屬民 由來朝貢 而倭以辛卯年來 渡泗破 百殘□□新羅 以爲
臣民

여기에 나타난 임기중의 특별한 견해는 일본 학자들이 이른바 '통설'에
서 줄곧 '海'로 보아온 글자를 '泗(물이름 사)' 자로 본 것이다. 여기서 '泗' 자
는 신라 경덕왕 때까지 지금의 경남 사천(泗川)을 일컫던 '史勿(사물)'을 뜻한
다고 보았다. 그는 이러한 견해를 반영하여 신묘년 기사를 다음과 같이 해석
했다.

> 백잔(백제)과 신라는 예부터 속국 백성으로서 조공을 바쳐왔다. 그런데 왜가
> 신묘년에 와 사물[泗水]을 건너서 깨부수었다. (그리고) 백잔, □□, 신라를
> 신민으로 삼았다.

이런 해석에다가 다음과 같은 의견을 덧붙였다.

> 이 신묘년 기사는 다음과 같은 몇 가지 해석이 가능할 듯하다. 첫째는 '왜가
> 신묘년에 와서 사(泗)를 건넜기 때문에 (고구려가 왜를) 깨부수었다'이고, 둘
> 째는 '왜가 신묘년에 왔으므로 (고구려가) 사(泗)를 건너 (왜를) 깨부수었다'
> 이다. 이 두 가지 해석이 다 가능하다면 그 다음 해석은 '고구려가 백잔, □□,
> 신라를 신민으로 삼았다'가 될 것이다.**28**

특별한 점이 있다고는 하나, 임기중의 주장 역시 근본적으로 '속민'과 '신
민'의 차이를 이해하지 못한 것이다. 따라서 '속민'이었던 백제와 신라를 다
시 '신민'으로 삼았다는 논리적 모순을 범하고 있다. 그가 여러 가지 새로운
탁본을 분석하여 '海'를 '泗'로 판독한 특별한 점을 학계에서 얼마나 받아들

일지는 알 수 없다. 그러나 '속민'과 '신민'의 의미를 구분하지 않은 상태에서 '고구려가 백잔, □□, 신라를 신민으로 삼았다'라는 해석의 오류를 범했기 때문에 그의 '특별한 발견'이 제대로 인정받기는 쉽지 않아 보인다.

댓글에 대한 반론

광개토태왕의 비문이 변조되었음을 재삼 확인하고 변조되기 전의 원문을
복원한 내용을 담은 이 책의 초판 『사라진 비문을 찾아서―글씨체로 밝혀낸
광개토태왕비의 진실』은 출간되었을 때, 단 한 건의 반론을 만났다. 반론을
제기한 사람은 서영수이다. 그는 나의 저서 출간을 보도한 『한국일보』의 기
사 아래에 짧은 인터뷰를 통하여 "받아들이기 어렵다"라는 반응을 보였다.
당시 그의 인터뷰를 보도한 『한국일보』 기사를 옮겨 보면 다음과 같다.

> 고구려연구회장인 서영수 단국대 교수는 "비문 전체의 내용과 여러 사료에
> 근거해 당시의 역사적인 정황을 파악한 상태에서 비문 해석에 접근해야지,
> 글자 한 자 한 자에 의혹을 제기하고 그것을 자기 논리에 맞추어서 풀어 가서
> 는 안 된다"며 "김 교수는 재일 사학자 이진희 씨와 같은 오류를 범하고 있다"
> 라고 지적했다. 서 교수는 "일본이 백제와 신라에 조공을 바쳤는지는 분명치
> 않다"라며 "김 교수의 말대로 왜가 고구려의 신민이 되었다고 신묘년 기사를
> 풀이하려면 한문 문법으로 따져 '以爲臣民' 앞에 고구려를 뜻하는 주어가 와
> 야 맞다"라고 지적했다. 그는 "일본과 중국 학자들은 90퍼센트가 글자 변조

가 없다고 믿고 있으며, 국내 학자 중에서도 40퍼센트 정도는 이 견해에 동의하고 있다"며 "변조 가능성을 앞세워 탁본 내용을 파헤칠 것이 아니라 원석탁본으로 알려진 여러 종의 탁본의 서체를 비교하는 과학적이고 기초적인 자료 축적이 더 중요하다"라고 말했다.

서영수가 제기한 첫째 의견인 "비문 전체의 내용과 여러 사료에 근거해 당시의 역사적인 정황을 파악한 상태에서 비문 해석에 접근해야 한다"라는데에 대해 답변하고자 한다. 필자는 초판에서도 그랬고 이번 증보판에서도 마찬가지로 비문 전체의 내용을 파악하여 단락까지 나누어 제시하였다. 여러 사료에 근거해 당시의 역사적인 정황을 파악한 상태에서 비문 해석에 접근해야 한다는 의견에 대해서는 필자도 전적으로 동의한다. 그리고 필자도 그렇게 했다. 다만, 한국의 고대사를 연구하는 연구자 중 상당수가『일본서기』를 즐겨 활용하여 당시의 정황을 파악하려 하는데 나는 그렇게 하고 싶지는 않았다. 왜냐하면 앞서 누차 언급했듯이『일본서기』는 믿을 만한 책이 아니기 때문이다. 사실, 이 책 4장의「왜는 백제·신라에 대한 조공국」에서 말했듯이 한국 고대의 역사적인 정황을 파악할 수 있는 자료는 사실상『삼국사기』와『삼국유사』밖에 없다. 조선 시대에 기록한 삼국에 관한 역사는 거의 다 이 두 책을 바탕으로 추가하거나 윤색하여 기록한 것이기 때문에 우리의 고대사 사료는『삼국사기』와『삼국유사』외에는 내세울 게 없는 것이다. 그래서 많은 연구자들이 중국의 사서를 참고하고,『일본서기』도 참고하여 우리의 고대사를 밝히려는 노력을 한다. 그런데 중국 측 사료 중에는 광개토태왕비의 신묘년 기사와 직접 관련이 있는 기록은 눈에 띄지 않는다. 당시의 정황을 파악할 만한 자료도 거의 없다. 이처럼 중국 측 사료는 부족하고,『일본서기』는 믿을만한 자료가 되지 못하기 때문에 광개토태왕비의 사료적 가치가 더 소중하다. 광개토태왕비를 통해 뭔가 새로운 사실을 찾아낼 수 있을 것이기 때문이다. 그러므로 후대의 기록을 통해 광개토태왕비문을 재단(裁斷)하려 하지 말고 광개토태왕비문을 선입견 없이 한 글자 한 글자를 꼼꼼히 따져 읽으면서 당시의 상황을 밝혀내려는 노력을 해야 함은 물론이다. 이게 내가 서예학적 방법으로 글자 하나하나를 뜯어보며 광개토태왕비문을 연구한 이유이다. 나의 이러한 연구 태도가 여러 사료에 근거해 당시의 역사적인 정황을 먼저 파악하려 하지 않았다는 이유로 비판받을 이유는 없다고 생각한다. 그리고 내가 당시의 역사적 정황을 파악하려는 노력을 게을리 한 것도 아니다. 광개토태왕비문 전체를 통독했음은 물론이고 여러 사료를 통해 당시의 정황도 어느 정도는 파악했다.

서영수도 일제에 의한 광개토태왕비의 변조를 상당 부분 인정하는 가운데 일본의 통설을 비판하며 나름대로 새로운 주장을 했다는 점을 잘 알고 있다. 그리고 고구려학회 회장으로서 고구려의 역사를 바르게 보려는 노력을 해왔다는 사실도 잘 알고 있다. 그러나 『한국일보』와의 인터뷰에서 말한 것처럼 "비문 전체의 내용과 여러 사료에 근거해 당시의 역사적인 정황을 파악한 상태에서 비문 해석에 접근해야 한다"라고 한다면 나는 서영수 또한 일정 정도 『일본서기』를 신뢰하고 있으며 『일본서기』를 활용해서라도 당시의 상황을 먼저 이해해야 한다는 주장을 하는 것으로 이해할 수밖에 없다.

서영수의 두 번째 지적은 "김 교수의 말대로 왜가 고구려의 신민이 되었다고 신묘년 기사를 풀이하려면 한문 문법으로 따져 '以爲臣民' 앞에 고구려를 뜻하는 주어가 와야 맞다"라는 것이다. 이 또한 광개토태왕비문의 문장 특성과 한문의 특성을 제대로 모르고서 한 지적이다. 광개토태왕비가 광개토태왕의 훈적을 기리기 위해 세운 훈적비임을 안다면 이런 지적은 할 수 없을 것이다. 광개토태왕비의 문장에 주어가 생략된 곳은 한두 곳이 아니다. 훈적비의 주인공은 두말할 나위 없이 광개토태왕이고 광개토태왕은 고구려의 왕이니만큼 광개토태왕비에 새겨진 문장은 거의 다 광개토태왕 혹은 고구려가 주어이며 그 주어는 너무나 당연한 주어이기 때문에 거의 다 생략이 되어 있다. 이에 비해, 왜는 생략할 수 없는 주어이기 때문에 특별히 "왜가 조공을 들이기 시작했다"라는 문장에서처럼 주어를 명확하게 밝혔다. 주어가 광개토태왕이거나 고구려인 경우에는 주어를 생략하는 것이 오히려 자연스럽다. 이 점에 대해서는 이미 이 책 222쪽에서 상세히 설명했다. 그럼에도 서영수는 "'이위신민(以爲臣民)' 앞에 고구려를 뜻하는 주어가 와야 맞다"라는 궁색한 지적을 한 것이다. 여기서 참고로 앞서 살핀 바 있는 서영수의 해석을 다시 한 번 보기로 한다.

백제와 신라는 예부터 속민이었는데도 아직 조공을 바치지 않고, 왜는 신묘년부터 (대왕의 세력권 내에) 함부로 건너오기 시작하였다. 그러므로 대왕은 (대왕과의 맹세를 어긴) 백제와 (그 동조자인) 왜를 공파하고 (대왕에 귀의한) 신라는 복속시켜 신민으로 삼았다.

서영수가 해석을 하면서 괄호를 이용하여 말한 '대왕의 세력권 내에', '대왕과의 맹세를 어긴', '그 동조자인', '대왕에 귀의한' 등은 모두 광개토태왕비의 원문에는 단 한글자도 보이지 않는 내용이다. 비문을 한문의 문법에 맞게 순리대로 해석하면 저절로 다 해석이 되는 문장을 억지스러운 해석을 하려고 하니 이처럼 괄호를 이용하여 군더더기 말을 많이 집어 넣게 된 것이다. 이건 비문 해석이 아니라 서영수 개인의 작문이라고 해야 할 정도이다. 서영수의 이러한 해석이야말로 한문 문법에 전혀 들어맞지 않는 해석인 것이다.

2007년에 필자는, 필자가 총감독을 맡은 제6회 세계서예전북비엔날레 기념 국제학술대회에 서영수를 논문 발표자로 초청하였다. 학술대회 당일 한나절 이상 자리를 함께할 기회를 이용하여 나는 "속민은 동일 민족 관계가 있는 나라의 백성이고, 신민은 민족 관계가 아니면서도 조공을 통해 복종을 실천하고 있는 나라를 지칭한다는 점이 밝혀진 이상 신묘년 기사 내의 신민은 왜일 수밖에 없지 않느냐?"라고 물었다. 그는 "『설문해자』가 그리 믿을 만한 책도 아니고…"라는 짧은 답을 했다. 내가 나의 저서『사라진 비문을 찾아서』에서 속민은 동일 민족 관계가 있는 나라의 백성이고, 신민은 동일 민족 관계가 아닌 나라의 백성을 칭하는 말이라는 점을 밝히는 데에 근거 자료로 활용한『설문해자』라는 책의 가치를 부정함으로써 나의 새로운 주장을 인정하지 않으려 한 것이다. 더 이상 토론을 할 수가 없었다. 한자가 가진 '초형본의(初形本意: 최초의 형태와 본래의 뜻)에 대해 풀이한 최고(最古)이자 최고(最高)의 권위를 가진 자서(字書: 자전)인『설문해자』를 믿을 만한 책이 아니라고 하는 상황에서는 더 이상 토론이 불가능했던 것이다. 물론『설문해자』는 근래에 발견된 갑골문이나 금문 등으로 인하여 수정·보완되어야 하는 부분이 있는 것도 사실이다. 그렇다고 해서『설문해자』가 믿을 만한 책이 아닌 것은 결코 아니다. 이·공학이든 인문학이든 한자 문화권의 학문에서 개념에 대한 정의를 바르게 하고자 할 때 찾는 가장 기본적이고 중요한 책이 바로『설문해자』이다.『설문해자』에 설명된 초형본의를 통하여 어휘의 어원을 찾고 그 어원을 통해서 개념을 분명하게 정립하기 위해서『설문해자』를 활용하는 것이다. 따라서 한자와 관련한 학문을 하면서『설문해자』를 일러 믿을 만한 책이 아니라고 하는 것은 영어와 관련이 있는 학문을 하면서『옥스퍼드 영어사전(Oxford English Dictionary)』을 믿을 수 없다고 하는 것보다 훨씬 더 사리에 맞지 않는 말이다. 이런 까닭에 나는 서영수가 한문 문법이나 한자가 가진 초형본의를 제대로 파악하지 못한 채 나의 주장에 부정적 태도를 보인 점에 대해 동의할 수 없다.

이어 서영수는 필자를 향해 "재일 사학자 이진희 씨와 같은 오류를 범하고 있다"라고 지적하면서 "일본과 중국 학자들은 90퍼센트가 글자 변조가 없다고 믿고 있으며, 국내 학자 중에서도 40퍼센트 정도는 이 견해에 동의하고 있다"라며 "변조 가능성을 앞세워 탁본 내용을 파헤칠 것이 아니라 원석탁본으로 알려진 여러 종의 탁본의 서체를 비교하는 과학적이고 기초적인 자료 축적이 더 중요하다"라고 말했다. 이 점이 바로 서영수뿐 아니라 우리나라 대부분의 사학자들이 가진 잘못된 연구 태도이다. 왜 변조 가능성을 바탕으로 탁본의 글자 하나하나를 확인하고 그 글자가 가진 본래의 뜻에 입각하여 비문의 내용을 파헤치는 것은 잘못된 연구 태도이고, 일본과 중국 학자들의 90퍼센트, 국내 학자의 40퍼센트 정도가 믿고 있는 '변조하지 않았다'는 설을 신봉하는 바탕 위에서 변조되지 않았다는 전제 아래 연구하는 것이 더 과학적이고 바람직한 연구라고 생각하는지 모르겠다. 변조가 되었을 것이라는 생각 아래 변조를 증명하기 위한 연구를 하는 것도, 변조가 되지 않았을 것이라는 신념을 갖고 여러 각도에서 비문을 연구하는 것도 다 연구자의 선택에 달린 문제이다. 전자는 가져서는 안 되는 연구 태도이고, 후자만이 바른 연구 태도라고 하는 것이야말로 편협한 연구 태도이다.

서영수가 필자의 주장에 반론을 펴고자 한다면 필자가 제기한 '속민'과 '신민'이라는 어휘가 가진 커다란 차이점에 대해 합당한 근거를 들어 부정하는 반론을 폈어야 한다. 그게 필자가 수행한 연구의 핵심 내용이니 말이다. 그런데 서영수는 그 점에 대해서는 반론을 펴지 못하고 지금까지 일본 학자들이 해왔던 고지식한 방법, 즉 '원석탁본'에 대한 분석만이 바른 연구 태도라는 점만 강조했다.

이진희의 '변조설'을 부정하는 데에 사용된 초기의 유력한 증거는 일본 학자 미즈타니 데이지로(水谷悌二郎)가 소장한 탁본이 석회를 바르기 전에 채탁한 원석정탁본인데 이 원석정탁본도 신묘년 기사는 사코본과 다르지 않다는 점이었다. 이때부터 '원석정탁본' 혹은 '원석탁본'이라는 말이 학계에 대세로 부상하였는데 이후 가네코본, 부사년본, 북경대학 소장본 등 원석탁본들이 다수 발견되었고 이들 원석탁본 모두 신묘년 기사는 '도해파'라고 채탁되어 있었다. 이에, 일본의 학자들을 중심으로 원석탁본이 이러하니 비의 원문은 본래부터 '도해파(渡海破)'였음이 틀림없다는 주장이 급부상하면서 이진희의 변조설은 더욱 힘을 잃게 되었다.

그러나 변조설을 주장하는 입장에서 보면 미즈타니본 이하 모든 원석탁본이라는 것이 다 사코본보다 훨씬 이후, 즉 『회여록』에 사코본이 소개된 한참 후에 채탁한 것이기 때문에 그것이 석회 칠 이전의 탁본일 수는 있지만 그렇다고 해서 원석탁본은 아니다. 일제의 육군 참모본부는 사코 가게노부가 가져온 133장의 쌍구본 조각에 가묵하고 연철하여 마치 실지 탁본인 양 꾸민 '사코본'을 제작하는 과정에서 이미 신묘년 기사를 발견하고, 기사의 문장을 일본이 주장하는 임나일본부설을 증명하는 데에 유리하도록 변조하였다. 그리고 그렇게 변조한 문구대로 비석에 새겨 넣어 비석 자체, 즉 '원석'에 대한 변조를 『회여록』이 발간된 1889년 이전에 이미 마쳤기 때문에 그 후에 나온 탁본은 말만 원석탁본이지 사실은 원석탁본일 수가 없는 것이다. 이러한 관점에서 필자는 속민과 신민이라는 어휘의 차이점을 들어 일제가 사코 가게노부가 가지고 온 쌍구본을 바탕으로 비문을 변조하여 쌍구가묵본을 만들고 그렇게 만든 쌍구가묵본의 문구대로 비의 원석을 변조하는 과정에서 서예학적 관점에 반하는 종종의 필획과 결구의 글자를 새겨 넣었다는 점을 추론하고 또 증명한 것이다. 따라서 필자의 관점에서 보자면 사코본 이후의 모든 원석탁본은 다 아무런 의미가 없다. 그러므로 필자의 이런 연구 논지를 반박하려면 왜 원석탁본을 과학적으로 분석하지 않느냐는 지적을 할 게 아니라, 필자가 처음으로 제기한 속민과 신민이라는 어휘의 의미 차이에 집중하여 과연 그러한 의미 차이가 있는지에 대한 질문을 먼저 했어야 한다. 그런데 서영수는 그런 핵심 내용에 대한 지적은 하지 않고 일본과 중국 학자들의 90퍼센트, 국내 학자의 40퍼센트 정도가 신봉하고 있는 원석탁본을 분석하지 않았다는 지적만 한 것이다. 수용할 수 없는 지적이다.

2005년에 이 책의 초판이 출간된 이후, 위에서 살펴본 것과 같은 서영수의 촌평만 있었을 뿐 학계에서는 누구도 다른 반론을 제기하지 않았다. 사학계의 연구자들은 필자의 주장에 대해 무응답과 무반응으로 일관했다. 필자의 주장에 대해 동의하기 때문에 반응이 없었던 게 아니라, 지금까지의 연구 방법과는 완전히 다른 필자의 서예학적 연구에 대해 대응할 수 없었기 때문에 무응답 무반응이었을 것이다. 그리고 일부 학자들은 그들이 신봉하는 원석에 대한 분석이 아닌 데에다가 『일본서기』에 근거하여 파악한 당시의 상황을 고려하지 않고 서예학적인 연구에 치중했다는 이유로 반응할 가치조차 없다고 판단했기 때문일 것이다. 그런데 참 다행인 일이 벌어졌다. 방송사 JTBC의 교양 프로그램인 「차이나는 클라스」에서 나의 광개토태왕비 연구 성과를 발표하는 강의를 녹화하여 방송하기로 한 것이다. 2017년 12월 8일, 「차이나는 클라스」 43회 강의로 녹화를 하였고 2018년 1월 3일 새해 첫 방송으로 방송이 나갔다.

반응은 좋았다. 방송이 나가는 동안 내 이름이 포털사이트 네이버와 다음에서 동시에 실시간 검색어 1위에 오르기도 했다. 시청률도 꽤나 높게 나왔다. 내 생각이 국민들께 전해졌다는 생각에 가슴이 뿌듯하기도 했다. 그런데 2018년 1월 7일, 기경량이라는 사람이 「차이나는 클라스」의 "광개토왕비문 변조설" 방송을 비판한다'라는 제목의 글을 웹사이트에 올렸다. 내가 방송에서 진행한 강의 내용을 조목조목 비판하는 내용의 반론이었다. 이제, 기경량의 반론을 요약하여 제시하고 그에 대한 나의 답을 하고자 한다.

기경량 ① 중국인 연구자 왕건군이 장기간 현지답사를 하면서 조사한 바에 의하면 광개토태왕비에 석회를 칠한 것은 탁본업자들이 고른 탁본을 편리하게 뜨기 위해 비면을 고르게 하는 과정에서 칠한 것이지 일제가 비문을 변조하기 위해서

한 짓이 아니다. 왕건군의 이러한 연구로 인하여 광개토태왕비가 변조되었다는 이진희의 주장은 논파되었다.

반론 왕건군이 현지답사와 탐문을 통해 광개토태왕비에 석회를 칠한 것은 탁본업자들이 탁본을 편리하게 뜨기 위해서였다는 것을 확인한 점은 나름대로 의미가 있다. 그렇다고 해서 이진희의 변조설이 논파된 것은 결코 아니다. 이진희가 석회도포를 변조의 증거로 삼은 점에 일부 타격을 입힌 것은 사실이지만 변조는 업자들이 석회탁본을 뜨기 시작한 시기보다 훨씬 이른 1889년 이전, 즉 일제가 사코본을 공개하기 이전에 이미 이루어졌기 때문에 사코본 이전에 채탁한 탁본이 나타나지 않는 한 누구도 함부로 변조설이 논파되었다고 할 수 없다. 변조설을 부정하는 입장에 서서 연구하는 것만이 바른 연구라고 하는 억지 주장은 수용할 수 없다.

기경량 ② 변조설이 논파되었으므로 연구 방향이 바뀌어 학자들은 석회가 칠해지기 전의 원석탁본을 찾아 비문을 재판독하는 연구를 시도하였고 비문을 어떤 맥락에서 읽어야 하는지가 중요한 연구 주제가 되었다. 그 결과, 최근 역사학계에서 일반적으로 수용되고 있는 견해는 이렇다. 광개토태왕비를 세운 목적은 광개토태왕의 훈적을 과시하는 데에 있으므로 광개토태왕의 업적을 부각하기 위해서는 광개토태왕이 무찌른 적이 가급적 강하고 위협적인 존재여야 하므로 광개토태왕비에서는 '왜가 원래 고구려의 속민이었던 백제와 신라를 공격하여 신민으로 삼았다'는 문장을 삽입하였다. 그런 방식으로 왜를 강대한 세력으로 과장하여 그처럼 강한 왜를 무찌른 광개토태왕은 더 강하다는 식으로 묘사함으로써 광개토태왕의 무훈이 더욱 빛나도록 연출하였다.

반론 사코본 이전에 채탁한 원석탁본은 아직 세상에 나타나지 않았다. 그러므로 모든 원석탁본도 사실은 석회 칠 전에 채탁한 탁본이라는 의미만 있을 뿐 일제에 의해 변조된 이후의 탁본인 점은 다른 여느 탁본과 다를 바 없다. 광개토태왕비를 세운 목적과 비문의 내용에 대한 기경량의 견해는 가공할 만하다. 광개토태왕의 훈적비에 왜가 원래 고구려의 속민이었던 백제와 신라를 공격하여 신민으로 삼았다는 문장을 삽입한 이유는 왜를 강력한 세력으로 과장하여 그처럼 강한 왜를 무찌른 광개토태왕은 더 강하다는 식으로 묘사함으로써 광개토태왕의 무훈이 더욱 빛나도록 연출하기 위해서라는 말은 도저히 용납할 수가 없다. 그런 이유로 광개토태왕비의 신묘년 기사에 "왜가 바다를 건너와 백제와 신라를 깨부수고 그들의 신민으로 삼았다"라는 기사를 넣었다는 주장은 역사 연구가 아니라 소설의 한 구절 같다. 『삼국사기』는 물론, 심지어는 『일본서기』, 그리고 그 외의 어떤 책에도 없는 말을 이렇게 상상으로 지어내어 마구 해도 되는 것인가? 장수왕이 아버지 광개토태왕의 공적을 기리기 위해 세운 훈적비에 고작 "왜는 우리의 동족인 속민으로서 우리에게 조공까지 하던 백제나 신라를 깨부숴서 그들의 신민으로 삼았다. 그런데 우리 고구려는 그처럼 강한 왜를 잘 물리쳤으니까 더 강하고 그런 일을 한 우리 아버지는 더 위대하다"라는 식의 창피하고 비굴한 기록을 남기겠느냐 말이다. 장수왕이 그런 연출을 했다는 기록은 어디에도 없는데 왜 소설과 같은 이야기를 지어내어 우리 스스로 역사를 호도하고 고구려와 광개토태왕을 비하하는지 모르겠다.

기경량 ③ 김병기는 변조된 글자의 자형을 변조되지 않은 부분에 나오는 같은 글자와 비교하여 그 다름을 증명하는 서예학적 방법을 사용했다고 하는데 광개토태왕비는 비신에 부정형의 굴곡이 많고 석재 또한 입자가 거친 응회암이어서 글자가 새겨진 부위의 굴곡에 따라 획의 각도에 차이가 발생하는 것은 얼마든지 있을 수 있으므로 그런 차이를 변조의 증거로 삼는 것은 무리이다. 게다가 글자를 대조할 때 석회탁본을 사용하였는데 석회를 칠한 것은 탁본 장사들의 소행이므로 '석회 칠로 오염된 글자'와 또 다른 '석회 칠로 오염된 글자'를 비교 대조하는 것은 무의미한 행위에 불과하다.

반론 광개토태왕비의 비신은 본래부터 자연석이므로 비신에 굴곡이 많고 석재도 거친 응회암이라는 사실을 모르는 사람이 누가 있겠는가? 굴곡이 있는 부위의 필획은 각도가 다르게 새겨질 수 있고 또 탁본을 하는 과정에서도 움푹 파인 곳은 종이가 밀리면서 변형이 일어날 수 있음을 잘 알고 있다. 나는 정밀한 비교를 위해 먼저 광개토태왕비 서체의 특징을 서예학적인 측면에서 정리하여 제시하였고, 비면의 굴곡이나 거친 석질로 인해 탁본 과정에서 나타날 수 있는 왜곡 현상을 방지하기 위해 비면이 비교적 고르게 다듬어진 상태에서 채탁한 석회탁본을 이용하여 비교하였다. 이처럼 비면이 비교적 고른 석회탁본을 활용하면서도 '도해파(渡海破)' 세 글자가 새겨져 있는 부분의 비면에 얼마나 큰 굴곡이 상존(尙存)하고 있으며 그 굴곡 때문에 자형이 다른 곳의 자형과 달라지지는 않았는지 등을 면밀히 살펴가며 비교했다. 비면의 상태를 보다 더 정확하게 파악하기 위해 집안(集安)으로 현장 답사를 갔을 때는 해당 부분을 뚫어져라 살피기도 했으며 방송사의 카메라 감독과 함께 답사했을 때는 고성능 카메라로 해당 부분을 최대한 끌어당겨 비면과 필획을 면밀하게 관찰하기도 했다. 서예를 해본 사람만이 수평이 깨진 필획이나 각도가 필요 이상으로 기운 획이 비면의 굴곡 때문인지 아니면 글자 자체가 그렇게 새겨졌기 때문인지를 제대로 판단할 수 있다. 60년이 넘게 서예를 연마하면서 얻은 서예적 감각으로 간파한 필자의 판단을 기경량은 그처럼 안이한 일반론으로 폄하하려 하지 않아야 할 것이다.

기경량은 또 석회탁본인 동아대학교 소장본을 자료로 삼아 변조된 글자와 변조되지 않은 부분에 자리하고 있는 글자를 비교한 것에 대해 '석회 칠로 오염된 글자'와 또 다른 '석회 칠로 오염된 글자'를 비교 대조하는 것은 무의미한 행위에 불과하다는 비판을 하였는데 이 점 또한 석회탁본의 특징이나 제작 목적을 제대로 모르고서 한 비판이다. 업자들이 석회 칠을 하면서까지 탁본을 고르게 뜨려고 애쓰는 이유는 당연히 보다 더 많은 값을 받기 위해서이다. 그런데 탁본의 품질을 평가하여 가격을 매기는 역할을 하는 사람은 금석학자나 서예가이다. 이왕에 석회를 발라 윤색을 하면서 금석학자나 서예가의 눈에 들게 하려면 글자가 선명해야 함은 물론, 탁본한 필획이 살아 있는 느낌이 들어야 한다. 바로 이 점, 즉 필획이 살아 있는 느낌이 들어야 한다는 점에서 석회를 바르더라도 원래 비석의 글씨에 담긴 필획과 결구의 맛을 최대한 제대로 보강할 수 있도록 석회를 바른다. 따라서 비록 석회탁본이라고 해도 비석에 새겨진 원래 글씨의 필획과 결구를 소홀히 할 수 없음은 당연하다. 이에, 나는 국내 소장의 광개토태왕비 석회탁본 중에서 가장 선명하고 필획과 결구에 담긴 서예적 미감이 제일 잘 살도록 채탁한 탁본이라고 판단한 동아대학교 소장본을 택해 그 안에 나오는 글자들을 상호 비교한 것이다. '석회 칠로 오염된 글자'와 또 다른 '석회 칠로 오염된 글자'를 비교한 무의미한 짓을 한 게 아니라, 같은 조건으로 필획을 보강함으로써 살아 있는 필획과 서예적 미감을 갖춘 석회탁본을 택하여 중출하는 글자끼리 비교를 한 것이다. 비교의 자료로 석회탁본 이전의 탁본인 이른바 '원석탁본'을 택하지 않고 석회탁본을 택한 이유는 앞서 기경량도 말했듯이 비면에 굴곡이 많아서 석회로 보강하지 않으면 탁본 과정에서 예상 밖의 왜곡이 발생했을 수 있기 때문이다. 탁본 과정에서 왜곡이 발생하여 원래 비석에 새겨진 글자와 다른 모양으로 채탁된 글자를 비교의 대상으로 삼을 수는 없지 않은가?

기경량 ④ 김병기는 사코본의 '도(渡)'는 오른쪽으로 쏠려 있고 '해(海)'는 왼쪽으로 쏠려 있는 것을 보여주며 그것이 글자가 조작된 증거라고 하였는데 '도'와 '해' 사이 말고 '갑인년구월(甲寅年九月)' 부분의 '년(年)'과 '구(九)' 사이와 바로 그 옆줄 '비려불식(碑麗不息)' 부분의 '려(麗)'와 '불(不)' 사이, 그리고 그 바로 옆줄 '과

가평도(過駕平道)'의 '가(駕)'와 '평(平)' 사이도 다 줄이 틀어져 있다. 그러므로 '도(渡)'와 '해(海)'사이의 줄이 틀어진 현상은 변조의 증거가 될 수 없다.

반론　앞서도 누차 언급했듯이 사코본은 비면에 낱장의 종이를 대고서 글자의 윤곽선 부분만 대강 채탁한 것을 나중에 순서를 맞춰 이어 붙이고 글자의 윤곽선을 따라가며 글자를 선명하게 그려 넣고 글자 외의 공백 부분은 모두 먹으로 칠하여 비면 전체를 한 장의 대형 종이에 탁본한 것처럼 꾸민 '탁본 아닌 탁본'이다. 그러므로 윤곽선을 따라 글자를 그려 넣는 과정에서 얼마든지 다른 글자로 변조하여 그려 넣을 수 있다. 다만, 변조하여 다른 글자를 그려 넣는 과정에서 글자로 표현된 흰 부분에 원래의 윤곽선 흔적이 남아 있으면 변조한 것이 들통 나므로 변조를 하더라도 원래의 윤곽선을 가능한 한 그대로 재활용하는 방법을 사용하는 것이 가장 안전하다. 도(渡), 해(海), 파(破) 세 글자도 원래의 윤곽선을 최대한 재활용하여 변조했음은 물론이다. 이런 재활용의 과정에서 '도(渡)'와 '해(海)' 사이의 줄이 틀어지게 되었는데 이 부분에 줄이 틀어진 현상은 다른 부분에 줄이 틀어진 상황과는 크게 다른 점이 있다. 이 부분은 '도(渡)'가 탁본된 위 장의 종이와 '해(海)'가 탁본된 아래 장을 이어 붙이면서 줄이 틀어지게 되었는데 세 줄로 탁본된 두 장의 조각 종이를 상하로 이었음에도 바로 그 옆 두 줄은 줄이 전혀 틀어지지 않고 유독 '도(渡)'와 '해(海)' 사이만 틀어져 있다. 바로 '도(渡)'와 '해(海)'를 변조했기 때문에 그 부분만 틀어지게 된 것이다. 기경량이 제시한 바와 같이 '갑인년구월(甲寅年九月)' 부분과 그 옆줄의 '비려불식(碑麗不息)' 부분, 그리고 바로 그 옆줄 '과가평도(過駕平道)' 부분의 줄이 틀어진 것은 낱장의 종이를 상하로 이어 붙이는 과정에서 아래의 종이를 통째로 틀어지게 붙였기 때문에 세 줄이 전체적으로 다 틀어지게 된 것이다. 따라서 이 부분의 줄 틀어짐 현상은 변조와는 전혀 관계없이 낱장 종이를 이어붙이는 과정에서 발생한 단순한 틀어짐 현상이다. 줄이 틀어졌다고 해서 같은 성격의 틀어짐이 아님을 잘 파악해야 할 것이다.

기경량 ⑤ '우(亐)'를 '파(破)'로 변조하는 과정에서 '파(破)'의 '석(石)' 부분을 조작하여 '우(亐)'의 왼편에 덧붙였다고 했는데 그렇게 하려면 원래 '亐'가 처음부터 매우 작은 글씨인 채로 오른쪽으로 치우치게 위치해 있어야 한다. 그런데 비문의 다른 곳에 나오는 '우(亐)'를 보면 글씨도 크고 정사각형의 공간 안에 당당하게 자리하고 있다. 그러므로 신묘년조 문장에서 '파(破)'가 본래 '우(亐)'였을 것이라는 주장은 그냥 말이 안 되는 이야기이다.

반론 다른 사람의 주장을 비판하기 위해서는 그 사람이 주장하는 바를 꼼꼼히 다 읽고서 비판하는 예의를 갖춰야 한다. 정해진 시간 내에 강의를 다 마쳐야 하기 때문에 「차이나는 클라스」 방송에서는 세세한 설명을 생략하고 넘어간 부분이 적지 않다. 그러나 2005년에 출간한 이 책의 초판본에는 기경량이 비판한 부분에 대한 설명이 이미 상세하게 다 수록되어 있다. 다시 한 번 정리하자면 이렇다.

1) 일제는 사코가 가져온 탁본을 토대로 필요한 글자를 쌍구가묵, 즉 '그려 넣은 다음에 주변에 먹칠하기' 방식으로 변조하여 이른바 '사코본'을 만들었는데 이 사코본은 탁본 기법으로 보자면 '쌍구가묵본'이다.

2) 쌍구가묵의 방법으로 만든 사코본의 글자대로 광개토태왕비 원 비석의 글자를 변조하였는데 사코본의 해당 부분을 들고 가서 그걸 그대로 비의 표면에 대고 글자 모양을 본떠 그린 다음에 그 모양대로 변조를 한 게 아니다.

3) 어떻게 하면 원래 새겨져 있는 글자의 필획을 최대한 활용하여 가능한 한 비면을 많이 손대지 않으면서 의도하는 글자를 새겨 넣을 것인지만 사전에 면밀하게 연구한 다음에 비석이 세워져 있는 집안 현장에 도착했다.

4) 원래의 비에 새겨져 있는 글자의 윤곽선을 최대로 활용하면서 필요한

필획은 새로 새겨 넣고 필요하지 않은 필획은 깎아버리거나 석회로 메우는 방식으로 변조를 완료했다.

그러므로 기경량의 말대로 정사각형의 공간 안에 당당하게 자리하고 있는 '우(于)'를 '파(破)'로 변조할 때는 원래 길게 그어져 있는 '于'의 두 가로획은 좌우 양단을 메우거나 깎아내어 '于'의 글자 폭을 가능한 한 좁히고 그 왼편에 '석(石)'을 새로 새겨 넣었을 수 있다. 나는 방송과 저서에서 '于'를 '破'로 변조했다는 정황을 대강의 그림으로 표시해 보인 것일 뿐 '于'의 폭이 너무 넓으므로 양단을 제거했다는 등의 가상 속의 정황 설명은 생략한 것이다. 내가 직접 변조한 변조범이 아닌 바에야 그 자리에 있던 '于'의 모양을 정확히 알 수 없으니 '于'의 양단을 잘라냈다는 말까지 세세히 할 수도 없고 또할 필요도 없었던 것이다. 변조범은 현장에서 판단하여 가장 효율적으로 변조했을 터인데 그 과정까지 내가 일일이 본 듯이 말할 수는 없는 노릇인 것이다. 이에, 나는 '于'의 폭을 좁히고 왼편에 '石'을 덧붙이다 보니 다른 부분의 '破'와 달리 '于(皮)'와 '石' 사이의 공간이 좁게 달라붙어 있고, 변조자가 광개토태왕비문 글씨의 서예적 특징을 제대로 파악하지 못한 채 외형만 비슷하게 변조하다 보니 당시에 일본에서 일상으로 유행하던 명조체 해서의 서사 습관이 부지불식간에 반영되어 변조되지 않은 곳의 '破'와는 확연히 다른 모양을 띠게 되었다는 점만을 설명하였다. 아울러 증거가 될 만한 자료들을 사진으로 제시하였다. 그런데 기경량은 변조 후에 폭이 좁아질 수밖에 없는 '于'와 변조되지 않은 곳에 널찍하게 자리를 잡고 있는 '于'의 모양을 단순 비교만 하고선 나의 연구 결과에 대해 "그냥 말이 안 되는 이야기이다"라는 폄하를 한 것이다.

그뿐만 아니라, 나는 강의에서도 저서에서도 변조하기 전의 원래 글자가 반드시 '입공우(入貢于)' 세 글자라고는 말하지 않았다. 나는 "변조하기 전 원

240

문의 내용은 왜가 백제와 가야와 신라에게 조공을 들이기 시작했다"라는 것은 분명하지만 그 말을 표현한 문자는 꼭 '입공우(入貢于)'가 아닐 수도 있다고 했다. '~에게 조공하다'는 뜻인 '朝貢于(조공우)'나 '~에게 조공을 시작하다'라는 뜻인 '始貢于(시공우)'일 수도 있고, 아니면 보다 더 직접적으로 '조공을 시작하다'라는 뜻의 '始朝貢(시조공)'이라는 표현을 썼을 수도 있다는 게 이 책에서 밝힌 나의 견해이다(초판 152쪽, 증보판 164쪽 참조). 그리고 '于'와 '於'는 상통하는 글자이므로 '于'를 써야 할 자리에 '於'를 썼을 수도 있다. 다만, 나는 이 중에서 '于'일 가능성이 제일 높다고 상정하고 '于'를 '破'로 변조하는 과정을 시뮬레이션해본 것이다. 그런데 기경량은 그런 시뮬레이션 과정에서 폭이 좁아진 '于'를 변조되지 않은 부분에 널찍하게 자리하고 있는 '于'와 단순 비교하는 방법으로 나의 주장에 반론을 제기한 것이다. 이는 어떻게라도 반론을 해야겠다는 강박관념이 야기한 반론을 위한 반론에 불과하다.

기경량 ⑥ 광개토태왕비의 탁본은 사코가 가져가기 전에 이미 중국인들이 먼저 제작하였는데 현재까지 확인된 가장 이른 시기 중국인들이 제작한 탁본은 다 '도해파(渡海破)'라는 글자가 분명하다. 원석이 '渡海破'인 이상 '일본이 분명 비문을 조작했을 것'이라는 선입견을 버리고 합리적인 연구를 해야 한다.

반론 가장 이른 시기에 중국인들이 제작한 이른바 '원석탁본'이라는 것도 연대를 따져보면 다 일제가 사코본의 제작을 완성한 1889년 이후에 채탁한 것들이다. 누차 말했듯이 나는 여러 정황을 살핀 결과 일제는 사코본을 공개한 1889년 이전에 이미 비의 원석을 변조했다는 확신을 갖게 되었다. 따라서 1889년 이후에 채탁한 것으로 알려진 모든 원석탁본은 의미가 없다. 아직 석회 칠을 하지 않은 상태에서 채탁한 탁본일 뿐 어차피 원석이 변조된 이후의 탁본이니 말이다. 그러므로 나는 사코본 이전의 탁본이 발견되지 않는 한 사코본의 변조 여부를 직접 판가름해줄 자료는 없다고 생각한다. 그런데 사코본 이전에 채탁한 탁본은 아직 세상에 나타나지 않고 있다. 그래서 속민이라는 어휘와 신민이라는 어휘의 의미 차이를 바탕으로 변조된 글자로 확신할 수 있는 글자를 적출하여 그 글자의 필획과 결구를 서예학적 방법으로 분석함으로써 비의 변조를 증명하는 시도를 한 것이다. 내가 변조되었다고 생각하는 것은 결코 선입견이 아니라 수십 년 동안 서예를 연마해온 서예가의 직관임을 인정해야 할 것이다.

기경량 ⑦   원석을 조작하는 것은 석회 칠을 하여 조작하는 것과는 전혀 다른 차원의 어려움이 있다. 새로 추가하는 획은 그렇다 치더라도 이미 존재하는 획들은 어떻게 지운다는 것인가. 따라서 원석에 조작이 있었다는 주장은 수용하기 어렵다.

반론   기경량도 거푸 말했듯이 광개토태왕비는 굴곡이 적지 않은 자연석이다. 그런 자연석에 새겨진 글자를 자연석의 굴곡과 조화를 이루도록 면을 깎아내는 것은 그다지 어려운 일이 아니다. 자연석의 원래 굴곡인 것처럼 굴곡지게 돌을 깎아내면 되기 때문이다. 석면(石面)이 평평하게 다듬어진 백제 무령왕 지석(誌石)도 잘못 쓴 글자를 깎아내는 방식으로 수정한 부분이 한 부분 있는데 얼핏 봐서는 전혀 표가 나지 않는다. 이 점을 상기한다면 굴곡진 자연석인 광개토태왕비는 얼마든지 깎아내는 방식으로 변조할 수 있음을 인정하게 될 것이다. 게다가 광개토태왕비는 의외로 천각(淺刻: 깊이 파지 않고 얕게 새기는 것)이어서 깎아내야 할 분량이 많지 않다. 그런가 하면 비신은 돌을 쪼아내도 겉과 속의 색깔이 똑같은 응회석이고 발견 당시 이끼를 태울 때 이미 많이 그을린 까닭에 비신 전체가 암회색을 띠고 있어서 일부 글자의 필획을 밀어버리거나 쪼아서 다른 글자로 변조한다고 하더라도 티가 별로 나지 않을 조건을 갖추고 있다. 이런 상태의 비신에 새겨진 글자는 원래의 필획 중 필요한 부분은 재활용하고 없던 필획은 새겨 넣은 후에 적절히 더럽히기만 하면 감쪽같이 변조를 끝낼 수 있다. 이러한 점을 확인하기 위해 나는 현지답사를 갔을 때 비신의 석질과 석색(石色)을 면밀하게 관찰하였다. 얼마든지 원석을 깎아내고 새로이 다른 글자를 새기거나 석회나 그 밖의 물질을 이용하여 본래 있던 글자를 표가 안 나게 다른 글자로 바꿔 새길 수 있는 상태임을 확인했다. 이처럼 변조하기 좋은 조건을 활용하여 일제는 원석을 변조하였는데 이 과정에서 바로 당시 일본인들에게 익숙한 서사 습관인 명조체 해서의 결구가 은연중에 개입되어 지금과 같은 글자꼴을 이루게 되었고 나는 그것을 서예학적으로 추론하고 또 증명해낸 것이다. 막연하게 원래의 필획을 지울 수 없을 것이라는 신념에 사로잡혀 일제의 변조를 부정하려 해서는 안 될 것이다.

기경량 ⑧ 포토샵을 이용하여 김병기가 원래의 글자라고 주장하는 형태로 복원해보았더니 오른쪽과 같은 꼴이 되었다.

반론 기경량은 포토샵으로 재현한 이 사진 한 장으로 내가 엄청난 바보짓을 한 것으로 매도했지만 기경량의 이런 포토샵 행위야말로 매우 과학적임을 위장하고 표방한 농간이다. 위의 ⑤항에서 이미 상세하게 설명했듯이 변조하기 전의 원래 글자는 반드시 '入貢于(입공우)'인

그림42. 기경량의 포토샵 재현.

게 아니라, '朝貢于(조공우)'일 수도 있고 '始朝貢(시조공)'일 수도 있으며 '于'가 아니라 '於'일 수도 있다. 그중에서 '입공우'일 가능성이 가장 높을 것 같다는 전제 아래 '于'를 '破'로 변조하는 과정을 시뮬레이션 해본 것인데, 기경량은 그런 시뮬레이션 과정에서 이미 행한 변조로 인해 폭이 좁아진 '于'를 변조되지 않은 부분에 널찍하게 자리하고 있는 '于'와 단순 비교하는 포토샵 작업을 통해 나의 주장을 호도한 것이다. 한 연구자의 순수한 본래 의도를 파악하려 하지 않고 멋대로 호도하는 것은 바른 연구 태도가 아님을 명심해야 할 것이다.

기경량이 위에서 살핀 바와 같은 무리한 비판을 하고 나선 것은 그 또한 서영수와 마찬가지로 내 연구의 핵심 내용인 속민과 신민의 의미 차이에 대해서는 주목하지 않았기 때문이다. 블로그에 올린 글치고는 상당히 긴 문장인 기경량의 반론문 어느 구석에도 속민과 신민의 차이에 대한 언급은 없다. 내 연구의 핵심 내용을 파악하지 않고 내놓은 불성실한 반론이라고 아니할 수 없다. 그런 불성실한 반론을 제기하면서 신묘년 기사에 대해 장수왕이 아버지의 훈적비에 "왜가 원래 고구려의 속민이었던 백제와 신라를 공격하여 신민으로 삼았다"라는 문장을 삽입하는 방식으로 왜를 강대한 세력으로 과장하고 그처럼 강한 왜를 무찌른 광개토태왕은 더 강하다는 식으로 묘사함으로써 광개토태왕의 무훈이 더욱 빛나도록 연출하였다고 말했다. 한 편의 소설과 같은 어처구니없는 주장이다. 장수왕이 그런 연출을 했다는 기록은 어디에도 없는데 왜 소설과 같은 이야기를 지어내어 우리 스스로 역사를 호도하고 고구려와 광개토태왕을 폄하하려 드느냐 말이다.

광개토태왕비문 자체가 후대의 어떤 사료보다도 생생하고 정확한 기록이라는 점을 인정하고 비문에 담긴 내용을 원래의 비문에 입각하여 해석해야 한다. 굳이 기록에도 없는 이야기를 만들어내어 백제와 신라를 깨부술 정도로 강했던 왜를 무찌른 것으로 기술함으로써 광개토태왕의 무훈이 더욱 빛 나도록 연출한 문장이라는 소설 같은 해석을 해서는 안 되는 것이다.

이상으로 반론을 마치면서 한 가지 첨언하고자 한다. 최근, 한국의 고대사를 연구하는 국내 연구자들의 상당수가 『일본서기』라도 활용하여 고대 한국의 역사를 파악해야 한다는 생각을 가지고 있는 것 같다. 심지어 일부 연구자는 『일본서기』를 비롯하여 일본의 일부 학자들이 내놓는 주장을 근거로 우리나라 역사를 다시 구성하려는 조짐마저 보이고 있다. 『일본서기』를 원용하다 보면 많은 문제점에 부딪히게 된다는 사실을 학계가 이미 다 알고 있고 있으면서도 『일본서기』의 자료적 가치를 필요 이상으로 두둔하는 경우가 종종 눈에 띈다. 물론, 상황이 불분명한 고대사를 보다 더 정확하게 파악하기 위해서는 가능한 한 모든 자료를 다 꼼꼼하게 살펴볼 필요가 있다. 그러나 『일본서기』는 그처럼 꼼꼼하게 살펴볼 가치가 있는 책이 아니라고 생각한다. 일제가 임나일본부설을 주장하기 위해 증거로 사용한 왜의 신라 정벌에 관한 기사를 보도록 하자.

… 신의 가르침을 얻고 나서 배례하고, 의망오언남수견(依網吾彦男垂見: 요사미노아비코오타루미)을 신에게 제사 지내는 주재자로 삼았다. 이때 마침 황후(神功皇后)는 산달이었는데, 황후가 돌을 들어 허리에 차고 "일이 끝나고 돌아오는 날, 이 땅에서 태어나소서."라고 빌었다. 그 돌은 지금도 이도현(伊都縣: 이토노아가타)의 길가에 있다. 이리하여 황혼을 군의 선봉으로 하고 화혼에게 청하여 왕선(王船)을 보호하도록 하였다.
9년 겨울 10월 기해삭 신축(3일)에 화이진(和珥津: 와니노쓰)에서 출발했다. 이때 풍신이 바람을 일으키고, 해신은 파도를 치게 하였다. 그리고 바닷속의 큰 고기들이 모두 떠올라 배를 떠받쳤다. 순풍이 불어 범선이 파도를 타니 노를 젓는 수고로움 없이도 곧 신라에 이르렀다. 그때 배를 따라온 파도가 멀리 나라 안에까지 미쳤다. 이 일로 인해서 천신지기(天神地祇)가 모두 도와준 것을 알았다. 신라 왕은 전전긍긍하며 어찌할 바를 몰랐다. 여러 사람을 불러 모아 "신라의 건국 이래 바닷물이 나라 안까지 들어온 일은 아직 없었다. 천운이 다해 나라가 바다가 되는 것이 아닌가?"라고 말했다. 그 말이 채 끝나기도 전에 수군이 바다를 메우고, 깃발들이 햇빛에 빛나고, 북과 피리 소리가 산천에 울렸다. 이 광경을 멀리서 바라보던 신라왕은 뜻밖의 군사들이 나타나 장차 신라를 멸망시키려 하는 것이라 여기고 두려워 전의를 상실했다. 마침내 정신을 차리고 "내가 들으니 동쪽에 신국(神國)이 있는데, 일본이라고 한다. 또한 성왕(聖王)이 있는데 천황(天皇)이라고 한다. 반드시 그 나라의 신병(神兵)일 것이다. 어찌 군사를 내어 방어할 수 있겠는가"라고 말하고 백기를 들어 항복하였다. 흰 줄을 목에 드리우고 두 손을 뒤로 묶고, 도적(圖籍)을 바치고 왕이 탄 배 앞에서 항복하였다. … 거듭 맹세하여 "동쪽에서 떠오르던 해가 서쪽에서 떠오르는 일이 없는 한, 또 아리나례하(阿利那禮河)가 역류하고 강의 돌이 하늘에 올라가 별이 되는 일이 없는 한, 춘추로 조공을 거르거나 태만하여 말빗과 말채찍을 바치지 않는다면 천신지기여, 벌을 주십시오"라고 말하였다. … 이에, 고구려와 백제 두 나라 왕은 신라가 일본국에 항복하였다는 것을 듣고 몰래 그 군세를 엿보게 하였다. 그리고 도저히 이길 수 없다는 것을 알고는 스스로 영외로 나와서 머리를 조아리며 "지금 이후부터는 길이 서번(西蕃)이라 일컫고 조공을 그치지 않겠습니다"라고 말하였다. 이로써 내관가(內官家)로 정하였다. 이것이 이른바 삼한(三韓)이다. 황후가 신라에서 돌아왔다.[29]

이건 누가 읽더라도 역사라고 볼 수 없는 내용이다. 메타포(metaphor)가 너무 없어서 신화라고 말하기에도 함량이 부족한 글이다. 단순한 괴이사(怪異

事)를 기록한 '지괴소설(志怪小說)'이라고 할 만큼 황당한 내용이다. 시기와 질투로 인해 자기 우월의식을 과장하여 드러내고자 하는 사람이 해대는 천속한 이야기를 엮어놓은 이야기책 같다. 이러한 까닭에 일본 사학계에서 동양사 연구의 대가로 꼽혔던 인물로서 광개토태왕비를 일본으로 반출할 계획까지 세웠던 시라토리 구라키치도 『일본서기』에 대해 "대부분은 전설이며 역사상의 가치가 적다"라는 평을 한 것이다.[30] 『일본서기』의 이 「신공황후」조 말미에는 "어떤 책에는 다음과 같은 내용도 전한다"라는 설명과 함께 이런 글을 수록해놓기도 했다.

> 신라 왕을 포로로 잡아 해변으로 가서 왕의 무릎 뼈를 뽑고 돌 위에서 기도록 하고, 곧 베어서 모래 속에 묻었다.[31]

정서를 해칠까 봐 어린아이들에게 읽히기에도 부적절하다는 생각이 드는 저속한 이야기책 수준이다. 뭔가 열등의식으로 가득 찬 사람이 적개심을 가지고 분풀이하듯이 써놓은 세속적인 이야기책이다. 이러한 까닭에 일본인 학자들도 『일본서기』를 믿지 못한 나머지 정말로 믿을 수 있는 실물 자료를 찾아 나섰는데 그런 그들의 손에 광개토태왕비가 걸려들자 그렇게 쾌재를 부르며 자기네들 입맛대로 변조를 자행한 것이다. 나는 이러한 이유로 『일본서기』처럼 신빙성이 적은 자료를 꼼꼼하게 살펴보는 것보다는 광개토태왕비문과 같은 생생한 실물 자료를 정확히 판독하여 읽어내는 것이 훨씬 더 필요하다고 주장하는 것이다.

우리 사학계에는 이상한 풍조가 있는 것 같다. 우리의 고대사를 기록하고 있다고 하는 일본 책들에 대해서는 의심의 여지가 많다는 지적들이 있음에도 불구하고 쉽게 믿고 따르며 증거로 채택하려고 다각적인 해석과 추론까지 하면서도 우리나라에서 발견된 책들은 왜 걸핏하면 '위서(僞書)'라는 딱지를 붙이는지 쉽게 이해가 되지 않는다. 그뿐만 아니라, 일본의 책들은 그렇게 잘 믿으면서도 청나라 건륭황제 때에 수많은 학자들이 나서서 조사하고 연구하여 펴낸 『만주원류고(滿洲源流考)』는 그다지 믿을 만한 책이 못 된다는 선입견은 왜 그토록 강하게 갖는지 모르겠다. 아직도 변조와 왜곡을 멈추지 않고 있는 일본이 제시하는 자료를 그처럼 쉽게 수용하다가는 다시 또 일본이 거의 일상으로 해대는 왜곡과 변조의 덫에 걸려들 수도 있을 것이다. 일본 측 연구자들이 제시하는 자료를 활용할 때는 보다 더 신중해야 할 이유이다.

광개토태왕비 100년 전쟁

광개토태왕비에는 신묘년 기사나 기해년 기사 외에도 당시 고구려가 주변의 나라나 부족과 어떤 관계를 유지했는지에 대해 생생하게 기록되어 있다. 이처럼 당시의 생생한 기록이 담긴 유물은 우리나라는 물론 중국에도 남아 있는 것이 많지 않다. 광개토태왕비가 발견되기 전, 우리는 광개토태왕비보다 700년 후에 기록된 『삼국사기』를 통해 광개토태왕 시대를 짐작해볼 수 있을 뿐이었다. 그러던 차에 이처럼 소중한 당시의 기록이 발견되었으니, 그 사료적 가치란 형언하기 어려울 만큼 높다고 할 수 있다. 한마디로 광개토태왕비는 우리 고대 국가의 대외 관계사에 관한 1급 정보일 뿐 아니라 세계사적으로도 4세기 말부터 5세기 초의 동아시아 국제 질서를 소상하게 알려주는 귀중한 문자 기록이다.

따라서 한국, 일본, 중국 등 한반도 주변 국가들이 하나같이 이 비의 기록에 비상한 관심을 가져왔다. 그리고 흐릿해지거나 마모된 글자를 확인하고 내용을 해석하는 과정에서 자국의 이익을 관철하기 위해 첨예한 논쟁을 벌여왔다. 총성 없는 '비문 전쟁'이 100여 년간 계속되고 있는 이유가 바로 여기에 있는 것이다.

지난 100여 년 동안 여러 차례 '충돌'이 있었지만 우리나라가 우위를 점한 적은 아직 한 번도 없는 것 같다. 그런데도 우리는 '해보나 마나 우리가 당연히 이기는 싸움인데 굳이 애쓸 필요가 뭐 있겠느냐?'는 식으로 생각하는 경향이 짙다. 주변 국가 중 어느 나라도 아직 우리를 승자로 인정하지 않았는데 우리만 스스로 승자를 자처하고 나서서 더 이상 싸울 생각조차 하지 않고 있는 것이다. 안이하게 대처해온 우리와 달리 일본은 앞서 살펴본 '통설'이란 이름으로 그들의 주장을 끝까지 접으려 하지 않고 있다.

그런데 이제는 중국마저 광개토태왕비의 소유권을 주장하고 나섰다. 다시 전운이 감돌기 시작한 것이다. 그간 중국 정부는 한국과 일본 어느 쪽도 편들지 않고 고구려 고대사에 중립적인 태도를 취해왔다. 비문을 조작하거나 그네들에게 유리한 쪽으로 억지로 해석을 하는 술수도 쓰지 않았다. 그러던 중국이 최근 들어 광개토태왕비뿐 아니라 고구려를 통째로 자기들의 역사에 편입시키려 하고 있다. 그들이 추진하고 있는 이른바 '동북공정'이 바로 그것이다.

역사 전쟁의 전리품은 '민족적 자긍심'이다. 만약 이 '비문 전쟁'에서 일본이 이기게 되면 일본은 고대에 한국에서 문물을 받아들여 발전했다는 뿌리 깊은 열등감을 떨쳐낼 수 있을 것이다. 반대로 우리는 과거의 화려했던 역사를 다 잃고 열등 민족으로 전락할 수밖에 없을 것이다. 민족적 자긍심은 민족 문화 발전의 동력이다. 자긍심을 상실한다는 것은 곧 민족 문화 발전의 동력을 상실한다는 뜻이다.

중국의 고구려사 왜곡과 자국 역사로의 편입 문제로 온 나라가 들끓던 2004년 여름, 일본의 도쿄국립박물관은 공교롭게도 사코본 탁본을 특별 전시했다. 이 탁본이 걸려 있는 전시장에는 '중국의 서(書)'라는 표찰이 붙어 있었다. 물론 우리나라는 왜 그게 '중국의 서(書)'냐며 강력히 항의했다. 이에 박물관 측은 "이전 전시에서 붙여둔 표찰을 떼는 것을 잊었을 뿐"이라며 능

中 国 の 書
Chinese Calligraphy

2004년 8월, 일본 도쿄국립박물관이 광개토태왕비의 쌍구가묵본(사코본)을 특별 전시하면서 그것을 중국의 글씨로 소개하였다.

청을 떨었다. 역사 전쟁은 아직도 그렇게 진행 중인 것이다.

우리는 과연 광개토태왕비에 대해 얼마나 알고 있는가? 그리고 치열했던 100년 전쟁의 내용과 역사에 대해 얼마나 아는가? 역사는 아는 자만이 지킬 수 있다. 우리 역사를 지키기 위해서는 우선 알아야 한다. 지피(知彼)와 지기

(知己)가 없는 전쟁은 백전백패이기 때문이다.

사실 광개토태왕비 100년 전쟁사에 우리 측의 전사(戰士)는 많지 않았다. 50년 가까이 멀리했던 공산국가 '중공' 땅에 있는 광개토태왕비를 연구한다는 것은 거의 불가능한 일이었다. 1990년대 이후에야 우리는 광개토태왕비를 비교적 자유롭게 연구할 수 있게 되었다. 하지만 이때는 이미 '비문 전쟁'의 판세가 일본으로 많이 기운 상태여서 싸움은 시들할 수밖에 없었다. 말만 100년 전쟁이지 사실상 우리가 일본과 제대로 싸운 일은 거의 없다시피 하다.

하지만 다행히 한 사람이 있었다. 바로 일본 땅에서 혈혈단신 고군분투한 재일 사학자 이진희다. 이른바 '비문 100년 전쟁사'는 이진희와 일본 관학자들의 치열한 다툼으로 요약할 수 있을 정도다. 따라서 100년 전쟁의 역사를 돌아본다는 것은 바로 이진희와 일본 관학자들의 치열한 논쟁을 정리한다는 뜻이 될 수도 있다.

일본의 양심적인 학자들마저도 이른바 '통설'을 역사적 사실로 굳게 믿고 있을 때 이진희는 사코의 쌍구가묵본에 대해 "애초에 잘못 판독해서 그린 글자도 있고, 의도적으로 바꿔서 그려 넣은 글자도 있다"라고 직격탄을 날려 일본을 발칵 뒤집어놓았다. 그는 "이후 누군가가 비면 전체에 석회를 바르면서(이진희는 이 시기를 1898년이나 1899년 가을로 추측한다) 사코 쌍구가묵본이 잘못 판독한 글자는 석회로 글자를 정정해서 사코 쌍구가묵본을 '보강'했고, 의도적으로 바꿔 그린 글자는 그 모양 그대로 석회로 만들어 사코 쌍구본을 '재현'했다"라고 주장했다.

나는 이진희의 주장에 동의한다. 특히 "의도적으로 바꿔 그린 글자는 그 모양 그대로 석회로 만들어 사코 쌍구본을 '재현'했다"라는 말에는 전적으로 동의한다.

광개토태왕비의 재발견에 대해 일본 학계에서 널리 인정하는 설은 대표적인 관학자 이케우치의 설이다. 그는 만주 지역 유적을 답사한 후 1938년에 발표한 『통구(通溝)』라는 저서에서 광개토태왕비 발견 과정을 이렇게 설명했다.

> 통구 지역 순검이었던 왕언장(王彦莊)이란 사람이 1882년 광개토태왕비를 발견했으며, 봉화현(奉化縣) 지사였던 영희(榮禧)가 솜씨 좋은 탁공을 파견하여 처음으로 완벽한 탁본을 만들었고, 육군 참모본부 무관인 아무개가 이곳을 지날 때 이 탁본 한 부를 구입하여 황실에 헌납했다.

'사코 가게노부'라는 이름을 밝히지 않은 채 육군 참모본부 무관인 '아무개'가 황실에 헌납한 이 탁본이 완벽한 원석정탁본임을 강조했다. 이에 대해 이진희는 이케우치의 주장은 아무개가 가지고 온 탁본의 신빙성을 높이기 위해 내놓은 거짓 주장이라고 반박했다. 왕언장이 통구 순검으로 부임한 것은 1882년보다 7년 뒤인 1889년이며, 영희가 봉화현 지사에 부임한 것은 8년 뒤인 1890년이라는 것이다. 그리고 이때에 일본인 무관 아무개가 가지고 온 탁본은 결코 원석정탁본이 아님도 지적했다. 그것은 애당초 비면의 글자를 베껴 그린 쌍구본임을 밝힌 것이다.

더욱 놀라운 것은 이진희가 1972년에 이 문제를 본격적으로 제기하기 전까지 근 80년 동안 어느 학자도 『회여록』에 공개된 탁본이 정탁본이 아니라 쌍구가묵본이라는 사실에 의문을 갖지 않았다는 점이다. 『회여록』에 최초로 광개토태왕비 탁본이 공개된 이후에 제작된 탁본이 일본에만 10여 종이 있었지만, 『회여록』에 실린 탁본이 제대로 된 탁본이 아니니 진위를 의심해봐야 한다는 의견을 제시한 학자가 아무도 없었던 것이다. 자신들이 역사를 날조하고 그 날조된 역사의 정당성을 확보하기 위해 광개토태왕비를 중요한 근거로 이용하면서도 최초로 가져왔다고 발표한 탁본의 진위와 신뢰도를

80년 동안 확인하려 하지 않았다는 점은 참으로 이해할 수 없다. 이 점 또한 일본 사학계의 거대한 공모라는 의심을 사지 않을 수 없는 부분이다.

'아무개'가 일본으로 탁본을 가져온 뒤『회여록』에 논문과 함께 광개토태왕비 탁본이 실리기까지의 과정에 대해 공식적으로 알려진 것은 아무것도 없었다. 이것을 추적하여 전모를 밝힌 사람 역시 이진희이다.[3]

이진희는『회여록』보다 앞서 만들어진 '비공개' 비문 해독본이 여러 개가 있다는 것을 알아내고 그것들 대부분을 직접 찾아냈다. 대표적인 것이『회여록』제5집의 발간보다 5년 이른 1884년 7월에 아오에 슈(靑江秀)라는 인물이 쓴 논문이다. 아오에 슈는 당시 해군성(海軍省) 어용괘(御用掛, 천황을 가까이 모시는 관직. 지금의 비서실 요원)였다. 이진희가 한 도서관에서 찾아낸 이 논문은 서문에서 비문이 일본에 전해진 경과를 간단히 기록한 뒤 본문에 비문에 대한 해독문을 실었다. 그런데 이 해독문은 빨간 글씨로 비문의 행이 뒤바뀔 정도로 많은 정정이 가해져 있었다고 한다.

이진희는 이런 여러 가지 해독본을 찾아내는 과정에서 당시 광개토태왕비 해독 작업에 참여한 학자들이 어떤 인물들인지도 밝혀냈다. 그중에는 도쿄제국대학교 교수를 지내면서 일본 근대사학을 개척했다는 시게노 야스쓰구(重野安繹), 구메 구니타케(久米邦武), 호시노 히사시(星野恒) 등이 있다. 비문 해독에 당시 일본의 대표적인 한학자와 역사학자들이 대거 관계했던 것이다. 이들은 1877년 간행된『일본사략(日本史略)』을 개정해서 1890년 공저로 낸『국사안(國史眼)』이라는 책에서 조선과 일본은 본래 같은 혈통이라는 이른바 '일선동조론(日鮮同祖論)'을 주장하여 한민족 자체를 부정하고 일제의 내선일체론(內鮮一體論)에 역사적 명분을 제공한 학자들이다.

이진희는 비문 해독 작업에 참여한 이들이 남긴 기록을 비교하면서 석연치 않은 점을 발견했다. 우선 비문을 갖고 온 사람, 즉 사코 가게노부의 이름이 이들이 남긴 기록 어디에도 보이지 않는 점이다. 또 한 가지는 비문 해독 작업에 참여한 이들 사이에서도 탁본 입수 경위에 대한 진술이 엇갈린다는 점이다.

아오에 슈는 "예부터 물속에 잠겨 있는 큰 석비가 있었는데 성경장군(盛京將軍, 심양 지역을 관할한 관리)이 이 사실을 듣고 많은 사람을 동원하여 이를 파내 깨끗이 닦아냈는데, 이때 마침 일본인 아무개가 이곳에 있다가 이것을 탑본(搨本)하여 갖고 돌아와서 현재 참모본부에 소장되어 있다"라고 적었다. 요코이 다타나오는 탁본을 겨우 두 벌밖에 만들지 못해서 그중 한 본을 "협박해서(强迫) 입수했다"라고 했다. 이처럼 기술 내용이 서로 다른 것에 대해 이진희는 "비문 해독 작업이 극히 비밀리에 진행되어 해독 작업에 참여한 사람들에게조차 비문을 가져온 사람이나 갖고 온 경위에 대해 바르게 알려주지 않았음을 보여주는 것"이라고 말한다.

이진희는 이런 식으로 의문을 추적하여 비문의 탁본이 일본으로 전해졌다는 1883년부터 『회여록』 제5집을 통해 공식적인 해석이 나온 1889년 6월까지 5년간 만들어진 해독본을 무려 열다섯 종류나 찾아냈다. 이처럼 해독본이 여러 가지인 까닭은 여러 사람들이 의견을 내놓고 수정에 수정을 거듭했기 때문이다. 물론 이 작업을 지휘한 주체는 일본 육군 참모본부였다.

여러 가지 해석문을 비교한 이진희는 각 해석문들이 『회여록』에 실린 해석과 상당히 다르다는 사실에 주목했다. 비문 전체를 보지 못한 채 마치 눈을 감고 퍼즐을 맞추는 것처럼 비문 해석이 제각각이었던 것이다. 일본인 아무개가 가져온 하나의 탁본을 놓고 쟁쟁한 학자들이 매달려 해석을 했지만 연구자마다 비문의 행까지 바뀌는 등 전혀 다른 비문으로 판독한 것은 뭔가 석연치 않은 점이 있다. 게다가 육군 참모본부 편찬과 소속으로 해석 작업을 주도한 요코이 다타나오는 몇 번이나 해석을 고치기도 했다.

그렇다면 최종적으로 『회여록』 제5집에 제대로 순서가 맞는 해설이 실리기까지 어떤 일이 있었던 것일까. 이진희는 해석 작업에 참여한 이노우에 미

쓰사다가 후에 쓴 「옥록(玉籠)」이라는 글에서 다음과 같은 내용의 글을 찾아
냈다.

이 비는 아오에 슈, 요코이 다타나오 두 사람의 주(注)도 있고 박물관에는 사
본이 있기는 하였으나 착오가 많아 의미가 잘 통하지 않았다. 그래서 메이지
21년(1888) 10월 11일 궁내성(宮內省)에 모여 참모본부에서 보관하고 있는
원본을 내놓고 이 원본을 통구에서 얻어온 사코(酒匂) 대좌(大佐)로 하여금
번호를 바로잡게 하였다. 그래서 가와다 코우(河田剛), 마루야마 사쿠라(丸山
作樂), 요코이 다타나오, 그리고 내가 서로 협의하여 그곳에서 이와 같은 훈
점(訓點, 구두점)을 붙였다.[4]

이는 사코가 가지고 온 원본은 참모본부에 보관해두고 학자들은 사본을
가지고 연구했음을 뜻한다. 이노우에의 견해에 따른다면 여러 학자를 동원
해서 5년 동안 매달려도 만족스러운 해독을 얻지 못했기에, 결국 참모본부
에 소장된 원본을 확인하고 또 이 탁본을 가져온 사코 대좌를 불러 번호를
확인하게 했다는 것이다.

이것은 당초 일본에서 주장한 것처럼 '아무개'라는 인물이 집안 지역을
여행하다가 우연히 쌍구가묵본을 구입했다거나 협박해서 입수했다는 주장
과는 다르다. 사코가 단순히 '입수하여 가져온' 사람에 불과하다면 그 또한
어떤 순서로 비문을 베껴 그렸는지를 알 수 없었을 테니 그를 불러서 번호를
바로잡게 할 리가 없는 것이다. 따라서 사코를 불러서 최종적으로 순서를 확
인하게 했다는 것은 곧 사코라는 인물이 광개토태왕비의 쌍구본을 만드는
데 직접 관여했음을 의미한다.

이에 대한 이진희의 흥미로운 추론은 계속된다. 그는 스파이 신분이었던
사코가 '우연히' 쌍구본을 얻었을 리 없으며, 게다가 '협박'하여 빼앗아오는

'바보짓'은 하지 않았을 것이라고 보았다. 따라서 이진희는 "사코가 집안에 잠입했을 때 우연히 광개토태왕비가 있는 것을 알고 비문을 직접 읽어본 후 그 이용 가치가 큰 것을 깨닫고 현지 사람을 조수로 고용하여 비문을 쌍구했거나 아니면 현지 사람에게 쌍구하게 하여 그것을 가지고 돌아온 것으로 판단할 수밖에 없다"라고 단언했다.

아울러 이진희는 참모본부 내에서 비에 대한 해석을 주도한 핵심 인물인 이노우에조차도 쌍구가묵본을 가져온 사코를 '대좌'라고 표현한 점에 주목했다. 사코는 대좌가 아니라 대위였기 때문이다. 이는 이노우에 정도의 인물도 사코의 신분이나 경력은 물론 직함마저도 제대로 몰랐음을 의미한다. 사코라는 인물을 얼마나 비밀 속에 깊이 묻어 두었기에 비문을 연구한 핵심 인물조차 그에 대해 아는 것이 별로 없었던 것일까?

이 정도로 비밀리에 해독 작업이 진행되었기 때문에 일본 학계의 거물이 대규모로 동원되었지만 이 사실이 외부에 전혀 알려지지 않은 것이다. 이들은 훗날 어느 누구도 자기 프로필에 비문 해독 작업에 참여한 사실을 남기지 않았다. 이런 거대한 침묵은 참모본부가 엄격한 함구령을 내리지 않았다면 불가능했을 것이다. 이후 이 사코본은 줄곧 도쿄국립박물관 자료관에 보관되었다. 그러다가 중국이 추진한 동북공정이 한국과의 외교 분쟁으로 치닫던 2004년 여름, 일반인을 위해 '특별 전시'되었던 것이다. '중국의 서'라는 안내 표찰이 붙은 전시실에서.

석회를 뒤집어쓴 광개토태왕비

일제는 사코본을 바탕으로 광개토태왕비 원문을 변조한 다음, 변조한 내용을 사실로 굳히기 위해 비면도 변조하였다. 중요한 부분의 글자를 정으로 파고 석회로 메우고 다듬어서 엉뚱한 글자로 바꿔버린 것이다. 심지어는 비면 전체에 석회를 칠하여 글자를 보강하거나 변조했다.

그렇다면 누가 무엇 때문에 광개토태왕비에 석회 칠을 하는 만행을 저질렀을까? 석회 칠, 이진희의 표현을 빌리면 '석회도포(石灰塗布) 작전'은 '100년 전쟁' 중에서 최대의 격전이라 할 수 있다. 이제 그 전장으로 깊이 들어가 보자.

광개토태왕비 전쟁에서 '석회'라는 말이 처음 등장한 것은 일본이 패전한 이후, 광개토태왕비 연구가 시들해져 있던 1959년 즈음이다. 일본 사학자 미즈타니 데이지로는 자신이 소장한 탁본과 다른 6, 7종의 탁본을 비교한 결과 탁본에 따라 몇몇 글자가 차이가 난다는 점을 발견했다. 미즈타니는 그것이 비면에 석회 반죽을 발라 글자를 임의로 판단해서 보강하는 과정에서 '실수'로 생긴 것이라고 했다. 비록 '실수'라고 했으나 이는 저명한 사학자의 입에서 광개토태왕비에 석회 칠을 했다는 말이 처음 나온 경우이다. 이로 인해 광개토태왕비 연구는 새로운 전기를 맞게 된다.

그 후 미즈타니는 석회 칠로 글자가 달라졌다는 사실을 토대로 여러 종류의 탁본을 제작 시기에 따라 구분했다. 즉 그는 비석이 최초로 발견된 시기를 1884년으로 보고 그해부터 몇 년간은 비면 상태가 고르지 못해 글자를 보고 베끼는 쌍구가묵본이 만들어졌고, 1887년부터는 중국에 의해 본격적인 원석정탁본이 만들어졌으며, 1889년부터 선명한 탁본을 뜨기 위해 석회 탁본이 만들어졌을 것으로 추정했다. 그리고 자기가 소장한 탁본, 즉 미즈타니본(水谷本)은 석회를 바르기 전인 1887~89년에 만든 '원석정탁본'이라고 주장했다.

그러나 미즈타니가 밝힌 석회 칠을 이용한 비문 보강 사실은 큰 논란을 불러일으키지 못했다. 대부분의 사람들이 깨끗하고 선명한 탁본을 얻기 위해서는 석회 칠을 할 수도 있다고 생각했기 때문이다. 논란은 '언제' '왜' '어떤 글자에' '누가' 석회 칠을 했는가의 문제가 제기되면서 시작되었다. 바로 이진희가 1972년 제기한 '변조설'이 미즈타니의 주장을 정면으로 뒤집으면서 학계에 파란을 일으킨 것이다.

이진희는 미즈타니가 주장한 것처럼 석회 칠이 단순한 '실수'가 아니라 일본의 육군 참모본부가 비문을 의도적으로 바꾼 '변조'의 증거라고 주장했다. 50종에 가까운 탁본과 석문(釋文) 및 사진 자료를 분석하여 여러 탁본의 글자 모양이 시기별로 어떻게 달라지는지를 면밀하게 추적한 후에 내린 결론이었다.

그는 우선 비문의 특정 부분 글자들이 초기 탁본에서는 뚜렷하다가 석회가 떨어져 나가면서 글자가 점점 희미해지고, 이에 따라 원래 비문이 드러나는 양상을 띠는 점을 지적했다.

많은 탁본 중 이진희가 석회 칠 이전과 이후를 비교하는 데 핵심 자료로 택한 것은 고마쓰노미야(小松宮) 소장 '원석정탁본'이다. 이 탁본은 일본에서 공개되지 않았던 미야케 요네키치(三宅米吉)의 논문을 찾아냄으로써 그 존재가 확인됐다. 고마쓰노미야 정탁본은 청일전쟁(1894~95) 때 만주를 점령한 일본군이 만든 원석정탁본이다. 당시 제국박물관 감사관이었던 미야케는 일본군 참모총장 고마쓰노미야가 입수한 정탁본을 가지고 사코의 쌍구본에서 잘못된 글자를 정밀하게 수정하여 1898년에 논문으로 발표했다. 비록 이 탁본이 현재까지 전하지는 않지만 미야케의 논문에 비를 해독한 석문이 남아 있어서 이 석문을 통해 본래의 정탁본에 채탁된 글자가 어떤 글자들인지를 추적할 수 있는데 이진희는 바로 이 석문을 이용한 것이다.

미야케는 논문에서 비석의 제1면에서는 사코본의 7행 11열의 '碑(비)', 10행 22열의 '閣(각)' 자 등이 잘못됐다고 지적했다. 그런데 석회 칠을 한 직후인 1900년대 초, 고마쓰노미야본보다 나중에 만든 나이토본(內藤本)을 이진희가 확인해본 결과 사코본에서 잘못된 글자가 그대로 재현되어 있었다. 그뿐만 아니라 나이토본에는 2행 33열의 '木(목)' 자처럼 사코가 애당초 잘못 그려서 의미가 통하지 않게 된 몇몇 글자가 오히려 고마쓰노미야 정탁본에 나타난 글자로 바로잡혀 있었다. 또한 5행 13열의 글자처럼 원래의 비문 자체가 결손되어 사코 쌍구본이나 고마쓰노미야 정탁본에는 없었던 글자가 나이토본에는 뚜렷이 나타난 것도 있었다. 게다가 사코본에도 잘못되어 있고 고마쓰노미야 정탁본에도 명확하지 않은 일부 글자가 나이토본에서는 전혀 다른 글자로 바뀌는 희한한 일도 있었다.

이런 현상은 무엇을 의미하는가? 이진희는 "비 전면에 석회를 바르는 작업은 글자 모양을 명확히 하기 위해서가 아니라, 사코본을 원본으로 삼아 그것을 재현·보강하기 위해 이뤄진 것이 분명하다"라고 단언한다. 다시 말하자면 사코본에는 애초에 잘못 판독해서 그린 글자도 있고 의도적으로 글자를 바꿔서 그려 넣은 것도 있는데 누군가가 비면에 석회를 발라서 사코본이 잘못 판독한 글자는 석회로 글자를 정정해서 사코본 대로 '보강'했고, 사코

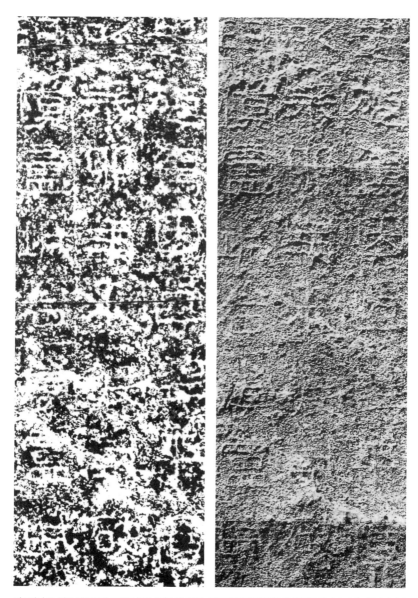

미즈타니 등 일본 학자들은 문제의 '渡海破'가 찍혀있는 미즈타니 탁본(왼쪽)이 석회를 칠하기 전에 만든 '원석정
탁본'이라고 주장하고 있다. 그러나 이진희는 미즈타니 탁본의 훼손된 부분이 석회가 떨어져 나간 현재 비면의 상
태(1986년에 비면을 촬영한 사진, 오른쪽)와 유사한 점을 들어 미즈타니본 역시 '석회탁본'이라고 반박했다.

본에서 의도적으로 바꿔 그린 글자는 바꿔 그린 글자 모양 그대로 석회로 만들어 사코 쌍구본을 '재현'했다는 것이다.

6미터가 넘는 거대한 비석에 이렇게 공들여 석회 칠을 하려면 많은 시간과 노력이 필요하다. 과연 민간인 탁공들이 단지 좋은 탁본을 얻기 위해 임의로 이런 석회 칠 작업을 할 수 있었을까? 이진희의 조사에 따르면 중국의 금석학자들이 이운종이라는 솜씨 좋은 탁공을 파견해 제대로 된 정탁본을 얻은 1889년 이후 10년 동안 광개토태왕비가 있는 집안 현지에 간 북경의 탁공은 없었다.

그렇다면 집안 현지에 살던 탁공이 석회를 바른 것일까? 아니다. 이진희가 조사한 바로는 현지에서 탁본이 매매된 것은 일본인이 이 탁본을 한창 사들인 1909년 이후의 일이다. 일제가 "이 비는 아시아 대륙 동부에서 발견된 가장 오래된 것으로, 어둠에 싸인 한반도 고대사에 한 줄기 빛을 뿜을 뿐만 아니라, 특히 당시 일본과 한반도 관계에 대한 중대한 역사가 적혀 있다"라고 선전하면서 '제국박물관에 소장된 것을 제외하면 겨우 하나둘에 불과한' 광개토태왕비 탁본을 예약 판매한다는 내용의 안내 책자가 1908년 12월에 나왔다는 점을 근거로 들었다. 이처럼 광개토태왕비 탁본이 돈벌이에 이용되기 시작한 때가 1909년 이후라면 집안 현지의 탁공들이 좋은 탁본을 떠서 돈을 벌기 위해 1898~99년경에 광개토태왕비에 석회 칠을 했다고 볼 수 없다. 당시에는 광개토태왕비 탁본이 인기 상품이 아니었기 때문에 선명한 탁본을 떠본들 돈벌이에 별 도움이 되지 않았을 터인데 탁공들이 굳이 그 거대한 비에 그처럼 정성들여 석회 칠을 해가며 탁본을 떴을 리가 없는 것이다.

그렇다면 누가, 언제 석회 칠 작업을 벌였을까? 두말할 것도 없이 일제, 정확하게는 광개토태왕비문의 입수부터 해독, 그리고 청일전쟁 중에 정탁본을 만드는 데 이르기까지 개입한 일본군 참모본부인 것이다. 그래서 이진희는 사코의 쌍구가묵본이 만들어진 직후부터 석회 칠과 함께 비의 변조가 시작되었으며, 이는 사코 쌍구본의 내용이 원래 비문과 다르게 변조된 것임을 은폐하기 위한 참모본부의 공작이라고 주장했다.

이진희는 사코 쌍구가묵본을 다른 탁본과 면밀히 대조하면서 석회 칠이 언제 이뤄졌는지를 추정해갔다. 그러나 일제 강점기는 쌍구본을 가져온 사람의 정체에 대해서까지 쉬쉬하고 있는 상황이었으니 몰래 석회 칠을 했다는 사실은 당시엔 극비 사항 중의 극비 사항이었다. 따라서 석회 칠을 입증할 만한 기록이 남아 있을 리 없다. 결국 석회 칠이 언제 이뤄졌는지를 추정하려면 사코 쌍구본의 '그린' 글자가 이후 탁본에서는 어떻게 달라지는지를 추적할 수밖에 없다.

이진희는 사코 쌍구본과 아직 비의 전체 면에 석회를 바르기 전인 1894~95년 무렵에 만든 것으로 보이는 고마쓰노미야 탁본의 석문, 그리고 그 후에 만든 여러 탁본들을 면밀히 비교했다. 그리하여 석회 칠을 하기 전과 후의 '달라짐'을 추적한 결과 이진희는 청일전쟁 시기에 만든 고마쓰노미야 탁본도 이미 비문 일부에 석회를 발라 원래 비문과 다르게 만들어 넣은 글자가 찍혀 있음을 확인했다. 이로써 이진희는 비문 조작 혐의는 최초로 탁본을 가져온 사코에게 돌릴 수밖에 없다는 결론을 내렸다. 사코가 일찌감치 부분적으로 원래 비문의 글자를 다른 글자로 바꾸면서 석회를 사용했고, 그 석회가 그대로 남아 있었기에 청일전쟁 시기에 만든 정탁본에도 석회로 조작한 글자가 그대로 찍히게 된 것이다.

그렇다면 이진희는 신묘년 기사에 대해서는 어떤 견해를 갖고 있었을까? 이진희가 의심한 것은 신묘년 기사 중 '倭以辛卯年來渡海破百殘' 부분의 '來渡海破' 네 글자였다. 이 네 글자는 사코 쌍구본, 고마쓰노미야 탁본, 석회를 바른 뒤인 1900년대 초에 만든 나이토본 등에 모두 글자의 자획이 명확하게 탁본되어 있다. 그런데 석회가 벗겨진 뒤에 만든 탁본을 보면 글자가 불분명하게 보인다. 특히 '海' 자의 경우는 글자의 위치가 '海' 자의 오른쪽줄

광개토태왕비의 탁본을 만들고 있는 모습.

에 있는 '平' 자보다 반 자 정도 아래쪽으로 쏠려 있어 명백히 다른 글자 모양을 하고 있다. 게다가 석회를 칠한 후 시간이 지나 나중에 뜬 탁본일수록 그 자리에 있는 글자는 분명 '海' 자가 아닌 다른 글자로 보인다.

이 점에 대해 이진희는 붙어 있던 석회가 떨어져 나가면서 '海' 자가 다른 글자 모양으로 변한 것이 아니라, 석회를 바르기 전의 본래 글자가 나타나기 시작한 것이라고 주장했다. 아울러 그는 석회가 떨어져 나간 후의 탁본이나 1918년에 촬영한 사진을 보면 명백하게 드러나듯이 본래의 글자대로라면 글자 왼쪽에 ' 氵 (물 수)' 변이 들어갈 공간이 없다는 점을 지적하면서, 이처럼 공간이 없다는 것은 곧 본래의 글자가 '海' 자가 아니라는 점을 증명한다고 주장했다.

이진희는 사코본에 선명하게 보이는 '來' 자와 '渡' 자 역시 비면의 석회가 떨어져 나간 뒤의 탁본을 보면 '來渡'라고 판독하기에는 무리가 많다고 했다. 아울러 '破' 자의 경우도 1918년의 사진을 보면 이 글자를 '破'라고 인정할 수 없다고 했다. 특히 사진에는 '海' 자가 있는 자리에 왼쪽 위에서 오른쪽 아래로 비스듬히 금이 나 있는 것이 보이는데, 이 금은 여러 차례 탁본을 뜨는 과정에서 원석이 떨어져 나가서 생긴 것으로 보기 힘들고 원석 자체가 그렇게 금이 간 것으로 보아야 한다는 것이 그의 주장이다. 애당초 돌에 금이 가 있던 곳이라면 그 자리에 있는 글자는 처음부터 선명하게 탁본이 될 리가 없다. 따라서 금으로 갈라진 자리에 있는 '海' 자도 처음부터 자획이

266

명확한 '海' 자로 찍혀 나올 리가
없다. 그런데 사코본에도 '海' 자가
명확하게 그려져 있고, 고마쓰노
미야 탁본에 대한 석문도 분명하
게 '海' 자로 밝히고 있으며, 1900
년대 초에 만든 나이토본도 '海' 자
가 명확하게 탁본되어 있다. 이는
'海' 자가 본래부터 있던 글자가 아
니고 석회로 만들어 넣은 글자임
을 뜻한다. 석회로 만들어 넣었기
때문에 그처럼 선명하게 탁본되어

석회를 도포한 광개토태왕비의 제1면. 1918년.

나온 것이다. 사코가 최초에 쌍구가묵본을 만들면서, 혹은 변조한 쌍구가묵
본을 토대로 '곧바로' 새로운 비문을 석회로 변조해 넣었음을 확신하게 하
는 대목이다.

날조된 역사를 정당화하기 위해 일부 내용을 조작한 사코본을 공개한 일
제는 만약 석회 칠을 하는 후속 조치를 취하지 않으면 자신들의 '조작' 행위
가 언젠가는 백일하에 드러날 것을 우려했을 것이다. 그래서 석회를 칠해서
비문을 조작하는 일에 어떤 형태로든 조직적으로 개입할 수밖에 없었다. 따
라서 이진희는 이런 의도적인 석회 칠 작업을 참모본부에 의한 '석회도포 작
전'이라고 부른다. 이진희는 이렇게 말했다.

사코 가게노부가 비문 일부를 깎았거나 불명확한 곳에 석회를 발라 비문 일
부를 변조했기 때문에 그의 범죄 행위를 숨기고, 또한 그 '비문'을 언제까지나
악용하기 위해서는 대규모의 이른바 '석회도포 작전'이 필요했던 것이다. 그
뿐 아니라 사코 가게노부의 이름과 해독 작업이 행해진 것까지도 비밀에 부

쳐 군(軍)과 비(碑)의 관계를 보여주는 자료를 은폐한 것이다.[5]

'석회도포 작전'은 일제의 의도대로 성공을 거뒀다. 많은 학자들이 석회 칠 직후에 뜬 선명한 탁본을 비면이 풍화되기 전에 만든 원석정탁본으로 믿어버리는 바람에 참모본부의 범죄 행위는 이중으로 은폐되는 효과를 가져왔다. 특히 당시 중국의 금석학자들도 일제의 '석회도포 작전'으로 글자가 선명해진 탁본을 더 오래된 원석탁본으로 믿어 의심치 않음으로써 더 이상 일제의 '석회도포 작전'에 의혹을 제기하는 사람이 없게 되었다. 초기에 진행된 대부분의 연구가 비석을 직접 보고 면밀하게 비면을 관찰할 기회를 갖지 못한 채 탁본에 의해서만 이뤄졌기 때문에 이런 믿음이 굳어질 수밖에 없었던 것이다.

석회도포 후 한참의 세월이 흐른 다음에야 일본 민간 학자들이 광개토태왕비를 직접 조사할 기회를 갖게 되었다. 이때 비로소 비면에 석회가 붙어 있는 것을 확인했다. 그러나 그들은 일제 군부의 석회도포 작전은 상상도 못한 채 단지 현지의 탁공이 선명한 탁본을 얻기 위해 임의로 석회 칠을 한 것이라고 단정지었다. 1913년, 비석에 대한 본격적인 학술 조사를 벌인 이마니시 류는 다음과 같이 말했다.

> 비석 옆 초가집에 초붕도(初鵬度)라는 사람이 거주하여 비를 탁본하는 것을 업으로 삼고 있었다. 그는 지금 66세로, 30년 전부터 이곳에 산다고 한다. 비면이 너무나 조잡해서 탁본한 글자가 분명하지 못해 10년 전부터 글자 주위의 틈바구니에 석회를 발랐다 한다. 글자의 틈바구니에는 석회를 발랐을 뿐만 아니라 왕왕 자획을 보충했고, 새로 석회 위에 글자를 새긴 것도 있다.[6]

그는 이어서 다음과 같이 말했다.

그렇게 보완했는데도 작업 과정에서 대체로 원래의 글자를 틀리게 하지 않은 것 같다. 그렇더라도 절대적으로 믿기는 어렵다. … 그러므로 이 비문을 사료로 역사를 고증하려는 사람은 특히 주의해야 한다.[7]

이처럼 이마니시 류도 '석회 작업' 자체는 인정하고 그 폐해도 지적했지만 '석회 작업'을 한 이유와 주체에 대해서는 비싼 탁본을 만들려고 한 탁공의 소행으로 속단해버렸다.

이로부터 5년 뒤인 1918년 구로이타 가쓰미(黑板勝美) 도쿄제국대학교 교수가 조선총독부의 의뢰로 이 비를 조사한 적이 있다. 그는 "의심 가는 글자를 밝히려고 석회를 떼어냈더니 다른 글자가 나타나서 종래 의미가 분명하지 않았던 것을 술술 읽을 수 있었다"라고 했다. 이 발언은 매우 중요한 의미를 갖는다. 그는 이마니시보다 한 발 더 나아가 이 원석 비문에 문제가 있음을 간파한 것이다. 그러나 구로이타 역시 석회 칠에 대해서는 별다른 의심 없이 현지 탁공의 소행으로 보았다. 이들은 모두 석회 칠을 확인했고 또 "석회를 떼어냈더니 다른 글자가 나타났다"라는 의견까지 제시했지만 별다른 반응을 얻지 못한 채 흐지부지되고 말았다. 아무도 변조의 의혹을 제기하지 않았기 때문이다.

러일전쟁(1904~5) 이후, 러시아와의 군사적 긴장 때문에 한동안 집안 지역을 오가기가 어렵다가 일제의 조종 아래 만주국이 세워진 1935년 가을 무렵에야 학자들이 현지에 드나들 수 있게 되었다. 도쿄제국대학교 교수 이케우치 히로시는 1935년에 집안 지역의 유적을 조사했다. 물론 광개토태왕비에 대한 조사도 이루어졌다. 그러나 이때의 조사에서도 석회 칠의 진실은 밝혀지지 않았다. 이케우치는 "비면은 매우 조잡하며 풍화가 심한 부분에는 팥알 크기의 자갈이 나타나 있다"라면서 "하루빨리 적절한 방법을 강구하지 않으면 이 유물은 갈수록 더 훼손될 것이다"라고 우려했다. 그에 따르면 당

광개토태왕비의 훼손 상태, 『조선고적도보』, 1915.

시 비석을 보호한다는 명분으로 아연 지붕을 씌운 2층짜리 육각형 정자를 세웠는데, 전문 탁공들이 이 정자 계단을 발판 삼아 수시로 탁본을 뜨는 바람에 비면이 더욱 훼손되는 결과를 초래했다고 한다.

그 뒤로 광개토태왕비에 대한 직접적인 학술 조사는 이루어지지 않았다. 제2차 세계대전 이후에도 어수선한 전후 상황에서 상당 기간 비석을 조사할 엄두를 내지 못했다. 그러다가 1963년 가을 북한의 박시형이 이끄는 북한 학술 조사단이 비석을 면밀하게 실측하고 그 결과를 정리하여 『광개토태왕비』라는 책으로 발표했다. 그러나 박시형은 일본 측 자료를 접할 기회가 없었고 중국 측 자료를 토대로 광개토태왕비를 이해하는 바람에 처음부터 비문에 어떠한 조작도 가해지지 않았다는 선입견을 갖고 조사에 착수하는 실수를 범했다. 그래서 박시형은 석회 칠을 한 비면을 면밀하게 조사하지 못했다.

그 결과 박시형은 비문의 몇몇 글자가 잘못 판독되어 왔다는 견해를 피력하고 비문의 일부분에 대해 약간의 새로운 해석을 내린 것 외에 이렇다 할 성과를 얻지 못했다. 게다가 그의 해석에서는 북한의 이념과 관련된 용어인 '주체적'이라는 표현을 자주 썼으며, 해석 내용 역시 미흡한 점이 많아 일본의 역사학계로부터 야유에 가까운 비판을 받았다. 그 뒤 1972년, 이진희의 '변조설'이 제기되기까지 광개토태왕비에 대한 일본 학계의 인식은 1889년 『회여록』 발간 때와 근본적으로 달라지지 않았다.

비문 변조설에 대한 억지 반박

1972년 이진희가 제기한 일본 참모본부의 '석회도포 작전'과 사코에 의한 일부 비문의 변조설은 일본을 발칵 뒤집어놓았다. 『요미우리신문』 등 주요 언론이 일본 육군에 의한 광개토태왕비 변조 의혹을 대서특필하였다.

그러나 당초 이진희가 제기한 주장의 핵심은 '참모본부에 의한 비문 변조'가 아니었다. 그는 고대 야마토 정권이 한반도 남부를 2세기에 걸쳐 지배했다는 '임나일본부'설의 근거가 된 광개토태왕비문의 탁본에는 결정적인 문제가 한두 가지가 아닌데, 이런 사실을 뻔히 알면서도 무비판적으로 수용해서 역사를 왜곡하는 일본 학자들의 자세를 지적하고자 했다. 그러나 일본 매스컴의 관심은 오직 누가, 언제, 무엇을 위해, 어느 글자에 석회를 칠했는가 하는 점에 집중되었다.

이진희의 이런 주장에 대한 당시 일본 역사학계의 반응은 대개 "조작의 물증이 없지 않은가? 정황 증거만 가지고 논하는 것은 음모에 불과하다"라는 것이었다. 이진희의 주장이 워낙 놀랄 만한 것이었기 때문에 양심적인 역사학자라 하더라도 "설마 그럴 리가…" 하는 순진한 생각을 했을 가능성이 높다. 일각에서는 "사코라는 일개 군인이 비문을 변조할 만큼 유능한 한문 실력을 갖출 수 있었겠느냐"라며 반론을 제기하기도 했다. 일본 학계의 이런 반응에 대해 이진희는 새로운 사료를 통해 그동안 거의 밝혀지지 않았던 사코의 구체적인 행적을 확인하여 공개했다. 이진희의 조사 내용은 대략 다음과 같다.

일찍이 메이지 왕조(1868~1912)는 유신을 단행하면서 구미 열강과 손잡고 조선과 청나라 등 아시아를 침략할 궁리를 하고 있었다. 이른바 '정한론(征韓論)'을 연구하고 있었던 것이다. 그들은 조선을 식민지로 편입시켜 대내적으로는 메이지 왕조에 불만이 있는 봉건 토족의 관심을 외부로 돌리고, 대외적으로는 구미 열강의 압박에서 벗어날 계기를 마련하려는 속셈이었다. 이런 속셈을 가지고 그들은 조선 정탐에 나섰다. 그리고 스파이들의 보고를 토대로 1872년에 이미 조선을 치는 데는 별문제가 없다는 결론을 내렸다. 한 걸음 더 나아가 일제는 조선을 발판으로 대륙의 청나라를 침략하기 위해 1879년부터 다수의 엘리트 군인을 선발하고 외교관이나 유학생 신분으로 청나라 북부에 위장 잠입시켜 현지의 주요 시설과 군사 동향을 염탐하게 했다. 그런데 초기에 밀파된 이들 스파이 몇몇이 병이 나자 이듬해인 1880년에 보충 교체요원을 파견했는데, 이들 중 하나가 바로 사코 가게노부이다.

이진희는 비문 조작설 발표 이후 사코의 프로필을 확인할 수 있는 더 구체적인 문서를 확보했다. 그가 확보한 각종 자료에 따르면 사코는 1850년 지금의 미야자키현에서 태어났다. 그는 어릴 때부터 한학을 공부하여 청년기에 이미 한학에 대한 조예가 남달랐다. 1877년 육군사관학교에서 특과생으로 1년간 공부한 뒤 1879년 포병대대로 발령받았다가 참모본부로 전임되었다. 1880년 9월, 청나라 파견을 명받아 상해를 거쳐 북경으로 갔으며, 그 뒤 전임 밀정의 뒤를 이어 북만주 오지의 군사 자료를 수집한 뒤 1884년 5월 포병 대위로 진급하여 귀국하였다.

이진희는 여러 가지 자료를 비교하여 검토한 끝에, 1880년에 중국으로 건너간 사코가 집안 지역에 간 것은 1883년 4월에서 7월 사이였을 것으로 추정했다. 광개토태왕비 표면의 이끼가 불태워진 시기를 1882년 9월에서 12월 사이로 추정하고 있으니 사코는 비문을 알아볼 수 있게 된 지 9개월 이내에 비를 찾아간 셈이다. 이진희는 문제의 쌍구본이 이 기간에 만들어진 것이 틀림없다고 주장한다.

일제가 국운을 걸고 추진한 대륙 정벌의 첨병으로 엄선된 이들이 청나라 각지를 비밀리에 돌아다니려면 당연히 중국어에 능통하고 한문 실력도 뛰어났어야 했다. 사코는 그러한 스파이 중의 한 사람이었기 때문에 광개토태왕비문의 내용을 보고서 중요한 사료라는 판단을 충분히 할 수 있었을 것이다. 따라서 "일개 군인이었던 사코가 비문을 위조할 정도로 한문 소양이 있었겠는가"라는 일본 관학계의 비판은 설득력이 없다. 만약 사코가 비문을 보고 그 이용 가치를 그 자리에서 판단할 수 없었다면 스파이 신분인 그가 부피가 작지 않은 탁본을 신분 노출의 위험을 무릅쓰면서까지 본국으로 가지고 오지는 않았을 것이다.[8]

이진희의 주장에 대해 일본 학계도 처음에는 곧바로 반격에 나서지 못했다. 그네들 입장에서는 변조설은 결코 인정할 수 없었지만 그렇다고 해서 구체적인 반론을 제기할 수 있는 다른 증거도 찾기 힘든 상황이었기 때문이다. 이런 경우 흔히 쓰이는 얕은 수가 바로 지엽적인 문제를 크게 부각시켜 문제의 본질을 흐리게 하는 것이다. 일본 사학계 역시 처음부터 이진희의 주장을 학문적으로 면밀하게 검증하고 받아들일 자세는 아니었던 것 같다. 그들은 이진희의 주장에 대해 학술적인 토론을 제기하기보다는 인신공격적인 발언을 많이 하여 본질을 호도하려 했다.

그러다가 1972년 11월, 도쿄대학교에서 개최한 일본사학회에서 이진희의 주장을 학술적인 측면에서 최초로 비판하는 자리를 마련했다. 이 학회에서 역사학자 후루타 다케히코(古田武彦)는 "사코 가게노부가 가져온 비문을 참모본부가 해독했다는 증거는 없으며, 비문의 쌍구본을 사코 가게노부가 제작한 것이 아니라 현지인이 가지고 있던 것을 '협박'하여 입수한 것이 사실"이라고 단정하며 비문 변조설을 전면 부정했다. 너무 어이가 없었던 이진희는 발언 기회를 얻어 "당신은 일본 글을 정확히 읽지 못하는군요"라고 말할 수밖에 없었다고 한다.9 그러면서 이진희는 "신묘년 기사 가운데 '來渡海'는 당연히 원문에 없었고, '破' 자도 없었을 것"이라는 주장을 재차 강조했다.

이에 대해 후루타는 "일본에 불리한 부분을 바꾸었다면 일본이 참패했음을 나타내는 '왜구궤패(倭寇潰敗)' 같은 글자는 왜 바꾸지 않았겠느냐"라고 반론을 폈다.10 후루타가 제기한 '왜구궤패' 부분은 바로 광개토태왕비 제3면 4행 13~16자 갑진년 기사에 해당하는 대목으로, 그 내용은 404년에 광개토태왕이 서해안에 침입한 왜구를 궤멸한 일을 기록한 것이다. 이 부분의 '왜구궤패' 기사가 갖는 중요도와 신묘년 기사가 갖는 중요도는 처음부터 비교의 대상이 되지 않는데도 후루타는 어처구니없게도 이런 식으로 반론을 제기한 것이다. 다시 말하자면 갑진년 기사의 '왜구궤패'는 얼마든지 있을 수 있는 일이지만 신묘년 기사는 결코 있을 수 없는 일이며, 갑진년 기사의 '왜구궤패'는 양국 고대사에 아무런 영향을 끼치지 않지만 신묘년 기사는 양국 고대사를 송두리째 바꿔놓는 기사이다. 그 점을 모를 리 없는 후루타가 "신묘년 기사를 변조했다면 왜 갑진년 기사는 변조하지 않았겠느냐"라는 식의 억지 반론을 제기하니 이진희는 어처구니가 없었던 것이다. 후루타의 이런 반론에 대해 비교적 양심적인 일본 학자들은 후루타의 반론이 이진희의 주장을 제대로 반박하지는 못했다는 반응을 보이기도 했다.

그 후 이노우에 미쓰사다 도쿄대학교 교수는 1973년 5월 7일 자『마이니치신문』기고문에서 이진희의 주장을 '논리의 비약'이라고 평가절하했다. 이노우에는 그런 비약의 원인이 '지나친 민족 감정'에 있다며 "그런 민족 감정에 얽매이면 신경에 거슬리는 것 또한 적지 않을 것이다"라고 비아냥거렸다. 일본 학계에 남아 있는 제국주의 의식을 적나라하게 엿볼 수 있는 대목이다.

일본사학회에서 벌어진 이 논쟁은 국내 언론을 통해 크게 보도되었다. '반공'을 국시로 떠받들던 시기였지만 당시 조총련계 친북 인사로 알려진 이진희의 주장은 국내에서도 큰 관심을 모았다. 이를 계기로 우리나라에서도 광개토태왕비문이 일제에 의해 변조되었다는 사실이 새롭게 인식되기 시작했다.

일본의 사학계가 이진희에게 충격을 받은 것은 사실이다. 그들은 광개토태왕비 변조 혹은 조작설을 애써 부인했지만, 그들도 이진희의 논문에서 받아들일 수밖에 없는 사실이 분명히 있었다. 참모본부 스파이인 사코 가게노부가 비문을 일본으로 가져왔다는 사실, 참모본부에 의해 극비리에 비문 해독이 이뤄졌다는 사실, 일본에 있는 많은 탁본과 가묵본이 원래 비문이 아니라는 사실 등은 인정할 수밖에 없었다.

이진희가 최초로 제기한 비문 변조설은 일본 학계로 하여금 고대사 연구에 대한 객관성과 공정성을 돌아보게 하는 계기가 되기도 했다. 일본 학계 일각에서는 검증되지 않은 비문 사료를 일본 고대사의 핵심인 임나일본부설에 대한 거의 유일한 역사적 증거물로 이용해온 것에 대한 반성이 일기도 했다. 그들은 변조된 비문을 토대로 세운 임나일본부설은 사상누각이나 다름없는 것일 수 있다고 생각한 것이다. 이때부터 일본의 고대사 연구자들 중에 나오키 고지로(直木孝次郎) 오사카시립대학교 교수 같은 이는 이진희의 '변조설'을 액면 그대로 받아들이지는 않으면서도 "각종 탁본에 대한 검토를 게을리해온 일본 학계에 대한 이진희의 비판을 창피하지만 솔직히 받아들일 수밖에 없다"라고 하며 시인하기도 했다.

그러나 일본 학계에 깊이 뿌리내려 있는 제국주의의 망령이 쉽게 떨쳐질

리가 없다. 그들이 아직도 제국주의의 망령에 사로잡혀 있다는 증거를 내보인 대표적인 학자는 일본에서 동양사학의 대가로 꼽히는 우에무라 세이지(植村清二) 니가타대학 명예교수이다. 그는 이진희를 통렬히 비판했다. 그런데 재미있는 사실은 우에무라가 이진희를 비판하는 논문을 쓰면서 이진희를 북한의 연구자로 착각하는 해프닝을 벌였다는 것이다. 그는 이진희의 책에 실린 이진희의 경력이나 도쿄의 주소마저도 제대로 보지 않은 것이다. 그는 이진희의 주장에 대해 "분명 강한 내셔널리즘이 깔려 있다"라고 하면서 북한 학자가 인민의 반일감정을 고취하기 위해 오류와 과장을 통해 떼를 쓰고 있다는 식으로 무시하고 있다. 난센스가 아닐 수 없다. 그의 말을 한번 들어보자.

> 공화국(북한)은 건국 이래 30년 가까운 세월이 흘렀지만 아직 어린 신흥 국가이다. … 내셔널리즘의 앙양을 도모하는 일이 아마도 가장 시급할 것이다. … 그렇다면 일본 제국주의, 특히 한반도 침략의 중추였던 일본 육군, 특히 참모본부의 행동이 얼마나 이른 시기부터 비밀리에 이루어졌고, 또 어떻게 모든 기회를 이용했는지를 폭로하는 것은 인민에 대한 큰 계몽이다. 그 공적은 높이 평가받아야 한다. 사회주의 국가에서는 학문에서도 인민 계몽이 최고의 지표이다. 이 경우 학설 중의 약간의 오류나 과장은 전혀 문제시되지 않는다.[11]

이런 생각과 태도를 가진 일본 학자와 무슨 대화와 토론이 가능하겠는가? 이진희는 회고록에서 당시 우에무라의 논문을 읽고 "등줄기가 오싹해졌다"라고 했다. 최소한의 학자적 양심도 없고 아직도 제국주의의 망령에 사로잡힌 일본 사학계의 한가운데서 양심적인 재일 한국인으로 고군분투하고 있는 이진희의 모습이 참으로 안타깝게 보이는 대목이다. 실제로 이진희의 집에는 "반일은 너희 나라로 돌아가서 하라", "곧장 일본을 떠나라. 그렇지 않으면 죽이겠다", "일본의 은혜를 모르는 자는 죽음뿐이다" 같은 협박문이 계속 날아들었다고 한다.

그러나 시간이 지나면서 이진희의 주장에 대한 감정적 논의는 점차 사라져갔다. 그리고 이진희의 변조설을 입증하거나 반증할 만한 이렇다 할 학술적인 성과물 또한 오랫동안 나오지 않았다.

비문 연구 신(新) 삼국지

잠잠해지는 것 같던 광개토태왕비 전쟁은 이진희의 변조설이 발표된 후 12년이 지난 1984년에 다시 불붙었다. 논쟁의 발화점은 중국이었다. 왕건군 길림성문물고고연구소 소장이 몇 년간 광개토태왕비를 현지 조사한 결과를 중국 학술잡지인 『사회과학전선(社會科學戰線)』에 발표한 것이다. 핵심 내용은 한마디로 "비문 변조는 없다"라는 것이었다. 이진희의 변조설을 정면으로 부정한 왕건군의 주장은 1984년 7월 28일 자 『아사히신문』 1면 머리기사가 되어 전 일본에 퍼져 나갔다.

왕건군이 발표한 내용을 정리하면 이렇다. 비면을 조사한 결과 석회로 '보강'한 글자는 3, 4개에 불과하며 이진희가 변조된 것으로 확신한 신묘년 기사 중 '래도해파(來渡海破)'라는 글자는 석회가 떨어져 나간 지금도 판독할 수 있기 때문에 결코 변조된 게 아니라는 것이다. 그는 그 근거로 1981년 채탁했다는 주운대본(周雲臺本)을 공개하면서, 여기에는 '來渡海破'라는 글자가 분명하게 나타나 있다고 했다. 그리고 왕건군은 비문을 태우고 비면에 석회를 발라 글자를 보충한 사람은 현지 탁공이며, 이들은 광개토태왕비 탁본을 떠서 판매하는 것으로 생활하던 초천부(初天富) 부자(父子)였다고 주장했다.

　왕건군의 주장이 나왔을 때 일본 학계는 천군만마를 얻은 기분이었을 것이다. 왕건군의 저서 『호태왕비의 연구』는 그해 12월 일본어로 번역 출간되었고, 이듬해인 1985년 1월에는 『요미우리신문』이 주최한 심포지엄에 왕건군을 비롯하여 중국 학자 세 명, 일본 학자 다섯 명과 이진희가 초청되어 다시 한바탕 논쟁이 벌어졌다.[12]

　이진희는 왕건군이 중국 사람이라는 점을 들어, 당시 광개토태왕비에 대한 현장 연구를 독점하다시피 하면서도 일본 학자들보다 치밀하지 못한 연구 태도로 안이하게 사료를 검토한 점을 꼬집으며 그의 연구에 불신감을 표했다. 특히 왕건군은 석회 칠에 대해서도 현지 탁공이 쉽게 탁본을 만들려고 1902년경부터 부분적으로 석회 보강 작업을 벌여 1907년경 완성했다고 주장했는데 이진희는 이 점을 강력하게 부정했다.

　어떤 근거에서 이진희는 그런 주장을 할 수 있었을까? 우선 왕건군의 주장을 살펴보자.

　　20세기 초엽이 되면서 비문을 구하려는 사람들이 더욱 많아져 종래의 방법으로는 수요에 응할 수 없게 되었다. 초천부라는 탁공이 새로운 방법을 생각해냈다. 비문 사이에 석회를 바르니 탁본 작성이 매우 간단하고 쉽게 되어서 4일 만에 비문의 탁본 1조(組)가 완성되고 글자도 선명하여 비싼 값에 팔 수 있었다.[13]

　그러나 앞서 보았듯이 1900년을 전후한 시기에 광개토태왕비 탁본은 현지에서 거래의 대상이 되지 못했다. 현지에서 탁본이 매매된 것은 일본인이 이 탁본을 사들이기 시작한 1909년 이후의 일이다. 따라서 현지 탁공이 탁본을 비싼 값에 팔기 위해 왕건군의 주장대로 1902년부터 석회 칠을 시작했다

'비문 변조는 없었다'라는 왕건군의 주장을 보도한 1984년 7월 『아사히신문』 기사.

는 것은 현실적으로 납득하기 어렵다. 오지에 살던 탁공이 탁본이 비싼 값에
팔릴 것을 예상하여 미리 석회 칠을 했을 리 만무하니 말이다. 따라서 이진
희는 석회 칠을 시작한 것은 결코 민간인 탁공이 아니라 일본군 참모본부가
그보다 훨씬 전부터 자행해온 일이라는 것을 거듭 주장하며 왕건군의 주장
을 반박했다.

　그러나 왕건군은 일제에 의한 '석회도포 작전'은 없었다는 주장을 계속했
다. 왕건군이 현지에서 당시 탁본을 떴던 탁공의 손자를 만났는데, 그에게
물어봤더니 "할아버지에게서 일본군이 석회 칠을 했다는 이야기를 들어보
지 못했다"라고 하더라는 것이다. 왕건군은 탁공의 손자가 전하는 이 말을
'증거'로 삼아 석회도포 작전은 없었다는 주장을 한 것이며, 이 주장이 그가
쓴 『호태왕비의 연구』의 주된 내용이다. 원래의 탁공이 생존해 있는 것도 아

니고, 그의 아들도 아닌 손자에게 들은 몇 마디가 과연 『호태왕비의 연구』에서 '연구'의 근거가 될 수 있을까?

신묘년 기사에 대한 왕건군의 해석은 일본의 통설과 다를 바 없었다. 다만 신묘년 기사는 신묘년 기사일 뿐이라며 그것을 임나일본부설의 근거로 삼는 데는 동조하지 않았다. 왕건군의 이런 연구에 대해 이진희는 사료부터 비문 해석에 이르기까지 모두 그 수준이 낮아서 크게 주목할 것이 못 된다고 평가하며 마무리했다.[14]

1985년 7월에는 일본 학자와 이진희가 '호태왕비 참관단' 자격으로 현지를 답사했다. 이진희가 왕건군의 주장을 직접 확인할 수 있는 좋은 기회였다. 이 답사에서 이진희는 자신의 반론이 틀리지 않았음을 확인했다고 한다. 당시에도 비면에 석회가 광범위하게 남아 있는 것을 함께 간 일본 학자들과 확인했으며, 왕건군이 바로잡았다고 주장한 몇몇 글자도 확인해본 결과 왕건군이 잘못 본 것이라는 확신을 갖게 되었다고 한다. 이 답사 중에 이진희는 비면에 대한 과학적 조사를 한·중·일 3국의 학자가 공동으로 실시해야 한다고 역설했으나 지금까지도 공동 조사는 이뤄지지 못하고 있다.[15]

비문 변조 논란에 종지부를 찍을 수 있는 가장 확실한 방법은 변조되기 전에 제작된 원석정탁본, 즉 사코본 이전의 정탁본을 찾아내는 것이다. 이 정탁본만 찾아내면 그것과 사코본을 비롯한 다른 탁본을 비교하여 정말 변조가 이뤄졌는지, 이뤄졌다면 어떤 글자가 어떻게 변조되었는지를 명백하게 밝힐 수 있게 될 터이니 말이다.

중국 측의 일부 문헌에는 중국의 탁공들이 적어도 원석탁본을 50부 제작했으며 거의 전부가 북경에서 팔렸다는 이야기가 전한다고 한다.[16] 따라서 1980년대 들어 중국이 문호를 개방한 후부터는 일본뿐만 아니라 중국과 한국의 학자들도 중국에서 초기 원석정탁본을 찾고자 애쓰고 있으며 원석탁본의 가치를 중시하고 있다.[17] 그러나 사코본 이전의 원석정탁본은 여전히 발견되지 않고 있다. 일부 학자들이 새로 발견한 것이라며 제시한 원석정탁본이 있기는 하다. 그러나 이 정탁본들은 비록 비의 전면에 석회가 칠해지기 전에 뜬 것이기는 하지만 당시에도 신묘년 기사처럼 중요한 대목은 이미 깎아내기도 하고 부분적으로 석회 칠을 하여 필요한 곳은 다 변조한 후였다. 따라서 엄밀히 말하자면 이것은 원석정탁본이라고 할 수 없으며, 사료적 가치도 높지 못하다. 1980년대 중반 이후에는 석회가 떨어져 나간 뒤에 다시 탁본을 했다는 이른바 '박락본(剝落本)'이라는 것을 중심으로 연구하는 학자들도 늘어나고 있으나 여전히 신통한 성과를 내놓지 못하고 있다.

왕건군의 논문 발표 후 10년이 지난 1994년 6월, 광개토태왕비의 변조 문제가 또다시 매스컴에 등장했다. 『요미우리신문』은 서건신 중국사회과학원 부연구원을 초청하여 도쿄와 오사카에서 강연한 내용을 6월 16일 자로 크게 보도했다. 그 내용은 서건신이 중국에서 초기 원석정탁본을 발견하여 변조 논쟁에 종지부를 찍었는데, 결론은 역시 의도적인 변조는 없었다는 것이었다. 과연 그럴까?

서건신은 원석정탁본으로 인정할 만한 자료라며 북경의 왕소잠(王少箴) 구장본, 북경도서관 소장본, 북경대학교 도서관 소장본 등 4종을 제시했다. 이 중 북경대학교 도서관 소장본이 바로 중국 금석학자들이 파견한 탁공 이운종이 1889년에 제작하여 가지고 온 원석정탁본 중의 하나라며 이 탁본의 사진을 제시했다. 서건신은 그것이 이운종이 뜬 원석정탁본이라는 근거로 이운종을 파견하는 데 관여한 반조음(潘祖蔭)이란 사람이 쓴 표지가 있다는 점을 들었다. 아울러 탁본에 사용한 종이가 아주 고급이어서 북경에서 광개토태왕비 탁본을 위해 별도로 가져갔을 것이란 추측을 보탰다. 그러므로 이 탁본은 1890년 이전에 만든 탁본이 확실하며 그때까지 알려진 광개토태왕비 탁본 중 가장 오래된 원석정탁본이라고 주장했다. 또한 이 탁본은 미즈타니 탁본과 성격이 유사하다는 점도 내세웠다. 서건신의 이런 주장을 근거로 일본 학계와 언론은 마침내 이진희의 변조설이 거짓임이 증명되었다고 떠들어낸 것이다.

이진희는 미즈타니 탁본을 석회가 떨어져 나간 1930년대 중반에 만든 것으로 보았다. 그런데 서건신은 자기가 발견한 북경대학교 소장본이 미즈타니 탁본과 유사하다고 했다. 따라서 그가 발견한 북경대학교 소장 탁본은 석회를 바르기 이전의 원석정탁본이기 때문에 이와 유사한 미즈타니 탁본의 제작 시기는 이진희의 주장과 달리 석회를 바르기 이전으로 소급되어야 하며, 이진희가 미즈타니 탁본의 제작 연대를 1930년대로 추정한 것은 잘못된 것이라고 목소리를 높였다.

이에 대해 이진희는 승복하지 않았다. 우선 표지에 쓴 글이 반조음의 친필인지 확인되지 않았으며, 서건신이 제시한 자료는 탁본 자체가 아니라 1미터도 안 되는 탁본 사진이기 때문에 6미터가 넘는 탁본 실물은 어떤 상태인지 확인할 수 없다고 반박했다. 그리고 미즈타니 탁본에 나타난 비면의 상태는 오히려 현재 비면의 상태와 매우 유사하다는 점을 들어 그것이 석회 칠 이전에 만든 것으로 볼 수 없다고 주장했다. 즉 석질로 볼 때 각력응회암(角礫凝灰巖)인 비석에는 지름 1센티미터에서 수 센티미터에 이르는 돌들이 박혀 있는데, 탁공이 나무망치로 비면을 두드리는 거친 방법으로 탁본을 만드는 바람에 작은 돌이 먼저 바스러지고 다음에 깊이 박힌 큰 돌이 떨어져 나가게 되었으므로 자연히 후대의 탁본일수록 탁본에 나타나는 비면 상태가 거칠어져서 전에 만든 탁본과 달라진다는 것이다. 그런데 이진희가 현지에서 비석을 확인하며 돌이 떨어져 나간 뒤의 구멍과 상처의 상태를 조사한 결과 미즈타니 탁본은 석회 칠 이전의 원석정탁본의 성질을 띠는 게 아니라 오히려 오늘날의 비면에 가까운 현상을 보이고 있다는 확신을 갖게 되었다는 것이다.[18] 따라서 미즈타니 탁본은 1930년대 중반에 제작된 것이 확실하다고 하며 서건신의 주장을 공박했다.

나는 이진희의 이런 판단과 주장이 일리가 있다고 생각한다. 따라서 서건신의 주장에 동의할 수 없다. 서건신이 제시한 탁본이 설령 1889년에 이운종이 탁본해온 것이라 하더라도 그것이 사코본보다 이른 시기에 탁본한 것은 결코 아니다. 따라서 서건신이 아무리 여러 말을 해도 광개토태왕비에 대한 최초의 탁본이자 석문이 사코본이라는 사실에는 하등의 변화가 없다. 만약 사코본 이전에 채탁된 원석정탁본이 새로 발견되어 그것을 증거로 변조설을 부정한다면 모르지만 사코본 이후에 뜬 탁본들을 증거로 그것이 원석정탁본이라는 이유를 들어 변조설을 부정하려 한다면 받아들일 수 없다. 왜냐하면 앞서 누차 말했듯이 사코가 쌍구본을 만드는 과정에서 원석 자체에 대한 변조도 얼마든지 가능했을 뿐 아니라, 참모본부에 의해 사코본에 대한 해독과 함께 각종 검토가 이루어지고 있던 1889년 이전(『회여록』 발간 이전)에도 필요한 부분에 대해서는 극비리에 얼마든지 변조가 가능했을 것이기 때문이다. 사코본 이전의 것이 아닌 이후의 원석정탁본은 어차피 신뢰할 수 없다. 이런 종류의 원석정탁본은 아무리 많이 발견된다고 해도 별 의미가 없다. 더욱이 그것을 근거로 변조를 부정하는 것은 참으로 무망한 일이 아닐 수 없다. 그래서 서건신의 설은 설득력이 없는 것이다.

우리는 지난 100년 동안 광개토태왕비를 두고 여러 학자들이 벌인 치열한 학술 전쟁의 현장을 보았다. 대부분의 논쟁들은 결정적인 근거가 없는 상태에서 기존 자료를 자신의 주장에 맞게 해석하거나 매우 작은 '다른 점'을 큰 차이로 부각시키면서 자신의 주장이 옳음을 웅변하는 것들이었다. 연구 내용은 기존 탁본 자료에 대한 비교 검토가 거의 전부라고 할 만큼 탁본에 매달리고 있는 것으로 보인다. 그러나 대부분이 과학적인 분석보다는 주관적인 판독에 주력하고 있다. 이처럼 주관적인 판독 중심의 연구가 계속되다 보니 연구자끼리 서로 상대의 연구 결과를 불신할 수밖에 없는 상황이 이어지고 있다. 게다가 일부 일본 학자들의 제국주의의 망상에 사로잡힌 연구 태도는 가끔 정치가들의 돌출 발언과 맞물려 엉뚱한 문제를 일으키기도 했다. 결정적인 근거 없이 설(說)들만 난무하는 가운데 왜곡된 역사가 정치적으로 이용당하는 꼴을 보이는 것이다.

이진희가 최초로 제기한 변조설은 아직도 유효하다. 아니, 앞서 제시한 내 연구 결과에 따르면 변조가 확실하다. 일본의 여러 학자들이 나서서 선대의 무죄를 증명하려고 애를 썼지만 아직까지 이진희의 논리를 뒤집을 만한 결정적인 학설은 나타나지 않고 있다. 그리고 내가 연구한 바와 같은 서예학적 연구는 일부 연구자가 광개토태왕비의 서체적 특징에 대해서 부분적으로 언급한 외에 서예학을 바탕으로 변조를 증명하려고 시도한 연구는 단 한 건도 보고된 적이 없다. 나의 연구가 광개토태왕비에 얽힌 100년 전쟁에 종지부를 찍는 계기가 되었으면 한다.

치열했던, 그리고 아직도 진행 중인 100년 전쟁사를 일별하면서 한 가지 안타까운 점은 세월이 흐르면서 이진희의 주장이 차츰 퇴색해가고 있다는 것이다. 마치 이미 시효가 지난 학설인 양 이진희의 변조설을 재야 학자가 흥미 위주로 쓴 하나의 이야기쯤으로 치부하며 은근슬쩍 무시해버리려고 하는 태도가 점차 늘고 있다. 변조설을 부정할 만한 결정적인 근거를 확보한 것도 아니면서 "이제 변조설이 더 이상 존립할 수 없게 되었으니 이진희의 주장은 재고의 가치가 없다"라는 식으로 무시하는 분위기를 조성해 가는 것이다. 하나의 예를 보자.

(중국의 서건신이) 사코본의 제작 과정과 제작자를 구체적으로 추정한 것도 연구를 한 발 진전시킨 것이라고 할 수 있을 것이다. 이러한 탁본의 연대 확정과 실상에 대한 연구가 이진희가 주장한 일본 군부에 의한 석회 칠·변조설 등의 편년안(編年案)의 논거를 뿌리째 흔들어놓음으로써 강력하게 재고를

촉구한 것은 당연하고 필연적이라고 할 수 있다. 특히 미즈타니본이 1930년 대 석회가 떨어져 나간 뒤의 탁본이라는 (이진희의) 관점은 완전히 성립할 수 없게 되었다.[19]

이는 1996년 8월 서울 세종문화회관에서 열린 제2회 고구려국제학술대회에서 일본 학자가 발표한 내용의 일부이다. 이처럼 특별한 근거도, 엄정한 검증도 없이 "이진희의 변조설은 틀렸다"라는 소리를 해대는 속셈이 무엇인지 자못 의심스럽다.

이진희의 주장은 이렇게 '틀린 것', '의미 없는 것'으로 몰아가는 반면 문제의 사코본에 대해서는 "광개토태왕비문에 대한 '선구적'인 해석의 기초가 된다"라면서 그 중요성을 도리어 강조하고 있다. 사코본에 대한 일본 학자들의 이런 인식이 국제 학술대회에서 발표되는 것은 이제 더 이상 특별한 일이 아니다.

그런데 일본 학자들의 이러한 소행보다 더 안타까운 점은 우리 학계 일각에서도 일본이 조성한 이런 분위기에 어느 정도 감염된 현상이 나타나고 있다는 점이다. 우리 학자들 중에도 '실증사학'을 내세워 이진희가 주장한 변조설을 철 지난 주장으로 여기려는 사람들이 있다. 실증사학이란 과학과 사실만이 가장 타당한 지식이므로 과학과 사실에 입각한 증거를 가지고 역사를 말하자는 연구 태도를 이르는 말이다. 그 뜻과 취지는 나쁘지 않다. 하지만 여기서 한 가지 잊어서는 안 될 점은 우리에게 실증사학이란 일제가 우리의 중요한 역사 자료를 훼손하거나 변조해놓은 뒤 우리에게 강요한 하나의 학문 방법이기도 하다는 점이다. 자료를 변조하고 훼손한 다음 실증사학만이 과학적인 학문 방법임을 강조한 데에는 그만한 저의가 있기 때문이다. 그런데 그렇게 강요된 실증사학이라는 연구 방법이 광복 이후 75년이 지나 세기가 바뀐 지금까지도 식민사관과 함께 우리 역사학계에 작지 않은 그림자를 드리우고 있다. 우리 사학계가 '실증사학'이라는 미명 아래 안고 있는 문제점에 대해 신복룡은 이호영이 쓴「중원 고구려비 제액의 신독」(『사학지』 13권, 중원 고구려비 특집호, 1979, 136~138쪽)이라는 논문을 부분적으로 인용하면서 이렇게 말했다.

1979년 충북 중원의 입석리에서 고구려 시대에 세운 것으로 보이는 비석이 발견되었다. 그것이 국경을 개척하면서 세운 비석인지 아니면 단순히 국왕이 수렵이나 순행을 나왔다가 세운 비석인지는 밝혀지지 않았으나 고구려의 비석이 여기서 발견되었다는 것은 어쨌든 고구려의 영향력이 이곳까지 미쳤다는 뜻이므로 강역학(疆域學)에 중요한 의미를 갖는 것이어서 학계의 비상한 관심을 모았다. 그런데 비석의 중요도에 비해 풍상으로 마모가 심한 이 비석의 해석에 대해서는 견해가 다양할 수밖에 없었다. 이 비석이 장수왕에 의해 세워진 것은 틀림이 없지만 글자의 판독에서 많은 견해들이 나왔다. 한국 사학계에서 이에 관계된 교수들의 학술회의를 열어 당대의 대가들이 모두 모였다. 대부분의 고대 사료의 쟁점이 그렇듯이, 문제의 핵심은 이 비석이 언제 세워졌느냐로 집중되었다. 물론 이를 풀어줄 단서가 될 만한 글자가 보이는 것도 아니어서 문제는 더욱 미궁으로 빠져들었다. 그런데 이 자리에 참석했던 당시 사학계의 큰 어른이신 두계 이병도 박사는 비석을 분석한 뒤 이 비석이 건흥 4년(475)에 세운 것이라고 주장했다. 이에 대하여 눈이 밝은 젊은 학자들이 자기들의 눈에는 그런 글자가 보이지 않는다면서 논거를 묻자 이병도는 "내가 하도 오매불망했더니 꿈에 그렇게 현몽했다"라고 대답했고, 자리를 함께한 후학들은 "이 학문적 집념을 배워야 한다"라고 말했다. 이것은 사사로운 자리에서 오간 객담이나 우스갯소리가 아니고 학회에서 발표되어 학술지에 실린 사실이다.

역사학계에서 두계와 그를 잇는 학파를 실증주의 학파라고 한다. 그렇다면

도대체 그들이 입지하고 있는 실증주의 사학(또는 사관)이란 무엇인가? … 이 사건과 관련하여 우리가 진실로 서글퍼하고 우려하는 것은 당시 83세의 고령인 두계가 한때 총명을 잃고 그런 실수를 했다 하더라도 그 자리에 있던 젊은 학자들─신학문을 배웠고, 아닌 것을 아니라고 말할 수 있는 용기가 필요한 그들─이 이를 말릴 수 없었던, 그래서 그것이 학술지에 실릴 수밖에 없는 우리 사학계의 풍토이다. … 자신의 견해에 도전하는 무리에 대해서는 '재야 사학'이라는 이름으로 그토록 준열히 비판하던 한국 사학계가 이 대목에서는 왜 그토록 참혹한 실수를 저질렀는가? 이에 대한 대답을 위해 우리는 이병도를 중심으로 하는 세칭 두계학파의 형성 과정을 더듬어볼 필요가 있다. 그것은 일제시대로까지 거슬러 올라간다.

1922년 12월, 3·1운동의 여진도 어느 정도 가라앉게 되자 조선 총독 하세가와 요시미치를 중심으로 하는 총독부의 식민지 정책이 문화 동화정책으로 바뀌면서 일본이 조선의 병합을 합리화하기 위해서는 조선사를 쓰는 일이 중요하다는 것을 깨닫기 시작했다. 이런 방침에 따라 총독부 훈령 64호로 조선사 편수회를 구성하여 정무총감 아리요시 주이치(有吉忠一)가 위원장을 겸직하고, 중추원 부의장 이완용을 고문으로 추대한 것은 한국 사학사에서 중요한 의미를 갖는다. 당시 조선사가 일본인 학자들에 의해서만 쓰일 경우 한국인에 대한 설득력이 약할 것이라는 판단 아래 한국의 청년 사학자들을 참여시키기로 했고, 그 인선에 전(前) 학부대신이자 총리대신 이완용이 깊이 개입했다. 그는 당시 와세다 대학을 졸업하고 교편을 잡고 있던 자기 문중의 족손인 이병도와 최남선 그리고 이능화 등을 발탁했다. 이들은 당시 식민 사학의 첨병이었던 교토제국대학 교수 이마니시 류(今西龍)와 총독부 사무관으로 식민지 역사 교육을 주관했던 오다 쇼고(小田省吾) 등을 도와 『조선사』의 편찬에 착수했으며, 1938년 완간된 『조선사』 전35권은 식민 사학의 원전이 되었다. 이제 와서 이 문제를 거론하지 않을 수 없는 것은 이병도 등 조선사편수

회의 핵심 멤버들이 1934년 창설된 진단학회의 회원으로서 일제시대의 한국 사학계를 주도했을 뿐만 아니라, 해방을 맞이한 뒤에도 이들이 한국 사학계의 중추적 역할을 했기 때문이다.

이병도를 중심으로 한 진단학파는 해방 이후 학회 활동을 더욱 활발히 하여 1950~60년대에 『한국사』 전 6권(서울, 을유문화사)을 집필·간행하는 등 한국 사학사에 주목할 만한 발자취를 남긴 것을 우리는 인정한다. 그 후 이들과 이들의 후학들은 실증사학을 표방하면서 이선근이 주도했던 민족주의 사관과 함께 쌍벽을 이루며 한국 사학계를 지배했다.[20]

만약 앞으로도 우리 사학계가 이러한 잘못된 실증사학의 덫에 걸려 구태를 벗어나지 못하거나 식민사관을 청산하지 못한다면 우리는 우리 역사를 스스로 매장하는 어리석음을 범하고 말 것이다. 일본의 역사 왜곡이 이미 실증사학이라고 할 수 없는 '허구사학'이요 '왜곡사학'인 바에야 우리가 아직도 일제가 씌운 실증사학의 덫에 갇혀 있어야 할 이유가 없다. 실증사학은 본질적으로 긍정적인 면이 매우 많은 학문 방법이지만 그러한 실증사학의 미명을 빌어 불순한 의도로 깔아놓은 '변조된 사실의 덫'은 하루 빨리 걷어내야 하는 것이다.

한 가지 흥미로운 일이 있다. 1972년 이진희의 변조설이 제기된 이후 일본이 약 10년을 주기로 중국 연구자를 등장시켜 이진희의 변조설을 부정하는 주장을 대대적으로 홍보해왔다는 점이다. 1984년에 발표한 왕건군의 학설에 대한 홍보, 그리고 10년이 지난 1994년 6월 『요미우리신문』이 서건신을 초청하여 도쿄와 오사카에서 강연한 내용을 6월 16일 자로 크게 보도한 것이 바로 그 예다. 그렇다면 서건신이 이런 주장을 제기한 10년 후에는 별일이 없었을까? 아니다. 전쟁은 여전히 진행 중이다. 다시 10년 후에 또 하나의 일이 터진 것이다.

사코본 이전의 탁본이 발견되다니…

2005년 11월 초 우리 학계에는 적지 않은 소동이 한바탕 일었다. 지금까지는 사코 가게노부가 일본으로 가져간 탁본이 광개토태왕비에 대한 최초의 탁본이라는 점에 대해서 누구도 이의를 제기하지 않았는데 갑자기 사코본보다 1, 2년 앞서 채탁한 탁본이 발견되었다는 소식이 신문에 대서특필되었기 때문이다.(여기서 비록 탁본이라는 용어를 사용했지만 실은 쌍구가묵본 혹은 묵수곽전본이라고 해야 바른 표현이다. 75쪽 참고. 그러나 독자의 편리한 읽기와 이해를 위해 지금까지 세상에 공개된 여러 버전의 광개토태왕비 자료 중의 하나라는 의미에서 '탁본'이라는 말을 사용하기로 한다.) 그동안 학계에서는 사코본보다 앞서 채탁된 탁본을 찾기 위해 연구자라면 너나 할 것 없이 노력해왔다. 사코본이 변조된 것이라는 이진희의 주장으로 인하여 학계가 논란에 휩싸였으니 만약 사코본보다 앞서 채탁한 탁본만 발견된다면 대조를 통하여 사코본의 변조 여부를 곧바로 확인할 수 있고, 아울러 이진희 '변조설'의 진실 여부가 당장에 판가름 나기 때문이다. 그런데 바로 그런 탁본, 즉 사코본보다 먼저 채탁한 탁본이 발견되었다니 학계의 관심이 쏠릴 수밖에 없었다. 탁본을 발견했다고 주장한 사람은 중국의 연구자 서건신(중국사회과학원 세계역사연구소 연구원)이

국제학술회의를 알리는 당시의 신문 보도.

었다. 세상을 떠들썩하게 한 '신발견' 탁본을 우리 눈으로 직접 확인하고, 발견자인 서건신의 설명을 듣기 위한 국제학술회의가 열렸다. 2005년 11월 3일부터 5일까지 사단법인 '고구려연구회' 주최로 열린 국제학술회의 주제는 비록 '광개토태왕과 동아시아 세계'였지만 학계와 언론계의 관심은 서건신의 '신발견' 탁본에 집중되었다. 필자가 광개토태왕비에 대한 연구서인『사라진 비문을 찾아서─글씨체로 밝혀낸 광개토태왕비의 진실』이라는 책을 출간한 지 5개월 남짓한 시간이 흐른 후에 벌어진 일이다.

사코본보다 앞서 채탁한 탁본을 공개하는 논문 발표는 학술회의의 세 번째 날인 11월 5일(토) 오전의 첫 발표로 일정이 잡혀 있었고 논문의 제목은「고구려 광개토태왕비 초기 탁본에 관한 연구(關于高句麗廣開土太王碑初期拓本的研究)」였다. 긴장된 분위기 속에서 발표자 서건신이 PPT를 통해 새로 발견되었다는 탁본을 공개했다. 그런데 웬일, PPT의 첫 화면을 보는 순간 나는 나도 모르게 "어라?" 하는 말이 튀어나왔다. 신문 보도를 통해서 보긴 했으나 사코본과 비슷해도 너무 비슷한 탁본이었기 때문에 "어라?"라는 말이 나온 것이다. 사코본보다 1, 2년 앞서 채탁한 다른 탁본이 어떻게 저렇게 같을 수가 있을까? 주지하다시피 사코본은 쌍구가묵본, 즉 그려서 만든, 사실상 탁본 아닌 탁본인데 어떻게 새로 발견된 탁본이 다른 사람의 손에서 나왔을 터임에도 이처럼 거의 똑같이 그려낼 수 있을까? 아니 같은 사람이 그렸다고 하더라도 이렇게 똑같은 모양으로 그릴 수는 없다. 커다란 의심의 파도가 밀려왔다. 서건신의 발표는 계속되었다. 신발견 탁본에 함께 수록된 네 사람의 발문(跋文), 즉 청나라 말기 소주(蘇州) 지역에서 활동한 문필가인 이홍예(李鴻裔)의 발문(제1발: 실은 짧은 편지글임)과 역시 청나라 말기 금석학계의 최고 권위자인 섭창치의 발문(제3발), 이 탁본을 처음 입수하여 소주로 가지고 와서 이홍예와 반조음에게 보여준 당시의 문인 이초경(李超瓊)의 발문(제2발과 제4발) 등에 대한 서건신의 분석이 이어졌다. 그런데 서건신이 제1발문인 이홍예의 발문을 PPT 화면으로 띄우는 순간 내 입에서는 "에이~" 하는 말이 나오고 말았다. 그리고 섭창치의 발문이라며 띄운 화면을 보는 순간에는 황당하다는 생각이 밀려왔다. 조악한 부분이 너무 많았기 때문이다. 어쨌든 주어진 시간 동안 서건신의 발표는 이어졌다. 그가 설명한 내용은 대략 다음과 같다.

- 1881년, 이초경이라는 사람이 당시 광개토태왕비의 소재지인 환인현(桓仁縣)의 지사로 나가 있던 친구 장월(章樾)로부터 최소한 탁본 2부를 얻음.
- 1883년, 이초경은 탁본 2부를 소주(蘇州)로 가지고 가서 아저씨뻘 되는 이홍예에게 보여줌.
- 이홍예가 이 탁본을 당시에 아버지 상을 당하여 고향인 소주에 와 있던 유명한 학자 반조음에게 보여주었는데, 반조음도 탁본을 원하자 이초경은 나머지 탁본 한 부를 반조음에게 빌려줌. 지금 서건신이 확보한 탁본이 바로 이때 반조음이 빌려 보았던 탁본임. 탁본을 받은 반조음은 발문 수백 자를 지어 붙임.
- 1884년 7, 8월 중에 반조음은 이 탁본을 당대 최고의 금석학자인 섭창치에게 보내 고증을 청함. 이 탁본을 받아 본 섭창치는 낱장에 뜬 탁본에 착간이 심하여 전체를 연철(連綴)하지는 못했지만 1300여 글자의 발문을 씀. 이것

서건신이 제시한 신발견 탁본(왼쪽)과 사코본(오른쪽).

이 오늘날까지 전하는 제3발문임. 섭창치의 이 발문 바로 뒤에 이초경도 발문 한 편을 지어 써 넣었으니 이 발문이 오늘날까지 전하는 제4발문임.

- 1885년 섭창치가 이 탁본을 들고 북경에 와서 당시 또 한 사람의 금석학 대가인 오대징(吳大徵)에게 보여줌. 1988년 2월 5일 자 오대징의 일기에 이 사실이 기록되어 있음. 섭창치는 이 탁본을 다시 북경의 황재동(黃再同)이라는 사람에게 넘겼으며 섭창치의 일기에 황재동에게 넘긴 사실이 기록되어 있음. 어떤 사정으로 이 탁본이 다시 이홍예에게 들어갔는지는 알 수 없지만 1894년에 이 탁본을 인수한 이홍예는 탁본을 원래의 주인인 이초경에게 돌려주면서 짧은 편지를 함께 보냄. 그 편지가 바로 제1발문 이며 그 내용은 다음과 같음. "고구려비를 반조음이 발문을 붙여 보내왔기 에 먼지를 털고 살펴보았다. 표구를 한 사람은 도천가(道川街)에서 보묵 재(寶墨齋)라는 표구사를 경영하는 고(顧)씨 노인인데 소주에서 제일가는 기술자이다. 자오(子璈) 조카에게 보냄. 소린(蘇隣) 돈(頓)." 그런데 반조 음이 썼다는 발문은 갑오(甲午)년에 누군가가 잘라 훔쳐갔으며 그 사실이 이초경이 쓴 제2발문에 기록되어 있음.

서건신의 설명은 매우 구체적이었고 앞뒤가 맞는 설명이었다. 그럼에도 불구하고 나의 놀람과 황당함은 가시지 않았다. 그렇다면 나는 왜 서건신이 보여준 제1발과 섭창치가 썼다는 제3발에 대한 PPT 화면을 보는 순간 그처 럼 놀라고 또 황당하다는 생각을 했을까? 한마디로 '가짜'라는 생각이 번뜩 들었기 때문이다. 서건신의 발표가 끝나고 방청석 질문을 받을 때 발언권을 얻은 나는 서건신을 향해 이 탁본이 가짜일 가능성을 제기하며 탁본의 입수 경위부터 물었다. 그는 입수 경위는 말하지 않은 채 "당대의 명가인 반조음 의 고증을 거쳤다는 사실이 기록되어 있고, 큰 학자인 섭창치의 발문까지 있 는 물건이 어떻게 가짜일 수 있느냐?"라며 나의 의견을 반박했다. 나는 발문

안에 아무리 반조음의 고증을 거쳤다는 말이 있고 섭창치의 발문이 첨부되어 있더라도 그 발문 자체가 조작된 것이라면 이 탁본은 가짜일 수밖에 없다면서 발문의 내용을 분석하고 연구하기 전에 발문과 탁본의 진위 여부를 감정하는 작업이 먼저 이루어졌어야 한다는 의견을 제시했다. 아울러 발문이 조작되었을 가능성을 다음과 같이 제기하였다.

1. 이홍예가 썼다고 하는 제1발문은 글씨를 썼다기보다는 그렸다고 할 정도로 서예의 수준이 형편없다. 특히 편지의 맨 마지막에 상투적으로 쓰는 인사말 글자인 '돈(頓: 조아릴 돈)' 자의 초서 형태는 그린 티가 역력하다. 따라서 제1발문의 글씨는 당시 나름대로 이름이 있던 학자이자 서예가이고 화가인 이홍예의 친필로 볼 수 없다. 이 발문 하나가 가짜라면 나머지 다른 발문도 가짜일 가능성이 매우 높다.

2. 발문의 군데군데에 도장이 찍혀 있는데 그 도장이 찍힌 상황이 매우 조악하다. 서로 다른 사람이 다른 날에 찍은 도장임에도 인주의 색깔이 천편일률로 똑같다. 청나라 말기는 서예와 함께 낙관 도장을 새기는 전각의 황금기를 이룬 시기이기 때문에 전각으로 새긴 도장을 찍는 데에 사용하는 인주도 최고급 수준으로 발달했다. 인주의 주원료로 천연의 흙인 주사(朱砂)를 사용했기 때문에 색깔이 매우 아름다울 뿐 아니라, 찍은 도장이 세월이 지난다고 해서 기름기가 번지거나 색이 옆으로 묻어나는 일이 결코 없는데 이 발문에 찍힌 도장들은 곳곳에 번지고 묻어난 흔적이 너무 많다. 게다가 인주의 색깔이 매우 천속하여 1950년대 이후에 사무용으로 사용한 인주의 색깔이다.

3. 섭창치의 발문 글씨도 섭창치의 친필로 보기에는 문제가 많다. 매우 작은 글씨인 데다가 PPT 자료가 선명하지 못하여 속단하기는 어렵지만 내가 익히 보아온 섭창치의 글씨와는 거리가 멀다.

설왕설래하다 보니 내게 주어진 질문 시간 5분이 훨씬 지나버렸다. 그러나 발표자로부터 시원한 답은 듣지 못했다. 학술회의의 사회를 보던 분이 계속하고자 하는 나의 발언을 '시간관계상' 제지하였다. 나는 "오늘의 이 발표는 차후 광개토태왕비문 연구에 엄청난 파장을 일으킬 수 있는 매우 중요한 문제이니 시간에 구애받지 말고 토론을 계속하게 해달라"라는 부탁을 했다. 그러나 이어져야 할 다음 발표와 학술회의 일정에 따른 '시간관계상' 나의 부탁은 받아들여지지 않았다. 그 대신, 사회자는 "두 분이 다 중국어로 소통할 수 있으니 지금 빈 옆 강의실로 가서 실컷 토론하고서 토론 결과를 나중에 학술지에 발표해달라"라고 했다. 나와 서건신은 사회자의 말대로 옆 강의실로 갔다. 실물 자료가 없는 데다가 PPT마저도 볼 수 없는 상황에서 나는 위에서 제기한 의문을 계속 제기하며 이 탁본의 출처와 입수 경위를 따져 물었다. 결국 "골동품 상인"에게서 확보한 자료라는 답을 얻었다. 나는 조용히, 그러나 힘주어 말했다. "골동품 상인이 소장한 물건을 섬세한 검증이 없이 곧바로 학술 논문을 쓰는 자료로 삼는 것은 무리가 아니냐?"라고. 그러면서 나중에 북경에 가면 이 탁본의 실물을 볼 수 있느냐고 물었다. 볼 수 없다고 답했지만 그 이유는 말하지 않았다.

학술회의를 마치고 내 연구실로 돌아온 나는 서건신이 『중국사연구』라는 중국의 학술지 2005년 제1기에 발표한 '고구려호태왕비 조기 묵본의 신발견─1884년에 반조음이 소장했던 버전에 대한 초보적인 조사(高句麗好太王碑早期墨本的新發見─對1884年潘祖蔭藏本的初步調査)'라는 제목의 논문을 찾았다.[21] 한국에서 발표하기 전에 이미 중국의 학술지에 발표했던 논문임을 알게 되었다. 이 논문의 전문을 다 읽어봤으나 어디에도 섭창치나 이홍예, 이초경 발문의 진위 여부를 검증한 내용은 없었다. 게다가 논문에 삽입한 참고 도판의 해상도가 낮아서 논문에 수록된 도판만으로는 발문의 서예적 특징을 파악하기가 쉽지 않다. 다만, 이홍예의 발문은 글자 크기가 비교적 큰 편이어서 그나마 필획이나 결구 등 서체적 특징을 파악할 수 있었다. 이제, 서건신의 논문에 수록된 이홍예의 발문 묵적 사진과 내가 확보한 이홍예의 다른 친필을 비교해보기로 하자.

그림43이 서건신의 논문에 수록된 이홍예의 발문이고, 아래 그림44가 내가 『망사원지(網師園誌)』[22]에서 확보한 이홍예의 친필이다. 한눈에 필치가 다름을 확인할 수 있다. 그림44는 실지로 쓴 필세가 확연하지만 그림43은 마치 그린 것 같아서 필세를 느낄 수 없다. 그림44의 맨 오른쪽은 1881년 51세에 쓴 것이고 그림43은 1877년 47세에 쓴 글씨라서 비록 4년의 시간 차이는

그림43. 이홍예가 썼다고 하는 제2발문.

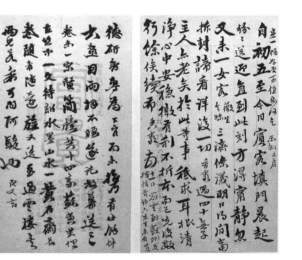

그림44. 이홍예의 다른 필적.

298

있지만 이홍예가 1885년에 54세라는 비교적 젊은 나이에 사망했다는 점을 고려한다면 두 글씨 다 아주 많은 나이에 쓴 노필(老筆)은 아니다. 노필이 아님에도 그림43처럼 흐느적거리는 필획으로 축 처진 느낌이 들도록 쓴 글씨라면 이홍예의 친필로 볼 수 없음은 당연하다. 중국의 포털 검색 사이트인 백도(百度, baidu)에서 이홍예를 검색하면 그가 남긴 서간문, 시고 등 많은 글씨들을 볼 수 있다. 어느 것도 그림43처럼 벌레가 기어가듯이 쓴 글씨는 없다. 서건신은 그림43에 대해서 "필적을 대조해보았더니 이홍예의 작품임이 틀림이 없다"라고 했으나 필자가 그림43과 이홍예의 다른 필적을 대조해본 결과로 말하자면 그림43은 결코 이홍예의 필적이 될 수 없다.

2005년 11월 이후, 나는 서건신을 만나기 위해 북경에 가서도 전화를 했고, 한국으로 초청하여 특강을 부탁할 양으로 몇 차례 통화를 했으나 서로 시간과 사정이 맞지 않아 다시 만나지 못한 채 오늘에 이르렀다. 따라서 필자는 서건신이 확보한 자료들의 원본은 물론 사진도 자세히 살펴볼 수 있는 기회를 더 이상 갖지 못했다. 그러나 2005년 11월 5일의 학술회의장에서 PPT를 통해서 본 자료의 상태에 대해서는 필획이나 결구는 물론, 먹의 농도, 인주의 색깔까지 선명하게 기억하고 있다. 게다가 서건신의 논문에 수록된 도판을 통하여 확인한 결과, 제1발인 이홍예의 필적이 이홍예의 글씨가 아님이 분명하고, 앞서 언급했듯이 발문에 찍힌 도장들의 인주 색깔이 조악하기 이를 데 없는 데다가 섭창치의 발문 글씨 또한 섭창치의 친필로 보기 어려울 만큼 통속적인 글씨라면 이들 발문은 다 가짜일 가능성이 많다고 확신한다. 물론, 실물을 보지 못한 상태에서 속단하는 것이 무리일 수 있다. 그러나 필자는 그동안 고서화의 진위 감정에 참여하는 기회도 적지 않았고 근래에 중국에서 쏟아져 나오고 있는 가짜 골동품을 많이 봐왔다. "골동품 가게"에서 확보한 자료라는 서건신의 답을 들은 바에야 이 자료를 신뢰하기는 더욱 어려울 것 같다. 차후에, 실물을 볼 수 있는 기회를 얻게 되어 가짜가 아니라는 점이 확인된다면 그때는 즉시 나의 주장을 철회할 것이다.

　그렇다면 서건신이 매우 구체적으로 설명한 발문의 내용이 전후가 서로 부합하는 이유는 어떻게 설명해야 할까? 그것은 세상에 이미 널리 알려진 섭창치의 일기와 오대징의 일기 등을 토대로 발문의 내용을 사실과 부합하도록 재구성했기 때문이다. 누군가가 사실과 부합하도록 재구성하여 써 넣은 발문이니 발문의 전후 내용이 서로 부합하는 것은 당연한 것이다. 그렇다면 새로 발견되었다는 이 탁본의 실체는 무엇일까? 나는 사코본에 대한 모조 복사본이라고 생각한다. 누군가가 사코본을 토대로 쌍구하면서 의도적으로 조금씩 변형하여 사코본과는 약간 다른 형태의 쌍구가묵본을 만든 것이다. 그리고 그렇게 조작한 가짜의 신빙성을 확보하기 위해 반조음을 거론한 이홍예의 발문을 작성하여 붙이고 섭창치의 발문 또한 그의 일기를 토대로 그럴듯하게 조작하여 첨부한 것이다. 그렇지 않고서야 사코본과 그처럼 꼭 닮게 쌍구하여 그린 제2의 쌍구가묵본이 세상에 출현할 수가 없다. 그런데 더욱 괴이한 점은 서건신이 그의 논문 맨 마지막에 붙인 다음과 같은 글 한 구절이다.

　　경매가 끝난 후, 연구 가치가 높은 이 묵본은 이미 어디로 사라졌는지 알 수 없다. 소장가는 빠른 시일 안에 이 묵본의 영인본을 출간하여 연구자에게 참고 자료로 제공해야 할 것이다.[23]

　참 허망한 내용이다. 만약 서건신이 보았다는 그 자료가 진품이었다면 이것은 중국을 뒤흔들 정도로 중요한 발견이었을 뿐 아니라, 한국과 일본을 뒤흔들어놓을 만한 빅뉴스이다. 그런 자료라면 경매가 끝난 후 그처럼 소리 없이 사라질 수도 없고 사라져서도 안 된다. 중국 정부가 나서서 국가 문물로 보호했어야 한다. 그리고 이 자료가 진짜였다면 학술 논문이 서건신의 논문

한 편으로 그칠 리가 없다. 그런데 서건신 이후, 누구도 이 자료를 이용하여 논문을 쓰지 않았다. '신발견 자료' 운운하던 이야기도 학계에서 사라졌다. 그렇지만 2005년 11월에 한국에서 열린 학술회의에서 행해졌던 서건신의 신자료 소개와 논문 발표는 한국의 학계에 적지 않은 영향을 끼쳤다. 한국의 연구 분위기를 이진희가 주장해온 변조설을 부정하는 방향으로 더 기울게 한 것이다. 많은 연구자들이 이 신자료를 증거 삼아 "최근 중국에서 사코본 이전의 탁본이 새로 발견되었는데 그 탁본의 신묘년 기사도 사코본과 똑같으니 이로써 사코본이 변조된 게 아니라는 점이 증명된 셈이다"라는 투로 말하며 일제에 의한 광개토태왕비문 변조설은 이미 물 건너간 이야기로 간주하고 있다.

　새로 발견된 자료를 진위 여부에 대한 세심한 검증 없이 곧바로 학술 논문의 자료로 활용하는 것은 위험천만한 처사이다. 탁본이나 필사본에 대해 진위 여부를 판정하는 것은 서예학 연구자의 몫이다. 광개토태왕비문의 연구에서 필자가 지속적으로 시도하고 있는 서예학적 연구의 중요성과 필요성이 바로 여기에 있다. 그런데 왜 우리 학계는 서예학 연구자의 검증을 거치지 않은 자료를 활용하여 논문을 쓴 서건신의 주장을 긍정적으로 수용하여 광개토태왕비의 변조설을 더욱 부정하는 자료로 삼는지 모르겠다. 광개토태왕비문의 변조를 부정하는 것이 오늘날 광개토태왕비 연구의 대세라는 점을 강조하고 싶어서일까? 그러나 필자는 주장한다. 광개토태왕비의 변조는 사실이고, 이진희가 처음 제기한 '변조설'은 아직도 유효하다는 것을!

광개토태왕비 부활을 위해

다 털어놓았다. 광개토태왕비에 관심을 갖기 시작한 지 20년. 갈수록 쌓였던 많은 의문과 의혹들…. 이를 풀어보고자 비문 변조를 탐색한 지 10년. 그 결과를 다 뽑아내니 가슴 후련하다. 그러나 한편 허탈하다. 애당초 변조가 없었더라면 이런 고생을 하지 않아도 되었을 것을.

이 책을 본격적으로 쓰기 시작한 2003년 하반기는 중국의 '동북공정'으로 소란스러웠다. 이 책을 탈고하고 난 지금은 독도 문제와 일본 교과서의 역사 왜곡 문제로 떠들썩하다. 중국과 일본을 상대로 번갈아가며 치르는 역사 전쟁이 계속된다. 어쩌다가 우리가 이런 협공을 받는 신세가 되었을까?

우리의 민족적 자존심은 세계 최상위이다. 중국이 동북공정을 획책한 사실이 알려졌을 때도, 일본이 독도를 넘볼 때도 우리는 한 목소리로 그들을 규탄했다. 많은 나라들이 우리 민족의 이러한 단결심을 부러움 반, 두려움 반으로 바라보고 있다. 우리 역사, 우리 국토를 넘보는 나라에 대해 온 국민이 일치단결하는 것은 당연한 일이다. 그런데 그러한 격렬한 민족 감정과 강한 단결심만으로 우리 문화와 역사를 지켜낼 수 있을까? '고구려는 우리 역사', '독도는 우리 땅'이라는 구호만 외친다고 될 일일까? 그러면 중국과 일본이 스스로 개과천선하여 순순히 자기주장을 철회하고 우리에게 무릎 꿇고 사과할까? 아니다. 그런 일은 꿈에서나 가능할 것이다.

『한비자(韓非子)』「안위(安危)」편에는 다음과 같은 구절이 있다.

> 한 국가의 안위는 옳고 그름을 분명히 하는 데 달려 있지 힘이 강하고 약함에 달려 있는 게 아니다(安危在是非 不在於强弱).

비록 굶는 한이 있더라도 시시비비를 바르게 가려 명분을 분명히 세운 나라는 위기에 빠지지 않지만 부강함을 꾀한다는 이유로 우선 눈앞의 이익을 취하기에 급급하여 시비를 분명히 하지 않는 나라는 결국 위기에 빠지게 된다는 뜻이다. 경제 개발과 경제 성장이 급하다는 이유로 시비를 따지기를 소홀히 해온 우리가 깊이 새겨야 할 말이다. 시비 판단은 아는 것에서 시작된다. 무릇 역사는 아는 자의 것이다.

동북공정에 대한 언론의 보도가 한창일 때 나는 우리 학생들이 고구려에 대해 얼마나 알고 있는지 알고 싶어 몇 가지 질문을 던졌다. "광개토태왕비에 대해 알고 있는 바를 무엇이든지 말해보라." 하지만 너무 많은 것을 기대했던 걸까. 학생들의 답은 대개 "만주 벌판 어딘가에 광개토태왕비가 있다는데 크기가 매우 크다더라"라는 정도에서 벗어나지 않았다. 안타까운 마음에 광개토태왕비의 신묘년 기사를 칠판에 써놓고서 한·중·일 3국 간의 논쟁에 대해 비교적 자세하게 설명해주었다. 그렇게 한 후에 학생들에게 그 내용을 다시 설명해보라고 하자 여전히 "그런 게 있다더라"라는 식으로 넘어갈 뿐이었다. "우리 선조들의 것이면 그만이지, 굳이 다른 나라랑 티격 거리는 것이 뭐가 중요하냐"라는 식의 반응도 있었다.

역사에 대한 시비를 따지는 일을 그저 옛날 옛적 낡은 유산에 대한 자존심 대결쯤으로 치부해서는 안 된다. 지금 벌어지고 있는 중국의 동북공정과 일본의 독도 침탈 시도가 바로 그렇게 안이하게 대처해서는 안 되는 이유를 웅변으로 말해주고 있다. 이 문제들은 미래 한국의 존망을 가름하는 시금석일 수도 있기 때문이다.

먼저 중국의 동북공정을 보자. 동북공정이란 '동북변강역사여현상계열연구공정(東北邊疆歷史與現狀系列硏究工程)'의 줄임말로, '동북 변방 국경 지역의 역사와 그에 따라 파생되는 여러 가지 현상에 대한 체계적인 연구 프로젝트'라는 뜻이다. 이 동북공정은 중국 중앙정부의 승인을 받아 중국 사회과학원과 요녕성, 길림성, 흑룡강성 등 세 곳의 성 정부가 연합해서 추진하는 국책 사업으로, 2002년 2월 28일부터 본격적으로 시작되었다. 구체적인 연구 과제는 동북 지역의 지방사 및 민족사 연구, 고조선·고구려·발해사 연구, 중국과 조선의 관계사 연구, 한반도 정세 변화 및 그에 따른 중국 동북 변방 지역 안정에 대한 영향 연구 등으로, 동북공정의 한가운데에 한국이 놓여 있다. 중국 정부는 중국 동북부의 변방 지역을 극히 중요한 전략 지구로 보고 이 지역에 대한 종합적인 연구와 함께 장기적인 대책 수립에 나선 것이다. 중국 정부가 이 동북공정을 적극적으로 지속하는 한 우리와 충돌하게 되는 것은 필연적이다. 그런데 그 첫 번째 충돌이 고구려사를 두고 이미 일어난 것이다.

고구려를 잃는 것은 우리 미래를 잃는 것이나 다름없다. 남북 분단 상태에서 우리는 '통일'이라고 하면 당연히 남과 북이 하나가 되는 '남북통일'을 생각한다. 그러나 통일에 남북통일만 있으라는 법은 없다. 통일이 갈라져 있는 한민족 간의 합침을 의미한다면 또 하나의 통일을 가정해볼 수 있다. 그것은 바로 지금의 중국 땅에 있는 연변 조선족 자치구와 북한과의 통일이다. 중국이 지금 의도하고 있는 속셈이 바로 그것인지도 모른다. 만약 북한

304

이 붕괴할 경우 우리 남한은 당연히 우리가 북한을 끌어안음으로써 남북통일이 쉽게 이루어질 것으로 생각한다. 하지만 중국의 판단과 의도에 따라 사태는 전혀 엉뚱한 방향으로 진행될 수도 있다. 중국이 나서서 연변 조선족 자치구와 북한과의 통일을 도모할 가능성도 없지 않기 때문이다. 상상하기조차 싫은 각본이지만 그렇다고 해서 그 가능성을 완전히 배제할 수도 없는 것이 현실이다.

만약 그런 사태가 벌어진다면 고구려의 역사를 어떻게 보느냐가 남북통일에 결정적인 역할을 할 수 있다. 물론 누가 뭐래도 고구려의 역사는 우리 민족의 역사이니까 남북통일을 이루는 것이 역사적으로 정당하고 당연한 일이 될 것이다. 하지만 만약 고구려의 역사를 현재 중국이 주장하는 대로 중국에 속한 지방 정권으로 본다면 북한과 중국의 조선족 자치구와의 통일이 한층 설득력을 지닐 수밖에 없다. 그렇게 되면 북한 땅 전체를 중국에 편입시켜야 한다는 주장이 대두할 수 있다. 생각만 해도 소름 끼치는 일이 아닐 수 없다.

'설마'라고 생각할 일이 아니다. 겉으로 드러내지 않았을 뿐 중국은 내심 한국을 고구려 시대부터 조선 시대까지 줄곧 자기들에게 조공을 바친 속국으로 간주하고, 조선말 고종황제 시대에 '대한제국'을 선포한 후에야 비로소 중국으로부터 독립한 것으로 여기고 있다.

『중문대사전』(대만 중화학술원)은 한국을 다음과 같이 설명했다.

> 청나라 광서 23년(1897)에 조선이 우리 중국으로부터 독립하여 국호를 '한국(韓國)'이라고 고쳤다. 선통 2년(1910)에 일본에 병탄되었다가 2차 세계대전 후 독립하였다.

그리고 『한어대사전』(중국 한어대사전출판사)은 '韓(한)'을 다음과 같이 풀이하고 있다.

> 1897~1910년까지의 조선의 나라 이름. 1897년 이씨 조선의 국왕 고종 이희
> (李熙, 재위 1863~1910)가 나라 이름을 '대한(大韓)'으로 개칭하고 '광무(光
> 武)'라는 연호를 사용하기 시작하였다. 1910년 일본에 병탄되었다. 제2차 세
> 계대전 후에는 조선 남반부를 칭하여 '대한민국'이라고 하였다.

　대만에서 발간된『중문대사전』도 중국의 민족학자들이 편찬한 것이기 때
문에 진작부터 한국을 그들의 속국으로 보는 입장을 반영한 해석을 하고 있
고, 중국에서 발행된『한어대사전』도 '대한'의 탄생을 고종 시대로 보고 현
대한민국의 범위를 '한반도 남반부'로 국한하고 있다. 이런 해석은 모두 중
국에 대한 조선의 속국적 조공을 증명하기만 하면 대한민국의 독립 연대를
1897년으로 획정할 수도 있는 해석이다.

　한국의 역사를 보는 중국의 시각이 이렇기 때문에 그들이 억지를 써서 고
구려의 역사를 그들의 역사에 편입하는 것을 국제적으로 인정받는다면 그
들은 그들에 의한 북한의 흡수 통일을 얼마든지 주장하고 나설 수 있는 것
이다.

　중국이 2004년 7월 1일 유네스코 세계유산위원회 제28차 회의에서 고구
려의 문화유산을 그들의 주도 아래 세계 문화유산으로 등재한 것은 보기에
따라서는 장차 있을 수 있는 북한과 연변의 통일을 위한 전초전이라고 할 수
있다. 실로 무서운 일이 아닐 수 없다. 이러한 엄청난 가능성을 내포한 채 은
밀하고도 치밀하게 진행되고 있는 것이 바로 동북공정인 것이다.

　중국이란 나라가 어떤 나라인가? 그들의 진중함은 가히 소름이 돋을 정도
이다. 2003년까지 중국의 대외 정책 방향은 '도광양회(韜光養晦)'였다. '빛을
감춘 채 어둠 속에서 힘을 기르자'는 뜻이다. 어느 정도 자신할 만한 힘을 기

를 때까지는 힘을 내보이지 말자는 다짐이다. 그렇게 힘을 기른 중국은 2004년부터는 '화평굴기(和平崛起)'로 모토를 바꾸었다. '평화로운 가운데 조용히 세계 속에 우뚝 서자'는 뜻이다. 더 무서운 말이다.

상황이 이런데 어찌 우리가 중국의 동북공정 앞에서 긴장하지 않을 수 있겠는가? 동북공정은 결코 과거 역사에 관한 문제에 국한하지 않는다. 그것은 분명 우리 민족의 현재와 미래를 결정지을 중대한 사안인 것이다.

일본이 자행하고 있는 모든 역사 왜곡도 사실상 고구려, 구체적으로는 광개토태왕비에 기초하고 있다고 할 수 있다. 앞서 살핀 것처럼 변조되고 왜곡된 광개토태왕비문을 근거로 그들은 그들의 역사를 다시 쓰다시피 하여 그것을 토대로 우리 역사를 왜곡하고 있는 것이다. 2005년에 검정을 통과한 후소샤 역사 교과서의 개악 내용을 보면 그 점을 새삼 확인할 수 있다.

후소샤 교과서는 임나일본부 이후의 상황에 대해 "5세기에서 6세기에 걸쳐 일본의 야마토 정권이 조선 반도의 정치에 적극적으로 관여한 결과, 조선 반도를 통하여 중국의 앞선 문화가 일본에 받아들여졌다"라고 기술하고 있다. 이는 조선 반도를 일본의 속국으로 간주하여 조선 반도에 있던 일본의 분국(分國), 즉 임나일본부를 거쳐 중국의 문화가 일본 본토로 들어오게 되었다는 주장에 다름 아니다. 그들은 그들이 변조한 광개토태왕비를 근거로 삼아 그처럼 자신 있게 임나일본부설과 조선 반도에 대한 야마토 정권의 적극적 관여를 주장하고 있는 것이다. 일본이 고대 역사를 이렇게 보고 있기 때문에 후대에 우리나라를 침략한 역사에 대해서도 그들은 절대 '침략'이라는 말을 사용하려 하지 않는다. 본래 자신들이 통치하던 땅에 나가는 것이라고 생각하는 것이다. 그 대표적인 예가 임진왜란을 '출병'으로 표현하는 것이다. 또 조선 땅에서 벌인 청일전쟁과 러일전쟁을 정당화하고 1910년의 강점을 미화하는 것도 그런 이유에서다. 따라서 광개토태왕비의 변조를 증명하고 원문을 찾아내는 것은 우리 역사를 바로 세우는 데 매우 중요한 의미를 갖는다.

여기서 한 가지 더 주목할 것이 있다. 일본이 중국을 침략한 역사도 미화했기 때문에 역사 왜곡에 관한 한 현재 중국과 한국이 공분(公憤)하고 있는 것처럼 보인다. 그러나 일본 교과서의 역사 왜곡 실상을 좀 더 자세히 들여다보면 일본의 역사 교과서와 공민 교과서는 중국과 우리를 이간질하려는 의도가 진하게 배어 있음을 발견할 수 있다. 일본은 우리 역사에 관하여 중국의 입맛에 맞는 말을 하고 있는 부분이 적지 않기 때문이다. 예를 들어보자.

우리 역사의 뿌리가 마치 중국이 설치한 한사군에 있는 것처럼 하면서 "대방군은 중국 왕조가 조선 반도에 설치한 군(郡)으로서, 그 중심지는 현재의 서울 근처"(후소샤 역사 교과서 2005년 검정판 27쪽)라고 한 것이 그 예며, "조선과 베트남은 완전히 그 내부에 들어가 중국 역대 왕조의 강력한 정치적 영향하에 있었다"(후소샤 역사 교과서 2001년 검정판 198쪽)라고 한 것이 또 한 예다. 덧붙여 중국에 대한 조선의 조공을 거듭 언급하여 조선을 중국에 대한 조공국으로 기정사실화한 사례도 들지 않을 수 없다.

중국은 일본 교과서의 이런 표현들을 굳이 마다할 이유가 없다. 중국의 동북공정이 힘을 받을 수 있는 근거들이 될 수 있기 때문이다. 일본은 자신들의 이익을 챙기면서 한편으로는 우리와 중국을 이처럼 교묘하게 이간질하고 있는 것이다.

만약 장차 중국이 동북공정을 지속적으로 진행해가는 과정에서 우리 역사를 그들의 역사에 편입시키고자 한다면 일본은 또 중국 편에 서서 우리 역사를 갉아먹을 생각을 할 것이다. 심각한 일이 아닐 수 없다. 만약 앞으로 중국과 역사 분쟁이 일어난다면 역사의 기록은 결코 우리에게 유리하지 않다. 이런 상황에서 교과서 문제에 대한 반일 감정만으로 중국과 연대해야 한다는 일각의 주장은 매우 우려스럽다. 적의 적은 동지라는 생각이 얼마나 순진

한가.

 고구려를 되살리는 것은 비단 중국과 일본의 침탈에 맞서기 위함만은 아니다. 그보다 더 중요한 점은 고구려의 정신을 통해 21세기의 우리의 미래를 세우는 것이다. 우리는 어느 민족 못지않게 가슴이 뜨거운 민족이었다. 가슴만 뜨거웠던 게 아니라 뱃심도 두둑했고 냉철한 머리를 가진 민족이었다. 자신감 넘치는 당당한 민족이었다. 그런데 일제 강점기와 한국전쟁, 그리고 민주화를 향한 노력의 과정에서 많은 좌절과 시련을 겪으면서 우리는 적지 않은 자학과 패배의식에 사로잡히게 되었다. 그리고 지금은 그러한 의식의 잔재를 청산하지 않은 채 약간의 물질적 풍요 속에서 시비를 따지지 않고 대강대강 넘어가려는 식의 사고방식이 일상화되고 있다.

 고구려는 달랐다. 광개토태왕비가 증명하는 바와 같이 고구려는 강력한 제국이었고, 광개토태왕은 위대한 황제였다. 고구려는 한민족의 부흥을 이루고자 했던 뜨거운 가슴과 먼 미래를 내다보며 철저하게 계획하는 냉철한 머리로 600여 년 동안이나 대륙을 호령했던 나라다. 말을 타고 활을 쏘며 대륙을 개척했던 기상과 하늘을 치솟던 포부가 지금 우리 가슴에 되살아나게 해야 한다.

 자신감이 있는 사람은 도덕적일 수밖에 없다. 내가 이미 자신감으로 충만해 있는데 다시 남을 괴롭혀야 할 이유가 없다. 고구려는 자신감이 있는 나라였다. 그런 자신감으로 세계를 포용하려 한 나라였다. 고구려가 "넓은 하늘 아래 왕의 땅이 아닌 곳이 없고, 땅의 가장자리인 물가 안의 모든 땅에 살고 있는 것으로서 왕의 신하가 아닌 것이 없네(普天之下 莫匪王土 率土之濱 莫匪王臣)"라는 천하관을 가지고 미개한 일본까지도 신민으로 받아주는 넓은 아량을 가진 것은 바로 자신감 때문이다. 남의 나라를 침략하여 빼앗겠다는 자신감이 아니다. 불의를 행하는 나라라면 어떤 나라라도 당장 달려가 응징

할 수 있다는 자신감, 개과천선하는 나라라면 언제라도 용서할 수 있다는 자신감인 것이다.

고구려의 청동거울에 우리 자신을 차갑게 비추어볼 때다.

증보판 에필로그

모든 역사는 현재의 역사이다

사마천(司馬遷)은 그의 저서 『사기(史記)』의 마지막 권인 권130에 「태사공자서(太史公自序)」를 기술해 넣었다. 「태사공자서」의 전반부에서는 태사령(太史令) 사마담(司馬談)의 아들인 사마천 자신의 집안 내력과 「사기」를 저술하게 된 동기 등을 밝히고, 후반부에서는 「사기」 130편에 대하여 매 편 그 편을 쓰게 된 이유를 기술하였다. 특히, 「열전」 부분은 해당 인물에 대한 기록을 남기게 된 이유를 간단하면서도 명료하게 기술하고 있는데 예를 들자면 다음과 같다.

> 강한 진나라를 상대로 자신의 의지를 펼치면서도 염파(廉頗)에게는 자신을 낮추었다. 나라를 위해 개인의 은원을 따지지 않았으니 두 사람 모두 제후들로부터 칭찬을 받았다. 이에, 제21로 「염파·인상여열전(廉頗·藺相如列傳)」을 지었다.
> 글로 정치를 풍자하고 비판하였으며, 비유를 들어 의로움을 나타냈으니 「이소(離騷)」가 바로 그것이다. 이에, 제24로 「굴원·가생열전(屈原·賈生列傳)」을 지었다.

사마천은 이런 설명을 통해 역사는 과거에 대한 기록임과 동시에 현재를 비추는 거울로서 현재에도 생생하게 살아 있음을 설파하였다. 이런 점에서 사마천의 역사관은 "모든 역사는 현재의 역사이다(All history is 'contemporary history')"라고 한 역사철학자 베네데토 크로체(Benedetto Croce, 1866~1952)의 역사관과 크게 다르지 않다고 할 수 있다.

레오폴트 폰 랑케(Leopold von Ranke, 1795~1886)를 대표로 하는 실증사학자들은 역사를 사회과학으로 인식하여 역사를 연구함에 있어서 역사가의 견해를 철저히 배제하고 역사적 사실만을 규명할 것을 주장했다. 이러한 실증사학은 증거(evidence)에 기초한 사실(fact)의 기술에 전력을 다했다는 점에서 근대 역사 연구에 기여한 바가 크다. 그런가 하면, 크로체나 E. H. 카(Edward Hallet Carr, 1892~1982) 등은 역사를 인문학적 관점에서 바라보며 해석의 문제로 파악하려고 했다. 크로체가 "모든 역사는 현재의 역사이다"라고 말한 것도 역사적인 사실은 변하지 않지만 그 역사를 해석하는 시점의 사회 분위기나 학문적 연구 동향 등에 따라 다른 조명과 해석이 있을 수 있다는 점을 드러낸 것이다. E. H. 카 또한 "역사란 역사가와 사실 간의 계속적인 상호작용이며 현재와 과거의 끊임없는 대화"라고 말함으로써 역사적 사실 자체보다는 그것을 탐구하는 역사가의 관점을 더 중요시하였다.

일제는 1880년대 이전에 이미 랑케의 실증사학을 표방하여 역사는 증거에 기초하여 사실을 기록해야 함을 주장하였다. 이때에 그들이 사실(fact)로 치켜세운 책이 바로 『일본서기』이다. 그리고 우리의 『삼국사기』에는 없는데 『일본서기』에는 있는 기록을 사실로 여기고, 그것을 증거로 삼아 역사를 연구해야 한다고 하면서 부각시킨 학설이 바로 '임나일본부설'이다. 그러나 『일본서기』라는 책 자체에 신빙하기 어려운 여러 문제가 있다는 견해가 한국의 학자는 물론 일본의 학자들에 의해서도 끊임없이 제기되었다. 만약 『일본서기』라는 텍스트 자체가 믿음을 사지 못하는 부실한 책이라면 아무리 실증주의를 주장하고 적용해도 다 사상누각처럼 공허한 주장이 되고 만다. 이것을 일제는 누구보다도 그들 스스로가 너무나 잘 감지하였다. 그렇게 되면 그들이 『일본서기』에 근거하여 주장하고자 하는 임나일본부설 또한 부질없는 이야기가 되고 만다는 점도 잘 간파했다. 이에, 일제는 임나일본부설을 증명할 만한 절실한 증거가 필요했다. 그래서 그 증거를 찾기 위해 조선의 역사가 서린 강역(疆域)에 스파이를 파견하여 샅샅이 뒤지게 하였다. 그런데 바로 그 스파이의 손에 우리의 광개토태왕비가 걸려들어 그들의 임나일본부설을 증명해주는 도구가 되어버리고 만 것이다. 이것이 일제가 강조한 실증주의 역사 연구의 실체이며 그들이 그토록 실증주의를 주장한 이유이다. 그럼에도 우리는 여전히 일제의 실증주의에 휘말려 『일본서기』를 근거로 광개토태왕 당시의 정황을 이해한 연후에 그 정황을 바탕으로 광개토태왕의 비문을 해석하는 방식의 연구를 계속하고 있다. 적잖이 답답한 현실이다.

일제는 진작부터 실증주의를 악용해왔다. 우리의 많은 역사유물을 파괴하여 없애거나 약탈하여 그들의 문화재로 만들어놓고서 실물에 근거하여 실증적인 연구를 하자는 주장을 하고 있으며, 역사를 왜곡한 교과서를 만들어 왜곡한 내용을 사실로 주입시키는 교육을 해놓고서 또한 그들이 조작한 기록이나 유물을 증거로 삼아 실증적인 연구를 하자는 주장을 하고 있다. 그들이 실증주의를, 아니 역사 자체를 그처럼 악용하고 있음에도 우리는 여전히 그들이 주입시켜놓은 실증주의 사관에서 벗어나지 못하고 부실한 『일본서기』라도 좋으니 거기에 기록된 내용이 있다면 그것을 실증으로 삼아 역사를 연구해야 한다며, 진정한 실증자료인 광개토태왕비를 오히려 우리 손으로 왜곡하여 "광개토태왕의 무훈(武勳)을 연출하기 위한 훈적비"라는 식으로 소설 같은 연구를 하고 있다. 여전히 식민 사학 심지어는 친일 사학에서 벗어나지 못하고 있다는 생각을 떨칠 수 없다.

역사 교육은 민족정기의 배양과 떼려야 뗄 수 없는 관계에 있다. 조상들이 개척한 찬란한 문화가 담긴 역사, 시련과 고난을 이겨내고 영광을 맞은 역사를 보고 배우면서 가슴 벅찬 감격을 느끼는 민족이라야 살아 있는 민족이다. 그런 민족이라야 에너지가 넘치고, 넘치는 에너지로 인류의 평화와 번영에 기여하면서 다시 찬란한 역사를 가꿔 나갈 수 있다. 내가 하는 이런 말들이 혹자에게는 쇼비니즘에 빠진 국수주의자의 말로 들릴지 모르겠다. 그러나 나는 결코 국수주의자가 아니다. 국수주의와 "있는 역사를 제대로 찾자"라는 주장은 분명히 다르다. 이제 우리는 우리의 역사를 찾아야 한다. 일제에 의해 보급된 식민사관의 검은 그림자를 벗어내고 보다 더 넓은 시야로 우리의 역사를 바라봐야 한다. 아직도 발굴이 진행 중인 홍산(紅山)문화의 연구에도 보다 더 적극적으로 개입하여 우리 고조선의 역사를 밝히려는 의지를 가져야 한다. 중국은 뭔가 다른 의도를 가지고 발굴의 결과를 제때에 공개하지 않고 사실상 비밀리에 발굴을 진행하고 있는데 우리는 왜 홍산 지역이 과거에 고조선의 활동 무대였을 것이라는 추론조차 꺼리는지 모르겠다. 중국 금(金)나라의 역사에 대해서도 보다 더 진지하게 연구할 필요가 있다. 중국인들 스스로 기록한 금나라의 역사인『금사(金史)』에 "금나라의 시조 아고내(阿古乃)가 고려(신라)로부터 왔다"라는 기록이 분명히 있는데 왜 금나라의 역사를 우리와 무관한 역사로 간주하려 드는지 모르겠다. 금나라가 신라인이 세운 나라라면 금나라의 뒤를 이은 후금(後金), 즉 청나라 또한 우리 민족과 무관하지는 않은데 우리는 왜 청나라의 건륭황제가 자신의 조상을 밝히기 위해 수많은 학자를 독려하여 연구한 결과를 기록한 책인『흠정(欽定) 만주원류고(滿洲源流考)』를 재야 사학자들이나 연구하는 책으로 취급하여 강단사학에서는 수용하려 하지 않는지 알 수가 없다. 그러면서도 일본의『일본서기』나『고사기』는 왜 또 그처럼 진지하게 연구하려 드는지 모를 일이다. 이제부터라도 우리는 우리의 역사를 제대로 찾으려는 노력을 해야 한다. 광개토태왕비도 그런 노력과 의지로 연구해야 함은 당연하다.

조선 중기의 문장가이자 호연지기가 넘치던 대장부로 유명한 백호(白湖) 임제(林悌) 선생은 임종 때 자손들에게 다음과 같은 말을 남겼다.

중국의 주변에 있는 네 오랑캐와 여덟 미개 민족도 다 황제를 칭했는데 유독 조선만 스스로 중국 속으로 들어가 중국을 주인으로 섬기고 있으니 내가 살아본들 무엇을 할 수 있겠으며 내가 죽은들 또 무슨 일이 있겠느냐? 울지마라![1]

중국이 오랑캐라고 부르며 야만시했던 주변의 이민족인 선비족, 거란족, 여진족 등은 다 황제를 칭한 적이 있다. 선비족이 세운 북위(北魏) 제국이 그렇고, 당항족(黨項族)이 세운 서하(西夏) 제국, 거란족의 요(遼)나라, 몽골족의 원(元)나라, 여진족이 주축이 된 금(金)나라와 청(淸)나라가 다 황제를 자칭했다. 이처럼 중국 주변의 이민족들도 다 한 번쯤은 스스로 일어나서 황제를 자칭하는 제국을 세웠는데 그런 일을 한 번도 해본 적이 없이 중국을 주인으로 섬기기만 해온 우리 역사의 사대성(事大性)을 임백호 선생은 통렬하게 한탄한 것이다. 지금 우리는 과연 임제 선생의 이런 한탄으로부터 자유로운지를 생각해봐야 할 것이다.

진작부터 21세기는 역사 전쟁의 시대라는 말이 있었다. 예견했듯이 역사 전쟁은 이미 시작되었다. 일본, 중국, 러시아, 미국 등 우리 주변의 나라 중에 실증주의에 입각하여 역사를 정직하게 연구하는 나라는 사실상 한 나라도 없어 보인다. 자국에게 유리하도록 증거를 조작하거나 억지를 부려 역사를 힘의 논리로 연구하고 가르치는 일이 이미 적나라하게 벌어지고 있다. 중국은 고구려의 광개토태왕비를 진(晉)나라의 호태왕비로 공공연하게 둔갑시켜 출간하였고 서울의 인사동 서예용품점에서는 그 책을 아무런 거부감도 없이 잘 팔고 있다. 지금도 도처에서 우리의 역사를 잘 챙기지 못하여 남의 역사로 넘겨주는 일이 적지 않게 일어나고 있는 것이다.

지나간 역사를 다시 쓸 수는 없지만, 바로잡을 수는 있다. 이제라도 우리의 역사를 우리의 눈으로 바로 보고 제대로 찾을 수 있도록 해야 한다. 이미 역사 전쟁이 시작된 이 시점에서 정작 실증이지도 못한 실증만을 고집할 일이 아니다. 크로체가 "모든 역사는 현재의 역사이다"라고 했듯이 이제는 우리의 역사를 우리의 입장과 관점으로 이해하고 해석할 필요가 있다. 일본이나 중국이

광개토태왕비를 중국 동진시대의 비석으로 둔갑시켜 출간한 책. 이 책이 한국의 서점에서도 버젓이 팔리고 있다.

역사를 왜곡하니까 우리도 왜곡하자는 이야기가 아니다. 다만, 일제가 남긴 식민 사학적 관점이나 오랫동안 중화주의의 물들어 있던 사대주의적 관점으로 우리의 역사를 보지 말고 우리 자신의 역사관으로 우리의 역사를 바라보자는 뜻이다. 이제는 더 이상 우리의 역사를 외세에 빌붙은 역사로 오도해서도 안 되고, 앞으로도 우리의 역사를 정략적 빌붙음을 통하여 안정을 유지하려는 비굴한 역사로 이어갈 생각도 말아야 한다. 그리하여 우리는 역사 앞에 언제라도 당당한 민족으로서 자랑스럽게 살아가야 한다.

주

증보판 서문

1 서영수, 「'신묘년 기사'의 변상과 원상」, 『고구려발해연구』 2, 고구려발해학회, 1996, 429쪽.

2 당시에 일제가 간행한 도서들은 다음과 같은 것들이 있다. 佐田白茅, 『朝鮮聞見錄』, 1875. 嵯峨野增太郞, 『繪本朝鮮軍記』, 1885년). 東條保, 『朝鮮誌略』, 1875. 総生寛(編), 『朝鮮新論』, 1876. 秋野要一郞(編), 『通俗新編朝鮮事情』, 1880. 根村熊五郞, 『朝鮮近情』, 1882. 鈴木信仁, 『朝鮮記聞』, 1885. 小松運, 『朝鮮八道誌』, 1887. 小田切万寿之助, 『朝鮮』, 1890. 冊瀬軍之佐, 『朝鮮時事: 見聞随記』, 1894. 難波正一(編), 『朝鮮従軍渡航案内』, 1894. 波多野承五郞 · 杉山虎雄, 『北支那朝鮮探検案内』, 1894. 松本謙堂, 『朝鮮地誌要略』, 1894. 足立栗園, 『朝鮮志』, 1894. 岡崎唯雄, 『朝鮮内地調査報告』, 1895 등.

3 정인보 지음, 정양완 옮김, 「正誣論」(정무론: 터무니없는 거짓을 바로 잡는 글), 『담원문록』 下, 태학사, 2006, 67쪽. 일부 옛날 문투에는 독자들의 이해를 돕기 위해 필자가 괄호를 사용하여 설명을 덧붙여 넣었다.

1장

1 김부식의 『삼국사기』 권13, 「고구려본기」 '동명성왕 2년'조에는 '다물(多勿)'이 고구려 말로 '옛 땅을 되찾는다'는 뜻이라고 했다. 二年, 夏六月, 松讓以國來降, 以其地爲多勿都, 封松讓爲主. 麗語謂復舊土爲'多勿', 故以名焉.

2 혹자는 본래부터 비를 새기기 위해 장수왕 당시 그렇게 큰 돌을 마련한 것이 아니라, 원래 우리 민족에게 있었던 '선돌 문화'의 영향으로 장수왕 시대 이전에 언제부터인가 이미 그 자리에 그처럼 거대한 돌이 서 있었고 장수왕은 그 돌에 비문을 새겼다고 주장한다. 일리가 없는 주장은 아니다. 우리 민족에게는 분명히 선돌 문화가 있었으니 말이다. 따라서 거석(巨石)이라는 측면에서 보면 광개토태왕비에는 본래 선돌 문화에 내재된 종교로서의 거석 숭배, 거석

의 힘을 빌려서 수호받고자 하고 또 풍요를 얻고자 하는 기원, 묘로서의 기능 등 선돌 문화적 요인들이 전혀 없다고는 할 수 없을 것이다. 그렇다고 해서 장수왕이 본래 선돌로 서 있던 돌을 이용하여 부왕의 비를 만들었다고 보는 것은 다소 무리라고 생각한다. 왜냐하면 광개토태왕비문의 내용으로 볼 때 광개토태왕 이전에는 고구려에 비를 세우는 풍습이나 제도 자체가 없었던 것을 알 수 있는데, 장수왕이 '비를 세운다'는 새로운 제도를 시행한 선왕인 광개토태왕의 유훈에 따라 비를 세우면서 돌을 새로 구하지 않고 원래 있던 선돌을 이용했을 가능성은 희박해 보이기 때문이다.

광개토태왕비문에는 다음과 같은 기록이 있다. "위로 선조, 선왕 때까지는 조상의 묘에 비석을 제대로 갖추지 못하여 묘를 지키는 일에 대한 상세한 기록이 없다. 그래서 묘를 지키는 연호(煙戶, 가구)들이 잘못을 저지르는 경우가 종종 있었다. 이에 국강상광개토경평안호태왕께서는 선왕들을 위해 선왕의 묘에 모두 비를 세우고 묘를 지키는 연호들이 실수하는 일이 없게 했다(自上祖先王以來, 墓上不安石碑, 致使守墓人煙戶差錯, 唯國岡上廣開土境平安好太王, 盡爲祖先王墓上立碑, 銘其煙戶不令差錯)." 이렇게 조상들을 위해 선대 왕들의 묘에 새로 비를 다 세운 광개토태왕인데, 그러한 광개토태왕의 묘비를 세우게 된 아들 장수왕이 비를 새로 세우지 않고 기존의 선돌로 비를 만들었을 가능성은 별로 없어 보인다.

3 중국 학자 왕건군의 조사. 왕건군, 『광개토왕비 연구』, 임동석 옮김, 역민사, 1985, 34쪽 참조.

4 이상은 『동아일보』, 「中언론 "고구려는 중국변방의 소수정권"」, 2004년 7월 5일 자 참조.

5 이진희, 『광개토대왕비의 탐구』, 이기동 옮김, 일조각, 1982, 101~102쪽에서 재인용.

6 위의 책, 같은 곳.

7 위의 책, 103-104쪽 참조.

8 오자와 도쿠헤이(小澤德平, 1855~1914)는 일본 육군사관학교 제2기 졸업생으로 1885년 5월에 참모본부에 들어간 이래 전후 18년간 참모본부원으로서 청나라 각지를 스파이 짓 하며 누빈 인물로 『회여록』이 출간된 1889년 6월에는 제2국부(附)로 있었다. 위의 책 104쪽 본문. 아울러 위의 책, 104쪽의 각주 6번에서는 『동아선각지사기전(東亞先覺志士記傳)』 하권(흑룡회 黑龍會 편, 1933)을 인용하여 오자와의 스파이 행각을 더욱 소상하게 밝혀놓았다.

9 藤田亮策, 「高句麗祭」, 『朝鮮』, 제337호, 1943. 이진희, 앞의 책, 109쪽에서 재인용.

10 家永三郞, 『新日本史』(1973년 검정판), 三省堂.

11 井上光貞 外 九人, 『詳說 日本史』(改訂版), 山川出版社, 24쪽; 이형구·박노희, 『광개토대왕릉비 신연구』, 동화출판공사, 1985, 122쪽에서 재인용.

12 위의 책, 같은 곳에서 재인용. 단, 인용문 상의 한자말에 대한 풀이는 필자가 삽입한 것이다.

13 이진희, 앞의 책, 「한국어판에 붙이는 서문」 부분.

14 사코 가게노부는 1880년에 소위였으며, 1883년에 중위로, 1884년에 다시 대위로 승진한 뒤 퇴역했다. 이 책에서는 혼동을 피하기 위해 그의 최종 계급인 대위를 그의 직위에 대한 호칭으로 통일하여 사용하였다.

15 이진희, 앞의 책, 86~87쪽 참조.

16 이상 참모본부의 역할과 스파이 활동에 대해서는 이진희, 위의 책, 136~140쪽의 내용을 발췌 요약한 것이다.

17 "笞蘚封蝕, 其坳垤之處, 拓者又以意描畵, 往往失眞", 葉昌熾, 『語石』, 「奉天一則」, 박진석 편저, 『호태왕비탁본연구』, 흑룡강조선민족출판사, 221쪽에서 재인용.

18 "蓋此碑善拓難得 … 模糊不辨之處, 輒以墨勾填, 不免訛誤", 羅振玉,「俑廬日記」, 박진석 편저, 위의 책, 219쪽에서 재인용.

2장

1 나중에 확인해본 결과, '예원진상사(藝苑眞賞社)본'은 1909년 상해 유정서국(有正書局)에서 '구탁호태왕비(舊拓好太王碑)'라는 이름으로 발간한 탁본과 아주 흡사했다. 『구탁호태왕비』 탁본은 한국에서도 종로도서관이 소장하고 있다가 영신아카데미 한국학연구소에서 발간한 『한국학』이라는 계간지 제1집(1973년 가을호)에 수록하였다. 박진석은 편저서인 『호태왕비 탁본연구』에서 이 유정서국 발간 『구탁호태왕비』를 '오초보장본'이라고 소개했다. 내가 대만에서 본 『호태왕각석』의 저본이라는 '예원진상사본'은 '오초보장본'을 저본으로 삼아 재편집하여 서예용 법첩으로 출간한 것으로 짐작된다.

2 좀 더 정확히 말하면 대전체는 다시 광의의 대전체와 협의의 대전체로 나뉜다. 소전체 이전의 전서체, 즉 갑골문, 금문(金文), 주문(籒文) 등을 뭉뚱그려 대전체라고 할 때 그것이 곧 광의의 대전체 개념이고, 협의의 대전체는 주문(籒文)을 말한다. 주문이란 주나라 때의 사관(史官)이었던 '주(籒)'가 당시 통용하던 한자를 일차적으로 정리한 자체를 명명한 것이다. 이 주문은 중국 문자를 일차적으로 정리했다는 점에서 후에 진시황 때 또 한 차례 정리한 소전체와 대응적인 위치에 있다고 할 수 있다. 그런 의미에서 이 주문만을 일러 소전의 대응 개념으로서 대전이라고도 하는데, 그게 곧 협의의 대전체 개념이다.

3 5체의 완성을 늦게는 당나라 초기까지로 보는 까닭은 비록 해서가 위진 시대에 이미 구조적으로는 완성되지만 이른바 '당해(唐楷)'라고 부르는 더 규범적인 해서는 당나라 초기에야 완성을 보기 때문이다.

4 북한의 연구자인 박시형은 "고구려 예서는 중국 예서들과 약간 취미를 달리함으로써 자형이 다소 차이가 나는 것으로 생각되는 것들도 없지 않다"라고 했다. 국내에서는 이형구와 박노희 같은 학자가 "이 능비(광개토태왕비)의 문자는 몇 가지 서체의 필법이 혼합되어 이루어진 고구려 특유의 독창적인 서체라고 할 수 있다"라면서 정방형, 대칭형, 편소방대형 등으로 자형을 나누기도 했다. 그리고 박진석은 "아랫부분을 비대하게 표현한 글자형, 신·구자체의 복합형, 생략문자, 획을 덧붙인 문자, 획을 변화시킨 문자, 속체자와 통용문자, 고구려의 특수문자 등"으로 나누어 광개토태왕비 자형의 특징을 논했다.

5 서울 구의동 출토 토기, 경기도 여주군 매룡리 용강골 고분 출토 토기, 경주 안압지 출토 토기, 경상남도 김해 예안리 출토 토기, 충청북도 영동군 가곡리 출토 토기, 충청북도 충주시 누암리 고분군 출토 토기 등.

6 오래전 소설가 최인호가 특별히 이 '#' 모양의 문양에 관심을 갖고 중국, 일본은 물론 몽골 지역의 유물까지 조사했다. 국내 한 방송사를 통해 그 신비를 찾아가는 과정이 방송된 적이 있다. 아울러 1991~1993년에 조선일보에 '왕도의 비밀'이라는 제목의 소설로 연재된 바 있고, 1995년엔 샘터사에서 출간하기도 했다. 2004년에는 제목을 '제왕의 문'으로 바꿔 출판사 여백에서 다시 출간하였다.

7 김응현,「광개토대왕릉비와 동방서법」,『광개토대왕릉비』, 국립문화재연구소, 1996, 377쪽.

8 광개토태왕비문에서 '破' 자는 모두 네 곳에 등장한다. 제1면 7행 30번째, 제2면 7행 22번째,

제3면 4행 26번째, 제3면 7행의 6번째 등이다.

3장

1 허진웅, 『중국 고대사회』, 영남대 중국문학연구실 옮김, 지식산업사, 1997, 440쪽.

2 許愼, 『說文解字注』, 黎明文化事業公司 排印本, 臺灣, 1978, 406쪽

3 "凡異而同者曰屬 … 凡言屬而別在其中, 如秫曰稻屬, 秏曰稻屬, 是也. 言別而屬在其中, 如稗曰禾別, 是也." 許愼, 위의 책, 같은 곳.

4 김부식, 『삼국사기』 권3 「고구려 본기」 제1 '시조 동명왕'조, 이민수 옮김, 을유문화사, 1984, 252쪽.

5 일연, 『삼국유사』, 권1 「기이(紀異)」 제1 '고구려'조, 이민수 옮김, 을유문화사, 1984, 59쪽.

6 이형구·박노희, 『광개토대왕릉비 신연구』, 동화출판공사, 1986.

7 『周禮』, 「地官」, 〈黨正〉(『重刊周禮註疏附校勘記』), 嘉慶20年江西南昌府學開雕, 臺灣 東昇出版事業公司影印, 183쪽.

8 『주례(周禮)』와 『국어(國語)』, 『사기(史記)』 등에 '속민(屬民)'이 나타나는 경우는 다음과 같다.

- 『周禮』, 「地官」, 〈黨正〉: "黨正, 各掌其黨之政令敎治. 及四時之孟月吉日則**屬民**而讀邦法以糾戒之. 春秋祭禜亦如之. 國索鬼神而祭祀則以禮**屬民**而飮酒于序以正齒位壹命齒于鄕里再命齒于父族三命而不齒. 凡其黨之祭祀喪紀婚冠飮酒敎其事事掌其戒禁. 凡作民而師田行役則以其法治其政事. 歲終則會其黨政帥其吏而致事. 正歲**屬民**讀法而書其德行道藝. 以歲時涖校比. 及大比亦如之."

- 『周禮』, 「地官」, 〈族師〉: "族師, 各掌其族之戒令政事. 月吉則**屬民**而讀邦法書其孝弟睦婣有學者. 春秋祭酺亦如之. 以邦比之法帥四閭之吏以時**屬民**而校登其族之夫家衆寡辨其貴賤老幼廢疾可任者及其六畜車輦. 五家爲比十家爲聯五人爲伍十人爲聯四閭爲族八閭爲聯使之相保相受刑罰慶賞相及相共以受邦職以役國事以相葬埋. 若作民而師田行役則合其卒伍簡其兵器以鼓鐸旗物帥而至掌其治令戒禁刑罰. 歲終則會政致事."

- 『國語』 卷18 楚語下: "及少皞之衰也, 九黎亂德, 民神雜糅, 不可方物. 夫人作享, 家爲巫史, 無有要質. 民匱于祀, 而不知其福. 烝享無度, 民神同位. 民瀆齊盟, 無有嚴威. 神狎民則, 不蠲其爲. 嘉生不降, 無物以享. 禍災薦臻莫盡其氣, 顓頊受之, 乃命南正重司天以屬神, 命火正黎司地以**屬民**, 使復舊常, 無相侵瀆, 是謂絶地天通."

- 『史記』 卷26, 「曆書」 第4: "少皞氏之衰也, 九黎亂德, 民神雜擾, 不可放物, 禍菑薦至, 莫盡其氣. 顓頊受之, 乃命南正重司天以屬神, 命火正黎司地以**屬民**, 使復舊常, 無相侵瀆."

- 『潛夫論』, 「志氏姓」 第35: "少皞氏之世衰, 而九黎亂德. 顓頊受之, 乃命南正重司天以屬神, 命火正黎司地以**屬民**, 使復舊常, 無相浸瀆, 是謂絶地天通. 夫黎, 顓頊氏裔子吳回也."

9 예를 들어, 『송사(宋史)』에 등장하는 '속민(屬民)'은 다음과 같다.

- 「禮志」 十七·嘉禮五守鄕飮酒禮條: "黨正, 國索鬼神而祭祀, 則禮**屬民**而飮酒于序, 以

正齒位, 二也.'

- 「曾鞏傳」: "鞏配三十一人, 又屬民爲保伍, 使几察其出入, 有盜則鳴鼓相援, 每發輒得盜."

10 許愼, 앞의 책, 119쪽.

11 첩운(疊韻)이란 두 글자 사이의 중성 이하 모음 부분의 발음이 같은 관계를 말한다. '臣'과 '牽'은 현대 중국어 발음으로 읽으면 각각 [chén(천)] 과 [qiān(치엔)]이어서 중성 이하 모음 부분이 각각 [én]과 [iān]이어서 다른 것 같지만 고대 중국어에서는 같은 운목(韻目)에 속하는 글자였다. 그런데 '臣'과 '牽'은 발음의 처음 초성 자음도 같은 쌍성 관계이기도 하다. [chén(천)] 과 [qiān(치엔)]의 초성 자음인 [ch]와 [q]가 현대 중국어에서는 다른 것처럼 보이지만 고대 중국어에서는 같은 발음이었다.

12 許愼, 앞의 책, 같은 곳.

13 일연, 『삼국유사』, 앞의 책, 70쪽.

14 위의 책, 152쪽.

15 중국 사서에서 찾은 '臣民'의 예는 다음과 같다.

- 『三國志』, 「吳書」, 〈滕胤傳〉: "恪曰: '諸云不可者, 皆不見計算, 懷居苟安者也, 而子復以爲然, 吾何望焉? 夫以曹芳暗劣, 而政在私門, 彼之臣民, 固有離心. 今吾因國家之資, 藉戰勝之威, 則何往而不克哉'."
- 『三國志』, 「魏書」, 〈夏侯尙傳附子玄傳〉: "先王建萬國, 雖其詳未可得而究, 然分疆畫界, 各守土境, 則非重累羈絆之體也. 下考殷 周五等之叙, 徒有小大貴賤之差, 亦無君官臣民而有二統互相牽制者也. 夫官統不一, 則職業不修.
- 『魏書』卷93, 「列傳」81〈恩幸傳·趙修傳〉: "朕昧于處物, 育茲豺虎, 顧尋往謬, 有愧臣民, 便可時赦申沒, 以謝朝野."
- 『魏書』卷99, 「列傳」87〈盧水胡沮渠蒙遜傳附子牧犍傳〉: "是年, 人又告牧犍與故臣民交通謀反, 詔司徒崔浩就公主第賜牧犍死."
- 『魏書』卷103, 「列傳」91〈蠕蠕傳〉: "阿那瓌再拜受詔, 起而言: 臣以家難, 輕來投闕, 老母在彼, 萬里分張, 本國臣民, 皆已進散."
- 『魏書』卷110, 「志」15〈食貨志〉: "其后復遣成周公萬度歸西伐焉者, 其王鳩尸卑那單騎奔龜茲, 擧國臣民負錢懷貨, 一時歸款, 獲其奇寶異玩以巨萬, 駞馬雜畜不可勝數."
- 『周書』卷6, 「帝紀」第6〈武帝紀〉下: "思覃惠澤, 被之率土, 新舊臣民, 皆從蕩滌."
- 『梁書』卷54, 「列傳」48〈海南諸國傳·中天竺國傳〉: "大王出游, 四兵隨從, 聖明仁愛, 不害衆生. 國中臣民, 循行正法, 大王仁聖, 化之以道, 慈悲群生, 無所遺棄."

16 사서 외의 책에서 찾은 '臣民'의 용례는 다음과 같다.

- 『抱朴子』外篇「喜遁」卷第1: "赴勢公子勃然自失, 肅爾改容, 曰: "先生立言助敎, 文討姦違, 摽退靜以抑躁競之俗, 興儒敎以救微言之絶, 非有出者, 誰敘彝倫? 非有隱者, 誰誨童蒙? 普天率土, 莫匪臣民. 亦何必垂緌執笏者爲是, 而樂飢衡門者可非乎!"
- 『高僧傳』「釋玄高」8: "王及臣民近道候迎."
- 『韓非子』「右經」1: "且先王之所以使其臣民者, 非爵祿則刑罰也."

17 『抱朴子』, 外篇, 「嘉遯」卷第1, 『新編諸子集成』제4책, 대만 세계서국, 1978, 106쪽.

18 『詩經』, 「小雅」〈北山〉篇. 13經注疏本, 東昇出版事業公司 影印出刊本, 臺灣.

4장

1 판독 가능한 이 몇 글자 외에 나머지 글자에 대해서는 연구자마다 해독이 다르다. 특별한 근거를 가지고 그렇게 달리 해독한 것이 아니라 희미한 탁본을 각자의 판단으로 그렇게 읽어낸 것이다. 아직 해독이 불분명한 이 부분에 대한 더 구체적인 해독 작업은 차후로 미루고, 이 책에서는 판독이 확실한 글자만을 바탕으로 추론하여 원문을 복원해보았다.

2 광개토태왕비 제3면 4행 갑진년 기사를 보면 궤패(潰敗)라는 말이 나온다. 서기 404년 광개토태왕이 서해안에 침입한 왜구를 궤멸한 내용을 기록한 것이다. 이때의 '潰敗' 다음에는 장소가 나오지 않는다. 그저 왜가 궤패, 즉 무너져 패했다는 말만 있다. 이런 경우에는 '潰'를 강조하기 위해 '敗'를 덧붙일 수 있다. 그러나 기해년 기사의 '潰破'는 '破'를 덧붙일 이유가 없다. 뒤에 오는 '城池'의 '池'라는 글자로 인하여 '潰'의 의미가 이미 너무도 뚜렷이 드러나기 때문에 다시 '破'를 덧붙여 강조할 이유가 없는 것이다.

3 『新聞雜誌』제7호, 1871년 7월호.

4 福沢諭吉, 『文明論之槪略』 2권 5장.

5 劉向, 『新序』「雜事」 第四.

6 『孔子家語通釋』「入官」 제21, '子張問' 條. 齊魯書社, 2013, 252쪽.

7 딱히 '…이래로'라는 의미로 쓰인 '以…來'의 용례를 중국의 고대 문헌에서는 찾지 못했다. 그러나 조선인의 문집에서는 다수 발견하였다. 예를 들자면 "저의 시를 돌아보자니 장님이 채색 실을 보는 것처럼 답답합니다. 게다가 최근 6~7년 이래로 시가 더욱 황폐해졌습니다(而顧余於詩, 昧昧焉有同瞽者之於繅繡, 加以六七年來, 塊處荒野)"와 같은 경우이다. 이러한 점으로 보아 한문의 문법도 중국 한문의 문법과 한국 한문의 문법이 부분적으로 미세한 차이를 보임을 알 수 있다. 광개토태왕비 신묘년 기사에서 '以…來'라는 형식으로 사용한 시간부사구는 고대 중국어에서 사용한 '自…以來' 형식의 구를 고구려식 한문 문법으로 응용하여 사용한 것으로 볼 수 있으며 그처럼 중국과 약간 다른 우리 민족의 한문 문법 용례가 후대인 조선 시대에도 이어져 사용된 것으로 볼 수 있는 것이다. '自…以來' 형식의 구문은 고대 중국어에서 수도 없이 많이 찾을 수 있다. 禮記檀弓上第三: "不敢哭, 武子曰: '合葬, 非古也, 自周公以來, 未之有改也.'" / 禮記檀弓下第四: "旣葬而食之, 未有見其饗之者也. 自上世以來, 未之有舍也, 爲使人勿倍也." 등이 그러한 예이다.

8 송익필(宋翼弼, 1534~1599)의 『龜峯先生文集』 권10, 이외에도 "伏以自今年來, 天災物怪, 疊生層現, 正月之黑霎."[대봉(大峰) 양희지(楊熙止, 1439~1504)의 문집인 『大峯先生文集』 권2] / "以故二十年來 自感退藏 以求己志 所願欲者 不過修身守道 以終餘年."[임성주(任聖周, 1711~1788)의 시문집인 『녹문집(鹿門集)』 제5권] / "此所以敝國數十年來, 今如覺得其利害原委, 方擬改約于各國者也."[박영효(朴泳孝)의 『사화기략(使和記略)』 8월 22일 조] 등의 용례가 있다. 한국고전종합DB.

9 이런 관점에서 본다면 제3단의 2단에 적힌 영락 8년 무술년의 숙신(肅愼) 정벌은 지명이 지금까지 연구되어온 바와 달리 숙신이 아닐 수도 있고, 만약 숙신이 맞다면 숙신의 위치가 고구려와 먼 북방이 아니라 고구려의 중심지였던 국내성과 거의 비슷한 위도 이남 지역이라는 추론도 할 수 있다.

10 그렇다고 해서 '백제의 부조공(不朝貢)으로 말미암아 고구려가 백제를 공격하게 되었다'는 왕건군의 주장에 동의한다는 뜻은 결코 아니다. 왕건군은 근본적으로 비문의 단을 나누는 것

322

도 잘못 나눴고 문장 분석도 잘못한 오역이다.

11 『일본서기』에서 백제와의 교류 내용을 언급한 대목은 다음과 같다.

247년(丁卯) [百濟 古爾王 14] 夏四月 百濟王 使久氏 彌州流 莫古 令朝貢 / 251년(辛未) [百濟 古爾王 18] 春三月 百濟王 亦遣久氏朝貢 / 252년(辛未) [百濟 古爾王 19] 秋九月 … 久氏等從千熊長 彥詣之則獻七枝刀一口七子鏡一面 / 283년(癸卯) [百濟 古爾王 50] 春二月 百濟王 貢縫衣工女 曰眞毛津 是乃縫衣者之始祖也 是歲 弓月君自百濟來歸 / 284년(甲辰) [百濟 古爾王 51] 秋八月 百濟王遣阿直岐 … 卽太子菟道稚郞子師焉 … 阿直岐史之始祖也 / 285년(乙巳) [百濟 古爾王 52] 春二月 王仁來之 則太子菟道稚子 師之 … 王仁者是書首等之始祖也 / 308년 (戊辰) [百濟 比流王 5] 春二月 百濟支王遣其妹新齊都媛以令仕 爰新齊都媛率七婦女而來歸 / 353년(癸丑) [百濟近肖古王 23] 春三月 遣紀角宿禰於百濟.

12 소진철, 『금석문으로 본 백제 무령왕의 세계』, 원광대학교 출판국, 1995년 재판, 59쪽.

13 『삼국사기』에 수록된 신라와 왜의 관계에 관한 기사는 다음과 같다.

B.C. 50년(辛未) [始祖赫居世居西干 8] 倭人行兵 欲犯邊

A.D. 14년(甲戌) [南解次次雄 11] 倭人遣兵船百餘艘 掠海邊民戶 發六部勁兵 以禦之 / 59년(己未) [脫解尼師今 3] 夏五月 與倭國 結好交聘 / 73년(癸酉) [脫解尼師今 17] 倭人侵木出島 / 121년(辛酉) [祇摩尼師今 10] 夏四月倭人侵東邊 / 123년(癸亥) [祇摩尼師今 12] 春三月 與倭國講和 / 158년(戊戌) [阿達羅尼師今 5] 春三月 … 倭人來聘 / 173년(癸巳) [阿達羅尼師今 20] 夏五月 倭女王卑彌乎 遺使來聘 / 193년(癸酉) [伐休尼師今 10] 六月 倭人大饑 來求食者千餘人 / 208년(戊子) [奈解尼師今 13] 夏四月 倭人犯境遺伊伐湌利音 將兵拒之 / 232년(壬子) [助賁尼師今 3] 夏四月 倭人猝至圍金城 / 233년(癸丑) [助賁尼師今 4] 五月 倭兵寇東邊 秋七月 伊湌于老與倭人 戰沙道 / 249년(己巳) [沾解尼師今 3(百濟 古爾王 16)] 夏四月 倭人殺舒弗邯于老 / 287년(丁未) [儒禮尼師今 4] 夏四月 倭人襲一禮部 縱火燒之 虜人一千而去 / 289년(己酉) [儒禮尼師今 6] 夏五月 聞倭兵至理舟楫 繕甲兵 / 292년(壬子) [儒禮尼師今 9] 夏六月 倭兵攻陷沙道城 命一吉湌大谷領兵救 完之 / 294년(甲寅) [儒禮尼師今 11] 夏 倭兵來攻長峰城不克 / 295년(乙卯) [儒禮尼師今 12] 春 王謂臣下曰倭人屢犯我城邑 百姓不得安居 吾欲與百濟謀 一時浮海 入擊其國 如何 舒弗邯弘權對曰 吾人不習水戰冒險遠征 恐有不測之危 況百濟多詐 常有呑噬 我國之心 亦恐難與同謀 王曰善 / 300년(庚申) [基臨尼師今 3] 春正月 與倭國交聘 / 312년(壬申) [訖解尼師今 3] 春三月 倭國王遣使爲子求婚 以阿湌急利女送之 / 344년(甲辰) [訖解尼師今 35] 春二月 倭國遺使請婚 辭以女旣出嫁 / 345년(乙巳) [訖解尼師今 36] 春二月 倭王移書絶交 / 346년(丙午) [訖解尼師今 37] 倭兵猝至風島 抄掠邊戶 又進圍金城 急攻 … 命康世率勁騎追擊走之 / 364년(甲子) [奈勿尼師今 9] 夏四月 倭兵大至 … 倭人大敗走 追擊殺之幾盡.

14 391년, 즉 신묘년을 전후한 시기의 백제·신라·가야와 왜와의 관계에 대해서는 학계의 설도 여러 가지로 나뉘는 것으로 알고 있다. 한국 고대사가 아닌 중국 문학을 전공한 저자로서는 391년을 전후한 시기의 한반도와 왜의 상황, 그리고 그 관계에 대해 깊이 있게 연구할 기회가 없었다. 따라서 현재로서는 백제·신라·가야에 대한 왜의 조공 사실을 구체적으로 설명할 수 없다. 다만 기록으로 볼 때 조공 가능성은 충분히 있다고 판단했다. 그러나 한·일의 고대 관

계사를 연구하는 일부 학자들은『일본서기』의 기록을 지나치게 신봉한 나머지 일본의 조공 사실을 부인하고 있다. 선뜻 이해가 되지 않는다. 이미 광개토태왕비의 원문 복원을 통하여 왜의 조공 사실을 입증한 이상 당시의 생생한 기록인 광개토태왕비문을 토대로 백제와 가야 와 신라에 대한 왜의 조공 사실을 정설화해야 할 것이다.

15 此碑舊埋沒土中, 三百餘年前始漸漸顯出. 前年有人由天津雇工人四名來此, 掘出洗刷, 費二年之工, 稍至可讀. 然久爲溪流所激, 缺損處甚多, 初掘至四尺許, 閱其文, 始知其爲 高句麗碑. 於是, 四面搭架, 令工氈搨, 然碑面凹凸不平, 不能用大幅一時施工, 不得已用 尺餘紙, 次第搨取. 아세아협회,『회여록(會餘錄)』제5집, 메이지 22년(1889), 1쪽ab.

16 日本人某適遊此地, 因求得其一寶還. 위의 책, 1쪽b.

17 碑之傍有一大墳, 宛然丘陵, 而其形傾敬, 勢如被壓, 蓋高句麗盛詩 葬永樂大王之處. 위 의 책, 2쪽a.

18 某聞其中有古磚, 懸金募求, 得數枚而還, 今藏其家. 위의 책, 같은 곳.

19 此二舊容疑國史, 是所謂削趾適屨, 以杓爲矩者, 非耶. 韓史杜撰, 去古甚遠, 故其書中所 錄, 始祖事蹟外 莫復與此碑合. 위의 책, 5a.

20 碑文中有大關係于我者, 辛卯年渡海破百殘新羅爲臣民數句, 是也. 古來漢韓史乘, 有書 我寇邊通聘, 未嘗書百濟新羅臣民於我, 蓋諱國惡也, 此碑建於三朝鼎峙之勢, 成于高句 麗人之手, 故不復爲二國諱. 能使當日事實, 暴白於一千六百餘年之後, 其功可謂偉矣. 위 의 책 5b.

21 왕건군,『광개토대왕비 연구(원제:호태왕비 연구)』, 임동석 옮김, 역민사, 1985, 304쪽.

22 이형구·박노희,『광개토대왕릉비 신연구』, 동화출판공사, 1987, 72쪽.

23 박진석,「신묘년 기사 재론(再論)」,『광개토호태왕비 연구 100년』상권, 고구려연구회 엮음, 1996년, 16쪽.

24 서영수,「'신묘년 기사'의 변상과 원상」,『고구려발해연구』2, 고구려발해학회, 1996, 429쪽.

25 高亨 纂著,『古字通假會典』, 中國 齊魯書社出版社, 1989, 718쪽.

26 『전국책(戰國策)』「제책(齊策)」4권에 있는 '猶未敢以有難也'란 구에 대한 주(註)에서 "포본 (鮑本) 전국책에는 '猶'를 '由'로 썼기에 '猶'로 고쳤다(鮑本猶作由, 改爲猶)"라는 말이 있다.

27 임기중 편,『광개토왕비원석 초기탁본 집성』, 동국대학교출판부, 1995.

28 임기중,「한국에서의 호태왕비 탁본과 비문 연구」, 고구려연구회 엮음, 앞의 책, 97쪽.

29 『일본서기』권 제9,「신공황후」조. 연민수 외 6인『역주 일본서기 1』, 동북아역사재단, 2014, 476~480쪽.

30 이 책 1장「광개토태왕비 세 번 죽다」의 주 5번 참조.

31 이 장 주 29번과 같은 책, 482쪽.

5장

1 이진희,『광개토대왕비의 탐구』, 이기동 옮김, 일조각, 1982, 48쪽에서 재인용.

2 이진희, 위의 책, 53쪽 참조.

3 이진희, 위의 책, 46~53쪽 참조.

4 이진희, 위의 책, 81쪽에서 재인용.

5 이진희, 위의 책, 132쪽.

6 李進熙, 『好太王碑の謎』, 講談社, 1974(昭和 48), 160쪽.

7 李進熙, 위의 책, 같은 곳.

8 이진희, 위의 책, 145쪽.

9 이진희, 『해협: 한 재일 사학자의 반평생』, 삼인, 2003년, 189쪽.

10 『동아일보』, 1972년 11월 14일 자.

11 이진희, 주 7)과 같은 책, 219~220쪽에서 재인용.

12 한국에서는 왕건군의 저서 『호태왕비의 연구』가 1985. 8. 31에 『광개토왕비연구』라는 제목으로 번역 출간되었다. 임동석 역, 역민사.

13 이진희, 「사료(史料) 비판 안 거친 근거 없는 주장」, 『중앙일보』, 1984년 12월 19일 자에서 재인용.

14 이진희, 위의 글, 같은 곳.

15 이진희, 주 7번과 같은 책, 308쪽.

16 서거신, 「중국 학계에서의 고구려호태왕비 비문과 탁본 연구」, 고구려연구회 엮음, 『광개토호태왕비 연구 100년』 상권, 학연문화사, 1996년, 26쪽.

17 일본의 다케다 유키오(武田幸南) 같은 학자는 1988년 일본에 있던 것과 대만에서 발견한 원석탁본 등을 근거로 광개토태왕비의 변조를 부정하는 데 앞장섰다. 그는 일본에 있는 미즈타니본과 가네코 오테이(金子鷗亭) 소장본, 대만의 중앙연구원에 소장된 부사년(傅斯年) 구장(舊藏) 갑본과 을본 등 네 가지 원석탁본에다 사코 탁본을 첨부한 후 해설편을 덧붙인 『광개토대왕비 원석탁본 집성』을 만들어 동경대학교 출판부에서 발간했다. 다케다는 나아가 탁본의 편년을 ①원석으로 쌍구가묵본을 만든 시기(1881~), ②의식적으로 원석탁본을 만든 시기(1887~), ③석회탁본 시기(1890년대 초~)로 개괄했다. 그러면서 광개토태왕비의 연구는 원석을 근거로 이루어져야 한다고 강조했다. 스즈키 야스타미(鈴木靖民), 「일본에서의 광개토대왕비 탁본과 비문 연구」, 고구려연구회 엮음, 위의 책, 6쪽.

18 이진희, 주 7번과 같은 책, 309쪽.

19 스즈키 야스타미, 「일본에서의 광개토대왕비 탁본과 석문 연구」, 고구려연구회 엮음, 앞의 책, 8쪽.

20 신복룡, 『한국사 새로 보기』, 풀빛, 2001, 246~251쪽.

21 徐建新, 「高句麗好太王碑早期墨本的新發現－對1884年潘祖蔭藏本的初步調査」, 『中國史研究』, 2005년, 제1기. 159~172쪽

22 망사원(網師園)은 현재 중국이 지정한 '전국중점문물보호' 대상의 원림(園林)으로서 유네스코 세계유산으로도 지정되어 있다. 남송 소흥(紹興)년간에 시랑(侍郞) 벼슬을 지낸 사정지(史正志)가 파직당한 후 소주에 거처하면서 건립하였다. 청나라 때에는 송종원(宋宗元), 구원촌(瞿遠村) 등의 소유가 되었다가 동치(同治, 1862~1874) 초년에 강소성 안찰사였던 이홍예가 소유하여 거주하였다. 이홍예는 이 망사원이 송나라 때 유명한 시인 소순흠(蘇舜欽)이 경영했던 창랑정(滄浪亭)의 이웃에 있다는 점을 취하여 자신의 별호를 '소린(蘇隣: 소순흠의 이웃)'이라고 하였다. 이처럼 이홍예는 오늘날까지도 원림으로 유명한 소주의 4대 원림 중의 하나인 망사원의 주인으로 살면서 시, 서, 화를 즐긴 인물이다. 따라서 그의 글씨에는 일정 정도 서권기와 문자향이 배어 있다. 여기에 수록한 이홍예의 글씨는 망사원에 대한 역사를 기

록한 『망사원지』에서 채록한 것이다. 『망사원지』, 소주시원림녹화관리국, 문회(文匯)출판사, 2014.

23 拍賣會後, 這部有研究價值的墨本已不知去向何方, 希望收藏者能夠早日出版此墨本的 影印本, 以供研究者參考. 서건신 , 주 19번과 같은 논문, 172쪽.

증보판 에필로그

1 四夷八蠻 皆呼稱帝, 唯獨朝鮮, 入主中國, 我生何爲, 我死何爲? 勿哭! 林悌, 「臨終誡子勿 哭辭」, 『羅州林氏世乘』, 나주임씨대종중. 또 이익(李瀷)의 『성호사설(星湖僿說)』에도 같은 내용이 수록되어 있다. 李瀷, 『星湖僿說類選』 卷9 하, 문광서림, 1929, 91쪽.

광개토태왕비 연구와 논쟁에 관한 연표

1880년
개간 작업을 하던 농민에 의해 광개토태왕비 재발견(이진희의 주장).
광개토태왕비가 발견된 시기에 대해서는 1875년부터 1883년까지, 문헌마다 다양함.

1882년 9~12월
회인현(懷仁縣) 지현(知縣)인 진사운(陳士芸)이 비석에 불을 질러 이끼와 수풀을 제거하여 비로소 광개토태왕비를 판독할 수 있게 됨. 이때 만든 쌍구가묵본을 1986년 2월 오대징(吳大澂)에게 전했다는 기록이 있으나 탁본이나 석문이 전하지 않음.

1883년 4~7월
일본 육군 참모본부가 청나라에 파견한 스파이 사코 가게노부가 집안현에 들어가 광개토태왕비를 직접 확인한 것으로 추정되는 시기. 이해 가을에 사코가 비면을 133장의 종이에 나눠서 베껴 그린 쌍구가묵본인 '사코본'을 가지고 일본으로 돌아옴(이진희의 주장. 일본 학계는 1884년에 사코본이 일본으로 전해졌다고 주장해옴).

1885년 8월
중국인 이미생(李眉生)이 광개토태왕비 쌍구가묵본을 처음으로 북경에 전했다는 기록이 있으나 확인 불가능.

1888년 10월
일본 육군 참모본부 편찬과 주도로 비문 해독이 완료된 것으로 추정함.
1883년부터 5년간 최소한 15종의 해독본이 만들어진 것이 확인됨.

1888년 11월

일본에서 발간된『여란사화(如蘭社話)』제8권에 무라오카(邨岡良弼)가 광개토태왕비에 관한 최초의 글인「고구려고비(高句麗古碑)」를 발표. 이 논문에서 "이 비는 조선국 압록강 북쪽 통구 땅에 있으며, 근년에 땅속에서 파낸 것이다"라고 기술함으로써 광개토태왕비의 존재가 공식적으로는 최초로 밝혀짐.

1889년 6월

일본 관변 잡지인『회여록』제5집에 광개토태왕비문이 탁본의 형태로 최초로 공개되고, 이에 대한 공식 석문이 게재됨. 이 중 신묘년(391) 기사의 내용을 "백제와 신라는 예부터 (고구려의) 속민(屬民)이었다. 그래서 줄곧 조공을 해왔다. 그런데 일본이 신묘년에 바다를 건너와 백제와 □□와 신라를 깨부수어 (일본의) 신민(臣民)으로 삼았다"라고 풀이함.

중국 북경의 학자들이 탁본 전문가인 이운종(李雲從)을 집안에 파견해 원석정탁본을 만들었다는 기록이 남아 있으나 실물은 확인되지 않음.

1994년 북경대학교 도서관에서 발견된 정탁본이 이운종이 만든 것이란 주장이 중국 학자 서건신(徐建新)에 의해 제기됐으나 실물이 공개되지 않아 확인 불능.

1890년 7월

비문 해독 작업을 마친 후 메이지 천황에게 바친 사코본이 제국박물관(현 도쿄국립박물관)으로 옮겨져 1897년까지 현관 바로 옆 벽에 전시됨.

1893년

참모본부 편찬과 구라쓰지(倉辻明後) 공병대위가 광개토태왕비를 조사함. 다음 해에 있을 탁본 제작을 위한 사전 조사로 추정됨.

1894년~1895년 4월

청일전쟁 시기에 일본이 제작한 최초의 원석정탁본인 고마쓰노미야본(小松宮本)이 제작됨. 당시 일본군은 6.3미터 높이의 비석 한 면을 종이 한 장에 탁본 제작하여 참모총장인 고마쓰노미야에게 상납. 현재 고마쓰노미야본은 전하지 않으나 이를 판독한 미야케 요네키치(三宅米吉, 제국박물관 감사관)의 논문에 석문(釋文)이 남아 있음.

1898년

미야케 요네키치가『고고학회지』에「고려고비고(高麗古碑考)」라는 논문을 기고. 얼마 뒤 고마쓰노미야 탁본을 기준으로 사코본의 잘못 쌍구된 곳을 정정함.

1898년 혹은 1899년

일제가 조작된 사코본을 기초로 비석의 글자를 바꾸는 이른바 '석회도포 작전'이 1898년 혹은 1899년 가을경 있었을 것으로 추정(이진희 주장). 사코본이 잘못 판독한 글자는 석회로 글자를 정정해서 사코본을 보강하고, 의도적으로 바꿔 그린 글자는 바꿔 그린 글자 모양 그대로 석회로 만들어 사코 쌍구본을 재현함.

1905년 가을
일본인 학자로는 처음으로 도리이 류조(鳥居龍藏)가 광개토태왕비를 조사함.

1905년 10월 31일
단재 신채호가 논설위원으로 있던 『황성신문』에서 일본이 백제와 신라를 신민으로 삼았다는 일제의 광개토태왕비문 해석이 역사적 사실과 맞지 않는다는 논설을 5회에 걸쳐 연재함.

1907년 5월
오자와 도쿠헤이(小澤德平, 일본군 47연대장) 대좌가 비를 일본으로 반출하려고 집안현 지사 오광국(吳光國)과 협상. 비석을 팔라는 제의에 오광국은 "이 비를 좋아한다면 먼저 탁본 몇 장을 보낼 수 있을 따름이다"라며 거절한 뒤, 일본군이 비석 반출을 도모할 것을 우려해 비석에 정자를 세워 보호 조치를 취함.

1913년 1월
일본 학자 도리이 류조가 비석을 재탐사하고 사진 촬영함. 그는 비면에 석회 칠이 있었음을 확인했으나 이것을 값비싼 탁본을 만들기 위한 탁공의 소행으로 판단함.

1913년 9월
이마니시 류(今西龍, 교토제국대학교 조교수)가 비석 조사하고 사진 촬영. 당시 비석 전면에 석회를 바른 사실은 간파했으나 이를 탁공의 소행으로 판단함.

1918년
구로이타 가쓰미(黑板勝美, 도쿄제국대학교 교수)가 비석 조사. 해석이 의심되는 글자의 석회면을 벗기자 다른 비문이 나타났다는 기록을 남김.

1922년
일본 우익의 거물 곤도 세이쿄(權藤成卿)가 일본에서 가장 오래된 사서(史書)를 발견했다며 『남연서(南淵書)』라는 가짜 책을 발표. 이를 진짜처럼 보이게 하기 위해 1900년대 이후 만들어진 광개토태왕비 탁본을 608년에 만든 것처럼 위장해서 수록했으나 탄로 남.

1930년대 말
위당(爲堂) 정인보(鄭寅普)가 신묘년 기사의 문장 해석에 대한 일본 관학자들의 주장에 반론을 편 최초의 논문을 작성(발표는 1955년). '바다를 건너와 깨부쉈다(渡海破)'는 비문 내용에서 '깨부순' 주체는 왜가 아니라 고구려라고 주장.

1966년
북한 역사학자 박시형(朴時亨)과 김석형(金錫亨)이 집안 현지에서 광개토태왕비를 직접 실측하고 그 결과를 발표. 신묘년 기사 등 실제 비문에 남아 있는 글자가 『회여록』에 실린 사코본 내용과 거의 같은 것으로 속단하는 실수를 범함.

1972년 4월

재일 동포 사학자 이진희(李進熙)가 『사상(思想)』 5월호에 「광개토왕릉비문의 수수께끼」를 발표함. 여기서 이진희는 비문 탁본에 조작이 의심되는 부분이 많음을 밝히고, 이러한 조작에 일제의 군부가 조직적으로 개입한 의혹이 있음을 최초로 제기하여 파장을 일으킴.

1972년 10월

일제에 의한 조직적인 비문 변조 의혹을 정리한 이진희의 『광개토대왕비 연구』가 일본에서 출간됨. 이진희는 여기에 자신이 수집한 7종의 대표적인 광개토태왕비 탁본과 각 시기 비면의 그림 등을 첨부함.

1984년 7월

중국 길림성 문물고고연구소 소장 왕건군(王健群)이 "비문 변조는 없다"라며 이진희의 변조설을 정면으로 부정하는 논문 발표. 그는 신묘년 기사 중 '渡海破' 세 글자는 석회가 떨어져 나간 뒤에도 판독할 수 있으며, 석회를 발라 글자를 보충한 사람은 현지 탁공이라고 주장하여 일본에서 대서특필됨.

1985년 1월

『요미우리신문』이 주최한 심포지엄에서 왕건군을 비롯해 중국 학자 세 명, 일본 학자 다섯 명과 이진희가 논쟁을 벌임. 이진희는 시기적으로 보아 석회 칠을 시작한 것은 결코 민간인 탁공이 아니며, 왕건군이 변조되지 않았다고 주장한 '渡海破' 세 글자는 판독이 불가능하다며 왕건군의 주장을 반박하고 변조설을 관철함.

1985년 7월

이진희와 일본 학자들이 참관단 자격으로 광개토태왕비를 현지답사. 비면에는 석회가 광범위하게 남아 있는 것을 확인하였고, 왕건군의 글자 판독이 문제가 있음도 확인함. 한·중·일 3국의 학자가 공동으로 비면에 대한 과학적 조사를 실시하자고 제안함.

1994년 6월

『요리우리신문』이 주최한 강연에서 중국사회과학원 부연구원 서건신이 중국에서 1889년 이운종이 제작한 원석정탁본을 발견했다며 이를 통해 의도적인 비문 변조는 없었다고 주장함.

2001년 3월

후소샤(扶桑社)가 검정 신청한 중학교 역사 교과서 『새로운 역사 교과서』에서 광개토태왕비문과 관련된 고대사를 왜곡함. "바다를 건넌 야마토 조정의 군대는 백제와 신라를 도와 고구려와 격렬하게 싸웠다"라면서 광개토태왕비문을 그 증거로 제시. 이에 대한 우리 정부의 수정 요구는 일본에 의해 받아들여졌으나 임나일본부의 존재에 대해서는 수정 불가 방침을 내림.

2004년 7월 1일

중국 소주(蘇州)에서 열린 유네스코 세계유산위원회(WHC) 제28차 회의에서 북한의 '고구려 고분군'과 함께 중국에서 신청한 '고구려 수도, 귀족과 왕족의 무덤'을 동시에 세계유산으로 등재.

2004년 7월
『인민일보』와『신화통신』등 중국의 관영 언론들이 "고구려는 중국 고대 변방의 소수민족 정권이었다"라고 주장하면서 그간 중국 정부가 '동북공정'이라는 이름으로 학술적 차원에서 고구려와 발해를 중국의 역사에 편입시키려고 한 속셈이 드러남.

2004년 8월
도쿄국립박물관 자료관에 보관되어온 사코본이 일반인을 상대로 '특별 전시'됨. 전시실에 '중국의 서(書)'라는 안내 표찰이 붙어 있었는데, 주일 한국문화원의 항의를 받고 철거.

2005년 4월
후소샤가 검정 신청한 중학교 역사 교과서『새로운 역사 교과서』에서 광개토태왕비문 관련 고대사의 왜곡된 부분이 여전히 바로잡히지 않음. 임나일본부의 서술이 늘어났고, 지도상에 임나의 영역을 가야와 마한(전라도 지역)으로 확대함.

2005년 5월
김병기(金炳基, 전북대 교수)가 서예학적 연구방법을 활용하여 일제에 의한 광개토태왕비문의 변조를 확인하고 변조하기 전의 원래 글자를 추론해냄.

2005년 11월
서건신(중국사회과학원 세계역사연구소 연구원)이 사코본 이전의 쌍구가묵본을 발견했다며 그것을 토대로 2005년 11월 3일부터 5일까지 사단법인 '고구려연구회' 주최로 열린 국제학술회에서 「고구려 광개토태왕비 초기 탁본에 관한 연구(關于高句麗廣開土太王碑初期拓本的研究)」라는 논문을 발표함. 학술회의장에서 김병기는 서건신이 제시한 '신발견' 자료의 문제점을 지적하고 가짜일 가능성을 제기함.

참고문헌

김부식, 『삼국사기』, 민족문화추진회(한국고전총서본), 1973.

나주임씨대종중, 『羅州林氏世乘』, 회상사, 2000.

박진석, 『廣開土大王碑』, 友一出版社, 1991.

소진철, 『금석문으로 본 백제 무령왕의 세계』, 원광대학교 출판국, 1995.

신복룡, 『한국사 새로 보기』, 풀빛, 2001.

왕건군, 『광개토대왕비 연구』, 임동석 옮김, 역민사, 1985.

이익, 『星湖僿說類選』, 문광서림, 1929.

이진희, 『광개토왕릉비의 탐구』, 이기동 옮김, 일조각, 1982.

이진희, 『한국과 일본 문화』, 을유문화사, 1985.

이진희, 『해협』, 도서출판 삼인, 2003.

이진희 · 강재언, 『한일교류사』, 학고재, 1998.

이형구(발간 책임) 외 4인 편집, 『광개토대왕릉비 탁본 도록』(국내 소장), 국립문화재연구소, 1996.

이형구 · 박노희, 『광개토대왕릉비 신연구』, 동화출판공사, 1986.

일연, 『삼국유사』, 민족문화추진회(한국고전총서본), 1973.

임기중 편, 『廣開土王碑原石初期拓本集成』, 동국대학교출판부, 1995.

젊은역사학자모임, 『욕망 너머의 한국 고대사』, 서해문집, 2018.

정인보, 『담원문록』, 정양환 옮김, 태학사, 2006.

최인호, 『제왕의 문』, 출판사 여백, 2004.

허진웅, 『중국 고대사회』, 영남대 중국문학연구실 옮김, 지식산업사, 1997.

김은숙, 「6세기후반 신라와 왜국의 국교 성립과정」, 『신라문화제학술발표논문집』 15, 동국대학교
    신라문화연구소, 1994.

박재용, 「『日本書紀』의 편찬과 백제 관련 문헌 연구」, 한국교원대학교 박사학위논문, 2009.

박진석, 「신묘년 기사 재론(再論)」, 『광개토호태왕비 연구 100년』, 고구려연구회 편, 학연문화사, 1996.

徐建新, 「중국 학계에서의 고구려호태왕비 비문과 탁본 연구」, 『광개토호태왕비 연구 100년』, 고구려연구회 편, 학연문화사, 1996

서영수, 「'신묘년 기사'의 변상과 원상」, 『고구려발해연구』 2, 고구려발해학회, 1996.

스즈키 야스타미, 「일본에서의 광개토대왕비 탁본과 비문 연구」, 『광개토태왕비 연구 100년』, 고구려연구회 편, 학연문화사, 1996

심호택, 「광개토왕릉비문의 구조」, 『大東漢文學』, 대동한문학회, 2007

이규복, 「광개토대왕비 서체 연구」, 원광대학교 석사학위논문, 1998.

임기중, 「한국에서의 호태왕비 탁본과 비문 연구」, 『광개토호태왕비 연구 100년』 『광개토호태왕비 연구 100년』, 고구려연구회 편, 학연문화사, 1996

『동아일보』, 「최초 탁본 어디에... '진실게임' 계속」, 2005년 11월 2일 자.

『동아일보』, 「광개토대왕 비문 변조 여부 싸고 한·일 사학자들 격렬한 논쟁」, 1972년 11월 14일 자.

『동아일보』, 「中언론 "고구려는 중국변방의 소수정권"」, 2004년 7월 5일 자.

『중앙일보』, 「이진희, 史料 비판 안 거친 근거 없는 주장」, 1984년 12월 19일 자.

『한국일보』, 「광개토대왕비 碑文 변조」, 2005년 5월 25일 자.

『황성신문』, 대한광무 9년 10월 31일(화) 자, 을사년(1905) 10월 4일.

家永三郞, 『新日本史』, 三省堂, 일본, 1973년 검장판.

高亨 纂著, 『古字通假會典』, 齊魯書社出版社, 중국, 1989.

蘇州市園林綠化管理局, 『網師園誌』, 文匯출판사, 중국, 2014.

_____, 『詩經』, 十三經注疏本, 東昇出版事業公司 影印出版本, 대만. 1984.

楊朝明·宋立林 편, 『孔子家語通釋』, 齊魯書社, 중국, 2013.

朱劍心, 『金石學』, 商務印書館 人人文庫, 대만, 1970,

許慎, 『說文解字注』, 黎明文化事業公司 排印本, 대만, 1978.

耿鐵華, 『好太王碑一千五百八十年祭』, 中國社會科學出版社, 중국, 2003.

邱振中·陳政 편, 『晉 好太王碑』, 江西美術出版社, 중국, 2020

武田幸南 편, 『廣開土王碑原石拓本集成』, 東京大學出版會, 일본, 1987.

박진석 편, 『好太王碑拓本研究』, 黑龍江朝鮮民族出版社, 중국, 2001.

_____, 『好太王刻石』, 藝慈眞常社本, 홍콩, 廣雅社. 연도미상(1980?).

_____, 『好太王碑』, 吉林文史事出版社, 중국, 1999.

_____, 『好太王碑』, 福建美術出版社, 중국, 1991.

_____, 『好太王碑』, 中華書局, 홍콩, 1985.

鄒宗 편, 『晉 好太王碑』, 江蘇美術出版社, 중국, 2013

『高僧傳』.

『國語』.

『梁書』.

『史記』.

『宋史』.

『宋書』.

『魏書』.

『潛夫論』.

『戰國策』

『周禮』.

『周書』.

『抱朴子』.

『韓非子』.

(이상은 인터넷 검색 :http://www.guoxue.com 國學網

朴泳孝, 『使和記略』

宋翼弼, 『龜峯先生文集』

楊熙止, 『大峯先生文集』

任聖周, 『鹿門集』

(이상은 인터넷 검색 : http://db.itkc.or.kr/ 한국고전종합DB

徐建新,「高句麗好太王碑早期墨本的新發現─對1884年潘祖蔭藏本的初步調查」,『中國史硏究』제1기, 2005.

부록 1

각 탁본별 신묘년 기사의 '도해파(渡海破)' 자 비교

동아대학교 소장본

	신묘년 기사	제1면 3행 8	제2면 3행 32
渡			
	신묘년 기사	제1면 5행 22	제3면 7행 32
海			
	신묘년 기사	제1면 7행 30	제3면 7행 32
破			
		제3면 4행 26	제3면 7행 6

국립중앙도서관 소장본

	신묘년 기사	제1면 3행 8	제2면 3행 32
渡			
	신묘년 기사	제1면 5행 22	제3면 7행 32
海			
	신묘년 기사	제1면 7행 30	제3면 7행 32
破			
		제3면 4행 26	제3면 7행 6

336

서울대학교박물관 소장본

	신묘년 기사	제1면 3행 8	제2면 3행 32
渡			
	신묘년 기사	제1면 5행 22	제3면 7행 32
海			
	신묘년 기사	제1면 7행 30	제3면 7행 32
破			
		제3면 4행 26	제3면 7행 6

서울대학교 규장각 소장본

	신묘년 기사	제1면 3행 8	제2면 3행 32
渡			
	신묘년 기사	제1면 5행 22	제3면 7행 32
海			
	신묘년 기사	제1면 7행 30	제3면 7행 32
破			
		제3면 4행 26	제3면 7행 6

	신묘년 기사	제1면 3행 8	제2면 3행 32
渡			
	신묘년 기사	제1면 5행 22	제3면 7행 32
海			
	신묘년 기사	제1면 7행 30	제3면 7행 32
破			
		제3면 4행 26	제3면 7행 6

월전 장우성 소장본

	신묘년 기사	제1면 3행 8	제2면 3행 32
渡			
	신묘년 기사	제1면 5행 22	제3면 7행 32
海			
	신묘년 기사	제1면 7행 30	제3면 7행 32
破			
		제3면 4행 26	제3면 7행 6

연세대학교 도서관 소장본

	신묘년 기사	제1면 3행 8	제2면 3행 32
渡			
	신묘년 기사	제1면 5행 22	제3면 7행 32
海			
	신묘년 기사	제1면 7행 30	제3면 7행 32
破			
		제3면 4행 26	제3면 7행 6

독립기념관 소장본

	신묘년 기사	제1면 3행 8	제2면 3행 32
渡			
	신묘년 기사	제1면 5행 22	제3면 7행 32
海			
	신묘년 기사	제1면 7행 30	제3면 7행 32
破			없어짐
		제3면 4행 26	제3면 7행 6

사코본

	신묘년 기사	제1면 3행 8	제2면 3행 32
渡			
	신묘년 기사	제1면 5행 22	제3면 7행 32
海			
破	신묘년 기사	제1면 7행 30	제3면 7행 32
		제3면 4행 26	제3면 7행 6

국내 소장 광개토태왕비 탁본

국립중앙도서관본

| 4면 | 3면 | 2면 | 1면 |

월전 장우성 소장본

찾아보기

미즈타니 260, 261, 263, 283, 284, 286

ㅂ

박진석 221, 222
반조음 283, 284, 293~297, 300
백잔 30, 161, 164, 185, 224, 225
변조범 137, 240
변조설 15, 22, 47, 53, 66, 67, 89, 160, 217, 231~234, 261, 271, 272, 274~276, 278, 279, 284~287, 290, 291, 301
별획 112, 116~118, 120, 126, 172, 173
보강 237, 254, 260~262, 279, 280
비문 변조설 47, 53, 66, 217, 233, 272, 275, 276, 301

ㅅ

사코 가게노부 48, 69~75, 81, 82, 115, 127, 131 135~137, 169~171, 206~209, 213, 232, 239, 241, 254~256, 258, 259, 262, 265, 267, 272~276, 285, 291
사코본 5, 17, 69, 74, 81, 82, 126, 127, 131~137, 165, 171, 173, 208, 215, 231, 232, 234, 237~239, 241, 242, 252~254, 259, 260, 262, 264~267, 282, 285~287, 291, 293, 294, 300, 301
『삼국사기』 9, 38, 150, 152, 154, 157, 200, 202, 203, 205, 211, 227, 235, 251, 312
서건신 17, 67, 283~286, 290, 291, 293~295, 297~301
서영수 8~11, 15, 16, 222, 223, 226~233, 244
서예학 16, 18~20, 94, 97, 101, 104, 112, 114, 116, 119, 122, 129, 130, 135, 141, 162, 176, 215, 228, 232, 233, 235, 236, 242, 243, 286, 301
서체 20, 86~88, 94, 95, 97, 99, 100, 102, 107, 108, 110, 111, 113, 115, 116, 122~126, 143, 227, 236, 286, 298

석회 칠 79, 80, 82, 138, 171, 232, 234~237, 241, 242, 260~262, 264, 265, 267~270, 280, 281, 283, 284, 286
석회도포 79, 138, 234, 260, 267, 268, 272, 281
석회탁본 79, 115, 138, 174, 234~257, 261, 263
『설문해자』 148, 149, 156, 223, 230
섭창치 78, 87, 293~297, 299, 300
속민 5, 10, 16, 54, 63, 64, 143~146, 148~150, 152~157, 159~165, 183, 193~195, 197, 198, 212, 215, 216, 220~222, 224, 225, 229~232, 234, 235, 242, 244
수묘 기사 191, 193
시라토리 구라키치 46~48, 247
식민 사학 12, 14, 289, 313, 316
신라 5, 10, 29~32, 36, 38, 39, 46, 51~56, 62~64, 81, 100, 106, 107, 143, 145, 150, 152, 153, 155, 159~165, 179~185, 187, 190, 192, 194, 195, 197, 198, 200, 202~205, 207, 211~214, 216~218, 220~222, 224~227, 229, 234, 235, 241, 244~247, 314
신묘년 5, 54, 63, 64, 143, 160, 163, 165, 185, 187, 188, 190, 194, 195, 198, 203~205, 211, 216~222, 224, 227, 229, 239
신묘년 기사 5, 8~10, 16, 21, 49, 54, 63~66, 73, 91, 115~118, 120~129, 131~133, 136, 138, 141~145, 150, 153, 158~162, 164, 173~180, 184, 188, 189, 191, 192, 194~200, 205, 213, 215~224, 226, 228, 230~232, 235, 244, 251, 265, 275, 279, 282, 283, 301, 303
신민 5, 10, 16, 39, 46, 51, 54, 63, 64, 143~146, 148, 149, 155, 157~163, 184, 185, 194~198, 211~213, 215~217, 219~222, 224~226, 228~232, 234, 235, 242, 244, 309